DECIFRANDO MENTES

HENRY M. WELLMAN PhD
COM KAREN LIND

DECIFRANDO
MENTES

**COMO A
INFÂNCIA
PODE NOS
ENSINAR A
ENTENDER
AS PESSOAS**

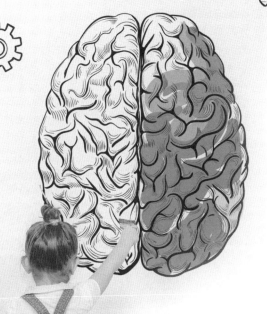

Rio de Janeiro, 2021

Decifrando Mentes
Copyright © 2021 da Starlin Alta Editora e Consultoria Eireli.
ISBN: 978-65-5520-166-6

Translated from original Reading Minds: How Childhood Teaches Us to Understand People. Copyright © 2020 by Henry Wellman. ISBN 978-0-19-087867-2. This translation is published and sold by permission of Oxford University Press, the owner of all rights to publish and sell the same. PORTUGUESE language edition published by Starlin Alta Editora e Consultoria Eireli, Copyright © 2021 by Starlin Alta Editora e Consultoria Eireli.

Todos os direitos estão reservados e protegidos por Lei. Nenhuma parte deste livro, sem autorização prévia por escrito da editora, poderá ser reproduzida ou transmitida. A violação dos Direitos Autorais é crime estabelecido na Lei nº 9.610/98 e com punição de acordo com o artigo 184 do Código Penal.

A editora não se responsabiliza pelo conteúdo da obra, formulada exclusivamente pelo(s) autor(es).

Marcas Registradas: Todos os termos mencionados e reconhecidos como Marca Registrada e/ou Comercial são de responsabilidade de seus proprietários. A editora informa não estar associada a nenhum produto e/ou fornecedor apresentado no livro.

Impresso no Brasil — 1ª Edição, 2021 — Edição revisada conforme o Acordo Ortográfico da Língua Portuguesa de 2009.

Erratas e arquivos de apoio: No site da editora relatamos, com a devida correção, qualquer erro encontrado em nossos livros, bem como disponibilizamos arquivos de apoio se aplicáveis à obra em questão.
Acesse o site **www.altabooks.com.br** e procure pelo título do livro desejado para ter acesso às erratas, aos arquivos de apoio e/ou a outros conteúdos aplicáveis à obra.

Suporte Técnico: A obra é comercializada na forma em que está, sem direito a suporte técnico ou orientação pessoal/exclusiva ao leitor.
A editora não se responsabiliza pela manutenção, atualização e idioma dos sites referidos pelos autores nesta obra.

Produção Editorial
Editora Alta Books

Gerência Comercial
Daniele Fonseca

Editor de Aquisição
José Rugeri
acquisition@altabooks.com.br

Produtores Editoriais
Illysabelle Trajano
Thales Silva
Thiê Alves

Marketing Editorial
Livia Carvalho
Gabriela Carvalho
Thiago Brito
marketing@altabooks.com.br

Equipe de Design
Larissa Lima
Marcelli Ferreira
Paulo Gomes

Diretor Editorial
Anderson Vieira

Coordenação Financeira
Solange Souza

Produtor da Obra
Maria de Lourdes Borges

Equipe Ass. Editorial
Brenda Rodrigues
Caroline David
Luana Rodrigues
Mariana Portugal
Raquel Porto

Equipe Comercial
Adriana Baricelli
Daiana Costa
Fillipe Amorim
Kaique Luiz
Victor Hugo Morais
Viviane Paiva

Atuaram na edição desta obra:

Tradução
Ana Mattoso

Copidesque
Vanessa Schreiner

Capa
Larissa Lima

Revisão Gramatical
Caroline Suiter
Hellen Suzuki

Diagramação
Joyce Matos

Ouvidoria: ouvidoria@altabooks.com.br

Editora afiliada à:

Dados Internacionais de Catalogação na Publicação (CIP) de acordo com ISBD

W452d   Wellman, Henry M.
            Decifrando Mentes: como a infância pode nos ensinar a entender pessoas / Henry M. Wellman ; traduzido por Ana Mattoso. - Rio de Janeiro : Alta Books, 2021.
            192 p. ; 16cm x 23cm.

            Tradução de: Reading Minds
            ISBN: 978-65-5520-166-6

            1. Habilidades sociais. 2. Interação social. 3. Interação social em crianças. 4. Atividades mentais. I. Mattoso, Ana. II. Título.

                                                            CDD 302
2021-3573   CDU 316.454

Elaborado por Odílio Hilario Moreira Junior - CRB-8/9949

Rua Viúva Cláudio, 291 — Bairro Industrial do Jacaré
CEP: 20.970-031 — Rio de Janeiro (RJ)
Tels.: (21) 3278-8069 / 3278-8419
www.altabooks.com.br — altabooks@altabooks.com.br

Sumário

Prefácio	*vii*
1. Decifrando Mentes: Uma Introdução	**1**
Como Tudo Começou	3
Decifrando a Mente das Outras Pessoas	4
Errar É Comum	5
A Vida sem Decifrar Mentes: Autismo e Cegueira Mental	7
Avançando	9
2. Decifradores de Mente, Fofoqueiros e Mentirosos	**11**
Fofocas: É Possível Culpar Seu DNA Primata?	11
Decifrando Mentes: Aprofundamento	13
Mentiras, Malditas Mentiras… e Decepções	16
Como Identificar Mentirosos	17
Nosso Cérebro Social	23
3. Amigos, Segredos e Mentiras	**25**
As Crianças Dominam as Crenças Falsas	26
Mentiras e Decepções	30
Segredos e Ocultações	33
Persuasão	34
Ruby Bridges e a Falta de Amigos	35
4. Imaginação e Realidade	**37**
Real ou Imaginário: As Crianças Sabem Distinguir?	39
Amigos Imaginários	41
Misturando Mental e Real — Todos Nós Fazemos Isso	42
Resumindo	43
5. Revelando a Teoria na Teoria da Mente	**45**
Temple Grandin: Pensando por Meio de Imagens	47
Teorias Cotidianas	48
6. Bloco a Bloco	**53**
Construindo uma Teoria da Mente	55
Subindo Degraus	58
Assistindo à Formação de uma Língua de Sinais	60
Reforçando a Teoria da Mente	61
As Sequências Podem Variar?	63
Teorias Geram Teorias	65
Construindo com Blocos	66
7. Baby Boom	**67**
A Compreensão Social dos Bebês	67
Como É Feito	68

vi   DECIFRANDO MENTES

Como os Bebês Entendem as Pessoas ... 71
Questões Adicionais ... 73
Aprendizagem Humana: O Verdadeiro Baby Boom ... 76

8. Superpoderes, Deus, Onisciência e Vida Após a Morte ... 79
Como as Crianças se Conectam com Deus ... 80
Onisciência? ... 82
O Morto-Vivo ... 86

9. Mundos Possíveis, Mentes Possíveis ... 93
A Mente Supera a Realidade ... 96
Pessoas de Todas as Partes São Diferentes, e Elas São as Mesmas Pessoas por Toda Parte ... 97
Contradições e Progressos ... 100

10. Chimpanzés, Cachorros e Nós Mesmos ... 103
Quão Humanos Eles São? ... 103
Ricas ou Enxutas? ... 104
Humanos *versus* Chimpanzés: Compartilhar, Ajudar e Adquirir ... 110
Meu Cachorro Consegue Decifrar Minha Mente ... 112
Humanos Temperamentais ... 114
Inteligência Social ... 116

11. O Cérebro Social ... 119
Células que Leem Mentes? ... 120
RTM: A Rede da Teoria da Mente ... 124
Cérebros Infantis ... 127
Cérebros Plásticos ... 128

12. Oi, Robô ... 131
O Vale da Estranheza ... 131
Aprendendo com os Robôs ... 135
Desenvolvendo Ideias sobre Robôs ... 139
Moral e Robôs? ... 142
No Futuro ... 144

13. Teoria da Mente em Ação ... 145
Em Ação de Acordo com a Lei ... 145
Quando a Mente Vem à Tona ... 147
Os Mistérios da Mente ... 150
Teoria da Mente em Ação para Adultos Cuja
Criança Interior Ainda Vive ... 151
A Teoria da Mente Agindo Contra Nós ... 151
Sempre Agindo, Sempre Trabalhando ... 158

14. Histórias, Teorias e Mentes ... 159
As Histórias com as Quais Nos Identificamos ... 161
Autoengano e Erros ... 162
Não Se Sabe o que Não Se Sabe ... 167
Decifrando Mentes ... 168

Agradecimentos ... *171*

Notas ... *173*

Prefácio

No dia 5 de março de 2007, a NBCNews.com publicou uma matéria com a seguinte manchete: "Cientistas antecipam comportamentos ao ler mentes[1]." O texto começava assim: "Em um laboratório na Alemanha, voluntários entram em uma máquina de ressonância magnética na forma de um *donut* e realizam tarefas simples, como escolher se devem adicionar ou subtrair dois números." Os cientistas ficaram na sala ao lado, tentando decifrar a mente desses voluntários — para descobrir o que eles estavam pensando antes mesmo de agirem. Fizeram isso ao analisar os exames de imagem do cérebro dos voluntários, obtidos por meio de ressonância magnética (IRM). Os pesquisadores, liderados por um tal de Dr. Haynes, em Berlim, foram razoavelmente bem-sucedidos: eles conseguiram identificar as decisões tomadas pelos indivíduos sobre o que fazer — neste caso, adicionar ou subtrair — de forma melhor do que o esperado.

Alguns segundos antes de qualquer número aparecer na tela, foi solicitado aos participantes que decidissem se adicionariam ou subtrairiam dois números. Durante esses poucos segundos, o *scanner* forneceu imagens computadorizadas da atividade cerebral dos voluntários, e os pesquisadores usaram essas imagens para prever a decisão de cada um deles — com um padrão cerebral que sugeria a intenção de adicionar e outro relacionado à intenção de subtrair. Como os próprios pesquisadores admitiram: "A pesquisa, que começou em julho de 2005, tem um alcance limitado: apenas 21 pessoas foram testadas até o momento. E a taxa de precisão de 71% está apenas cerca de 20% acima da taxa de precisão da seleção aleatória".

Mesmo assim, as reações à pesquisa foram fortes:

"O fato de conseguirmos descobrir o que uma pessoa está pensando eleva o grau de compreensão do pensamento subjetivo a um nível completamente novo", disse o Dr. Paul Wolpe, professor da área de psiquiatria da Universidade da Pensilvânia.

Tanja Steinbach, uma das mulheres que participaram, disse: "Isso é realmente esquisito. Mas como sei que eles só podem fazer isso por meio dessas máquinas, então, não me preocupo se todas as pessoas na rua também estão lendo meus pensamentos."

As implicações da possibilidade de decifrar mentes dessa forma deixaram alguns analistas inquietos. "Os cientistas estão tendo um progresso significativo, a ponto de deixar os especialistas em ética nervosos."

Decifrar mentes — incrível!

No entanto, crianças de 2 e 3 anos fazem isso todos os dias, e até mesmo bebês são capazes de descobrir as intenções de alguém, conforme veremos mais adiante. Crianças pequenas não precisam de máquinas sofisticadas. Em vez disso, elas usam suas habilidades cognitivas ainda em desenvolvimento para detectar e inferir o estado mental das pessoas: seu estado de espírito. Na verdade, todos nós deciframos mentes dessa maneira mundana e, ainda, maravilhosa.

O autor deste artigo fala sobre o *entusiasmo* ou a *inquietude* dos analistas. Um amigo olha para um céu à noite, claro e repleto de estrelas, e percebemos que ele fica maravilhado. No avião, o passageiro a nosso lado se levanta no meio do voo e se esforça para alcançar o compartimento de malas; no mesmo instante, sabemos que ele pretende tirar alguma coisa de lá. Quando consegue pegar seu notebook, compreendemos: "Era isso que ele *queria*." O fato de todos fazermos isso todos os dias e de que até crianças serem capazes de fazê-lo não nega o poder e a magia dessa decifração habitual de mentes. E, geralmente, somos bons nisso: podemos fazer até melhor do que os cientistas, sem a necessidade de usar essas máquinas caras. Não somos imbatíveis, porém, com relação a coisas simples, como inferir as intenções das pessoas em determinadas situações e usar isso para prever suas escolhas, provavelmente estaremos certos em pelo menos 70% das vezes. E conseguimos ler mentes em situações muito mais complicadas.

Mas como fazemos isso? Por qual razão e em que momento aprendemos a fazer isso? E de que forma nossas vidas, a noção que temos de quem somos, nossas ações e interações com os outros podem ser afetadas? O que acontece se alguém não consegue fazer isso? O que acontece quando estamos errados? Respondo a todas essas perguntas ao longo deste livro. Mas a resposta mais curta é que decifrar mentes é a grande sacada e a parte mais importante de nossas vidas.

Faz trinta anos que me interesso por essas perguntas e respostas. Existe uma legião de outros cientistas interessados nisso. Devo muito a eles. O nome de alguns aparecerá ao longo do livro, mas não suas citações. Estas aparecem nas notas de cada capítulo. Ao citar publicações ou pesquisas de outras pessoas, por uma questão de legibilidade, evitei o uso de elipses (…) e colchetes, mas tentei ao máximo garantir que quaisquer omissões ou reduções não alterassem o significado concebido pelo autor. As notas indicam onde as citações originais e integrais podem ser encontradas.

Tenho uma dívida muito grande com esses cientistas e também com todas as pessoas, pais e filhos que participaram de nossa pesquisa.

1

Decifrando Mentes: Uma Introdução

Em 2010, 33 mineradores chilenos foram encontrados vivos após dezessete dias soterrados a mais de um quilômetro de profundidade. Por meio de um sistema de comunicação inserido no solo, que viabilizou os primeiros contatos com a superfície, um deles pôde, enfim, enviar uma mensagem para sua esposa:

> *Pensávamos* que morreríamos de fome aqui embaixo. Você não *imagina* quanto minha alma *sofreu querendo* que você pelo menos *soubesse* que ainda estávamos vivos.[1]

Essa mensagem traz à tona um dos aspectos mais fundamentais daquilo que nos caracteriza como seres humanos: constantemente pensamos nos outros e em nós mesmos em termos de nossas próprias atividades mentais. Nessa situação desesperadora, com tantas coisas em jogo, a mensagem do minerador foi um pouco além: ele *pensou* que poderia morrer de fome, *sofreu* com a incapacidade de se comunicar com a esposa e ficou angustiado por ela não *saber* que ele estava vivo.

Com suas habilidades sofisticadas de interpretar estados mentais, é provável que você tenha lido as entrelinhas e acrescentado as próprias impressões à mensagem. Você deve ter captado, por exemplo, sensações como medo, determinação, esperança e exaustão. Não há como saber ao certo qual era o estado de espírito desse minerador, mas sabemos que ele esteve soterrado por dezessete dias antes de ser finalmente localizado e que foram iniciadas as operações de resgate. Somando esses conhecimentos prévios à mensagem enviada, é possível inferir alívio, assim como exaustão física e emocional, decorrentes da situação vivida.

O fato de conseguirmos fazer isso nos define como seres humanos. Todo santo dia, tentamos adentrar a mente das pessoas, observando cada uma de suas palavras e ações, para descobrir quais são seus sentimentos mais profundos, suas esperanças e suas intenções. E o mais surpreendente é que somos bem-sucedidos: penetramos estados mentais alheios e somos capazes de ler, interpretar e comunicar nossos próprios estados mentais — a fim de expô-los às outras pessoas e esclarecê-los a nós mesmos.

Essa leitura natural de mentes alheias é algo que começamos a desenvolver durante a infância e que praticamos incessantemente na idade adulta. Entre incontáveis avaliações superficiais que duram frações de segundo ou julgamentos mais aprofundados, estamos decifrando mentes o tempo todo, sem nem mesmo perceber — e não podemos — nem queremos — evitar isso.

Decifrar mentes é uma habilidade humana fundamental, pois somos seres intrinsecamente sociais — até mesmo o ser mais solitário. Fomos criados em famílias e comunidades e estamos, o tempo todo, interagindo e trabalhando uns com os outros. Não é à toa que queremos extrair algum sentido dessa esfera social, para que possamos entender a nós mesmos e aos outros, trazendo algum princípio de ordem e previsibilidade a essas interações, que, de outra forma, talvez parecessem assustadoramente aleatórias.

Apenas os seres humanos desenvolveram essa habilidade de maneira tão extensiva. Muitos antropólogos, inclusive, acreditam que ela foi crucial para nossa evolução como *Homo sapiens*.[2] De fato, por ser tão fundamental para a sobrevivência humana, bebês de apenas 10 ou 12 meses de idade já começam a desenvolvê-la, como apontam as pesquisas. A partir daí, crescemos exponencialmente tanto em habilidade quanto em dependência dessa ampla compreensão do funcionamento da mente.

Decifrar mentes é um hábito tão arraigado em nossas vidas que podemos, inclusive, deixar de perceber a frequência com que o fazemos. Por exemplo: uma família se senta à mesa para jantar em uma sexta-feira à noite. Sem essa habilidade, nossas percepções diretas seriam mais ou menos assim:

> Sacos de pele enfiados em pedaços de pano decoram cadeiras que se movem de maneira inesperada, enquanto pequenos pontos escuros acima deles se mexem para lá e para cá, e um buraco na parte de baixo desses pontos produz ruídos irregulares.[3]

Essa é uma descrição no mínimo estranha. Mas basta adicionarmos algumas convenções sociais e os "sacos de pele"[3] logo se transformam em humanos, e os "ruídos" se transformam em frases encadeadas, como "Passe as batatas" e "O que tem de sobremesa?". Acrescenta-se a leitura mental e pronto: entendemos que alguém *quer* comer batatas e que a menina *prefere* sobremesa em vez de legumes. O garoto se mexe na cadeira, inquieto, e praticamente o ouvimos *pensar*: "Ainda não acabou?" Assim, à medida que tentamos decifrar os pensamentos que as pessoas não externalizam, estamos constantemente em um jogo simples e fantástico de decifração que os psicólogos chamam de **mentalização** — uma teoria da mente.

Essa habilidade nos coloca à parte como seres humanos; ela define nossa maneira de pensar sobre nós mesmos e sobre os outros. Aliás, somos a única espécie que se questiona e se preocupa incessantemente com o que os outros estão pensando, querendo ou com o que estão preocupados.

Mais surpreendente ainda é o fato de que esse entendimento tão significativo e diversificado da mente nunca nos é entregue de bandeja ou preestabelecido de alguma forma; cada um de nós elabora, de maneira singular ao longo da vida, uma ampla mentalização, direcionada, entre outras coisas, a entender como funciona nosso meio social. O desenvolvimento da mentalização ao longo da infância e o modo como ela nos define como indivíduos e, principalmente, como seres humanos são o foco deste livro.

Como Tudo Começou

Quando meu filho Trey* tinha acabado de completar 4 anos, ele me disse: "Feche os olhos."

"Por quê?", perguntei.

"Vou fazer uma coisa de que você não gosta."

Trey estava começando a decifrar mentes, mas, por ainda ser muito jovem, nem sempre era bem-sucedido. Ele já entendia que a omissão poderia ajudá-lo: se eu não soubesse do que se tratava, não poderia contestar. No entanto, ainda lhe faltava o passo seguinte: para que sua estratégia funcionasse, eu tinha que continuar sem saber.

Podemos observar esses ajustes iniciais em qualquer criança. É como aprender a andar: primeiro elas engatinham; depois caminham com alguma ajuda; então, finalmente conseguem fazê-lo sozinhas, até que descobrem o prazer de correr. Outro exemplo: aprender a falar, depois a ler e, finalmente, a escrever. É dessa mesma maneira que os pesquisadores observam crianças aprendendo a decifrar mentes — tal como nas habilidades físicas e linguísticas, as mais novas demonstram percepções iniciais que se desenvolverão ao longo da infância.

Quando Trey tinha quase 3 anos, encerramos um passeio ao zoológico em uma loja de brinquedos. Ele ficou fascinado com uma vitrine de bichos de pelúcia repleta de pinguins, filhotes de leões, cobras felpudas e girafas.

"Eu quero um", disse ele.

"Seu aniversário está chegando, quem sabe você não ganhe um de presente", respondemos.

Conforme esperado, no dia da festa, ele abriu um pacote que continha um filhote de leão — inesperadamente, começou a chorar. Quando se acalmou, ele falou: "Mas, mas, eu queria aquele verde e peludo."

---

*Este nome é fictício. Tenho dois filhos, mas, em virtude de sua privacidade, optei por atribuir a Trey situações que mesclam a vida de ambos.

De volta à loja, ele apontou para um jacaré verde. Esse jacaré, imediatamente nomeado "Bufão", tornou-se o mais novo membro da família, o que também ocorreu com seus sucessores (Bufão 2, Bufão 3 e Bufão 4). Assim, os desejos de Bufão, tal qual proclamados por Trey, também viriam a se tornar os nossos.

Compreender seus desejos e insistir neles é um dos primeiros passos dados em direção à mentalização. Quase todos os pais certamente se lembram da *terrível crise dos 2 anos* — também conhecida como "adolescência do bebê" —, momento em que, pela primeira vez, as crianças, com cerca de 2 anos, percebem que seus desejos diferem daqueles de seus pais e começam a reivindicá-los, em alto e bom som. Foi assim que Bufão entrou em nossas vidas. Se Trey tivesse 12 meses, ele muito provavelmente não entenderia nada disso.

Decifrando a Mente das Outras Pessoas

Pouco depois de descobrirem a respeito dos próprios desejos, e também dos desejos dos outros, chega o momento em que as crianças começam a prever o que as pessoas vão pensar. No caso de Trey, quando me pediu pra fechar os olhos, ele deve pensado algo como: "Se o papai me vir, ele vai saber que estou fazendo algo proibido." Fizemos um teste clássico com Trey, que evidenciou tal habilidade: nós lhe mostramos duas caixas em meu laboratório infantil, na Universidade de Michigan. Uma continha doces; a outra era uma caixa comum, toda branca. Quando perguntei o que havia dentro da caixa de doces, ele respondeu de maneira óbvia: "Doces!" Quando a abriu, no entanto, descobriu que estava vazia; a caixa comum, por sua vez, continha todos os doces.

Logo em seguida, Glenda, minha assistente de pesquisa, entrou na sala, e eu fechei as caixas. "Glenda adora doces", disse a Trey, e ela assentiu. "Onde será que ela vai procurar por eles?"

Na primeira vez que Trey fez esse teste, ele tinha 3 anos e meio; na segunda, tinha acabado de completar 5 anos. Nesse intervalo de tempo, suas habilidades mudaram significativamente. Aos 3 anos e meio, assim como grande parte das crianças dessa idade, ele disse que Glenda procuraria os doces na caixa comum, porque sabia que era lá que eles estavam.

Como vimos, crianças dessa idade já entendem que pessoas diferentes têm desejos diferentes — vide a supracitada *terrível crise dos 2 anos*. No entanto, ainda não aplicam isso aos pensamentos: por exemplo, sabem em qual caixa estão os doces, então lhes parece muito lógico que Glenda também saiba. Não é de surpreender que, nessa faixa etária, as crianças esperem que os pais saibam onde elas deixaram os sapatos, o que aconteceu na creche ou se elas lavaram as mãos, mesmo que eles não estivessem por perto quando essas coisas aconteceram.

E quanto às crianças de 5 anos? Oitenta por cento delas afirmam que Glenda procurará na caixa de doces, assim como Trey fez em seu segundo teste. Com apenas 1 ano e meio de diferença, portanto, as crianças conseguem distinguir o próprio pensamento do pensamento de outra pessoa e já compreendem que, se ela quiser doces, procurará onde *ela mesma* achar que deve — no caso, dentro da caixa de doces. Pode-se dizer que suas ações são conduzidas por crenças incorretas, e não pelo lugar correto. Glenda, então, tem uma crença falsa sobre onde encontrar os doces, e crianças de 5 anos são capazes de acompanhar suas atividades mentais e de antecipá-las.

Se isso parece um tanto brilhante, é porque, de fato, o é. Mas essa inteligência é compartilhada por praticamente todas as crianças de todas as sociedades do planeta Terra — brincadeira de criança, pura e simplesmente. E, por mais simples que pareçam, essas etapas iniciais constituem a base geral de nossa habilidade singular de decifrar mentes. A formação de uma teoria da mente não constitui um trabalho homogêneo; é sua organização complexa e diversificada que nos mostra como entender cada vez melhor o funcionamento da mente social humana. Mais especificamente, é a história de como nos tornamos humanos.

Sem uma teoria da mente, nós não poderíamos cooperar, competir, conhecer a nós mesmos, fazer amigos, aprender a mentir, fingir, interagir com robôs e *smartphones* ou, em geral, nos tornarmos fofoqueiros. Em suma, é por causa disso que alguns de nós se tornam religiosos fervorosos e outros, ateus; que alguns se tornam romancistas; e porque todos nós adoramos ouvir e ler histórias. É também por isso que alguns adoram histórias de terror, enquanto outros as detestam.

Errar É Comum

O princípio básico para entendermos a mentalização é que ela é, justamente, uma teoria, e não um fato. Ou seja, suas lentes filtram, da melhor forma possível, as informações dispostas, fornecendo uma interpretação cabível da situação; é tal qual o prisma que separa o espectro do arco-íris da luz. No entanto, pode ocorrer de a lente estar distorcida ou mal polida, e, então, você chegar a uma resposta imprecisa — tanto para si mesmo quanto para os outros. Para ilustrar isso, vamos analisar o momento em que Adam, de 4 anos, comeu cola[4]:

ADAM: "Tem gosto ruim."

ENTÃO, SUA MÃE LHE PERGUNTOU: "E por que você colocou na boca?"

ADAM RESPONDEU: "Parecia gostoso."

6 DECIFRANDO MENTES

Adam poderia jurar que comer a cola seria um deleite, mas ele estava enganado — o que ele tinha em sua mente era uma crença falsa. Ele pensaria duas vezes antes de pegar a cola do pote novamente.

Passamos boa parte de nossos primeiros anos de vida motivados por esforços para aprender o que queremos e o que não queremos e, também, descobrir quando nossos pensamentos estão corretos ou incorretos, ao mesmo tempo em que aprendemos coisas semelhantes sobre as outras pessoas. E tais aprendizados permanecem ao longo da vida adulta.

Tome como exemplo aquele lenço de lã azul que você deu para sua tia Liz. Você o escolheu porque achou que a agradaria, mas ficou evidente, por mais que ela tentasse disfarçar, que você se enganou. Nesse momento, é provável que sua mentalização tenha entrado em ação e que você tenha se perguntado: "Por que ela não gostou? Será que odeia a cor azul ou é alérgica à lã? Ninguém me disse nada sobre isso... Será que ela acha que lenços de lã são para senhoras idosas?" Enfim, você procurou por quaisquer informações úteis relacionadas à mentalização para compreender melhor sua tia Liz.

Todos os episódios relatados até aqui — o presente que deixou tia Liz decepcionada, o fato de Glenda não ter encontrando os doces e a ocasião em que Adam comeu cola — foram infelizes. Mas a falibilidade de uma teoria da mente pode resultar em uma tragédia.

Romeu e Julieta, por exemplo, história que é contada há séculos, baseia-se nesse tipo de erro. Seu desfecho fatal decorre de uma crença falsa.

Como suas famílias são inimigas declaradas, Romeu e Julieta precisam se casar em segredo e escapar rápido, tanto da cidade quanto de seus parentes. Romeu, então, foge sozinho, mas promete retornar para buscar sua amada. Na sua ausência, Julieta bola um plano: ela tomaria um fármaco poderoso que a faria parecer morta por alguns dias e, então, acordaria após seu enterro na cripta da família. Lá, Romeu a encontraria e, enfim, poderiam escapar juntos. Ele, no entanto, não tomou conhecimento de que Julieta ingeriria o fármaco e, ao encontrá-la na cripta, aparentemente morta, se desespera. Não mais desejando viver sem sua amada, ele toma o veneno e morre. Quando Julieta desperta e encontra seu Romeu morto, também perde o desejo de viver e acaba se suicidando.

A dolorosa tragédia dos amantes, portanto, se desenvolve com base em uma crença falsa de Romeu, a qual os amantes do teatro vêm remoendo ao longo de séculos. De forma curiosa, no entanto, mesmo com a revelação de algumas das partes mais complexas que envolvem a tragédia, crianças de apenas 5 anos conseguem compreender que Romeu se enganou, agindo com base em uma crença falsa. Isso certamente é um passo à frente no desenvolvimento da própria mentalização, cada vez mais sofisticada e mais bem organizada.

Algumas pessoas, porém, não desenvolvem uma teoria da mente e, mesmo assim, podem nos ensinar tanto quanto as crianças ou, até mesmo, Shakespeare.

A Vida sem Decifrar Mentes: Autismo e Cegueira Mental

Temple Grandin é provavelmente uma das autistas mais famosas e funcionais do mundo. Apesar de sua inteligência e suas conquistas — é professora de zoologia na Universidade Estadual do Colorado —, Grandin, assim como outros indivíduos com Transtorno do Espectro Autista (TEA), não tem uma teoria da mente convencional. Longe de ser capaz de decifrar mentes, o quadro dela se caracteriza por uma espécie de cegueira mental.[5]

Grandin, assim como outras pessoas com autismo, pode nos dar uma ideia de como deve ser viver sem desenvolver uma teoria da mente ou sem decifrar mentes. Nas palavras da própria Grandin, ela simplesmente "não entende" a socialização e a interação humana e vem tentando apreender o passo a passo, como quem monta um quebra-cabeças. Quando foi entrevistada por Oliver Sacks, em 1993, ela disse: "A maior parte do tempo, eu me sinto como uma antropóloga em Marte."[6]

Nessa conversa com Sacks, Grandin contou sobre seu primeiro trabalho, como projetou e implementou um abatedouro de gado humano. Quando a instalação passou a funcionar a pleno vapor, no entanto, ocorreram diversas e incessantes falhas, a despeito de seu planejamento cuidadoso. Por quê?

Ela passou a estudar minuciosamente todas as possibilidades concretas para descobrir o motivo e, eliminando uma após a outra, chegou a um ponto comum: um dos trabalhadores, John. Foi diante dessa situação que ela percebeu, então, que o mundo da pecuária era uma grande província de homens. Como mulher e, portanto, ímpar em um mundo masculino — além de sê-lo socialmente, em virtude de seu autismo —, atraiu muita desconfiança e, é claro, inveja, o que desencadeou uma espécie de sabotagem, algo que ela jamais havia considerado. "Tive que aprender a desconfiar dos outros."

Como Sacks escreveu: "Em sua ingenuidade e credulidade iniciais, Temple foi vítima de todo tipo de truque e de abusos. Essa inocência decorria de sua dificuldade de compreender a hipocrisia e o fingimento." Em virtude do autismo, não lhe ocorreu que ela tivesse que examinar as motivações das outras pessoas ou suspeitar que essas motivações poderiam ter como objetivo prejudicá-la. Grandin também declarou a

8 DECIFRANDO MENTES

Sacks que a história de *Romeu e Julieta* a deixou perplexa: "Nunca entendi muito bem o que eles estavam fazendo."

Não existem duas pessoas autistas iguais no mundo, seja no âmbito de personalidade, de história de vida ou de competência. Devido à enorme variedade de sintomas e déficits, os especialistas concluem que esses indivíduos pertencem ao espectro do autismo. Os mais funcionais dentre eles podem, inclusive, atingir níveis normais ou mesmo excepcionais em linguagem e em QI. Eles se desenvolvem, porém, de maneira desordenada.

Foi o que aconteceu com Temple: aos 3 anos de idade, ela não tinha absolutamente nenhum desenvolvimento linguístico, o que, muitas vezes, já prevê limitações severas para um futuro desenvolvimento. Ao longo da educação infantil, ela foi diagnosticada, inclusive, como uma criança com disfunção cerebral e encaminhada para internamento em uma instituição especializada; sua mãe, no entanto, recusou esse protocolo e a colocou em terapia fonoaudiológica e programas de orientação intensiva. Assim, ela "emergiu" lentamente. Sua autobiografia, lançada nos Estados Unidos em 1986, foi intitulada, no Brasil, *Uma Menina Estranha: Autobiografia de uma autista*. "Adquiri a linguagem gradualmente, palavra por palavra. Antes, eu não proferia uma única frase, só conseguia gritar", afirma. Temple acabou por se tornar, enfim, uma referência em instalações no campo da pecuária, além de se tornar uma pessoa altamente loquaz.[*]

O nível das realizações de Grandin é um tanto incomum entre indivíduos autistas, mas isso não atenuou suas dificuldades no que se refere à compreensão e à interação com as pessoas — ela continuou desorientada no mundo social. Somente ao longo dos anos e com muito esforço é que Grandin aprendeu a se colocar no mundo, algo que pessoas com um desenvolvimento normal costumam compreender sem tanta dificuldade. Ela precisou desenvolver alguns métodos para compensar seus déficits com relação à sua teoria da mente.

Uta Frith, psicóloga especialista em autismo na Inglaterra, escreveu que: "O autismo não desaparece. A verdade é que pessoas autistas podem — e geralmente conseguem — compensar suas limitações em um grau notável. No entanto, o déficit persiste como algo que não pode ser corrigido ou substituído." Ou seja, não existe cura nem se pode "deixá-lo para trás".[7]

Grandin declarou certa vez: "Se eu pudesse estalar os dedos e não ser mais autista, ainda assim não o faria — porque, com isso, não seria quem sou." Ela escreveu, ainda, de maneira tocante sobre aquilo que lhe falta:

[**] O site oficial de Grandin afirma que suas instalações no campo da pecuária estão presentes em países como Estados Unidos, Canadá, Europa, México, Austrália, Nova Zelândia, entre outros. Quase metade do gado abatido na América do Norte é antecipadamente manejado em um sistema projetado por ela.

Não me encaixo na vida social de minha cidade ou universidade. Quase todos os meus contatos próximos são com pessoas do campo da pecuária ou com pessoas interessadas em autismo. Passo a maior parte das noites de sexta-feira e sábado escrevendo artigos. Meus interesses são factuais, e minha leitura recreativa consiste, principalmente, em publicações científicas e sobre a pecuária. Tenho pouco interesse em romances, com todas aquelas relações interpessoais.

E então conclui: "Se eu não tivesse uma profissão tão desafiadora, minha vida seria horrível."

É possível, portanto, viver sem praticar a mentalização, e Temple Grandin é prova viva disso. No entanto, sua vida também nos mostra o que acontece quando uma pessoa não consegue desenvolver as decifrações mentais mais comuns e cotidianas, que envolvem analisar o que os outros estão pensando, querendo e sentindo.

Avançando

A teoria da mente, como vimos, permeia todo o desenvolvimento infantil e é algo muito mais intrigante e interessante do que fazem parecer os testes de laboratório. A atividade diária de mentalização é, afinal, uma das conquistas intelectuais mais impressionantes e fundamentais de nossa espécie, e se torna ainda mais impressionante quando observamos habilidades de percepção antecipada desabrochar em pessoas já adultas ou nos chamados pontos cegos.

O livro *Decifrando Mentes* mostrará como crianças comuns aprendem a decifrar mentes em uma série de etapas ordenadas, previsíveis e absolutamente fascinantes. O fracasso em aprendê-las pode, inclusive, estagnar o desenvolvimento da criança e, em última análise, do adulto, em diversas habilidades, como competência social, criação de uma história de vida coerente, apreciação de narrativas e, até mesmo, na possibilidade de viver por conta própria. Compreender todos os passos nos permitirá enxergar melhor a natureza da convivência humana, aceitar nossa criança interior e ter uma melhor vivência em nosso meio social.

Neste livro, traçarei conexões entre as percepções iniciais de uma criança de 3 anos, com seu faz de conta, e as realidades inventadas por romancistas. Mostrarei como a concepção de crianças de 6 anos que acreditam em super-heróis leva a uma concepção teológica de experiências relacionadas a Deus e à vida após a morte. Mostrarei, ainda, como a crescente conscientização das crianças a respeito de seus sentimentos e pensamentos está relacionada não apenas ao período chamado de "adolescência do bebê", mas também à sua inclinação espontânea ao perigo, o que, por sua vez, conduz ao raciocínio moral e legal na idade adulta.

Este livro apresentará, portanto, mentirosos, cientistas, crianças bonitinhas, diferentes culturas, mentes ordinárias e extraordinárias, além da forma como bebês, cérebros, chimpanzés e cães operam. Ou seja, mostrará como as crianças dependem da expansão da teoria da mente para se transformarem em políticos, cientistas, partes de uma equipe ou estelionatários.

O livro *Decifrando Mentes* aborda questões relacionadas ao mundo social cujas respostas já foram anunciadas em nossas habilidades iniciais de leitura mental. Por que, afinal, somos tão fascinados por fofocas? E por que conversamos uns com os outros e, também, com nossos animais de estimação e dispositivos? Por que quase todas as mídias, os livros infantis e as formas de autoconhecimento sempre envolvem diversas histórias? E o que dizer da vida após a morte, dos amigos imaginários, da crença em divindades, da personalidade, da onisciência...?

Nunca conheci alguém que não se sentisse minimamente curioso a respeito das pessoas. Este livro foi escrito para ajudar a satisfazer esse sentimento.

2

Decifradores de Mente, Fofoqueiros e Mentirosos

Em todas as sociedades e culturas, os adultos adoram fofocar. Isso ocupa cerca de 65% do tempo de conversação, de acordo com pesquisadores que acompanharam conversas em shopping, vagões de metrô e saguões de aeroporto.[1] Essas informações, aliás, independem de idade ou gênero de quem está falando.

É claro que existem exceções. Temple Grandin, por exemplo, escreveu que toda essa conversa fiada a entedia. Ao longo da adolescência, o convívio com as colegas que conversavam sobre roupas, namorados e sobre o que fulano disse para sicrano lhe parecia um tanto fútil. "Eu não conseguia entender por que elas passavam horas e horas conversando sobre assuntos tão insubstanciais."[2]

Para o restante de nós, no entanto, as fofocas têm algo de cativante, a ponto de os cientistas se perguntarem por quê.

Fofocas: É Possível Culpar Seu DNA Primata?

Em seu livro *Grooming, Gossip, and the Evolution of Language* ["A Fofoca e a Evolução da Linguagem", em tradução livre], o antropólogo comparativo Robin Dunbar sustenta que o hábito da fofoca tem raízes tão extensas que remetem à nossa herança primata e que os humanos teriam sido, por excelência, os primatas a se destacarem nesse aspecto.

É muito comum que se associe a fofoca à superficialidade ou mesmo ao hábito de especular sobre a vida alheia. No entanto, em geral, é um relato revelador sobre outra pessoa — seja bom ou ruim, verdadeiro ou falso. Parte da razão de nos sentirmos tão atraídos pela fofoca é que ela acaba proporcionando uma área extensa de investigação no que se refere ao funcionamento interno de um número muito maior de pessoas do que poderíamos vir a conhecer.

Os Estados Unidos têm um longo histórico de fofocas impressas. Louella Parsons e Hedda Hopper, por exemplo, publicavam rumores sobre estrelas de Hollywood já nas décadas de 1930, 1940 e 1950, em diversas colunas de jornais com ampla distribuição em todo o país. Por outro lado, as colunas que trazem conselhos, como aquelas escritas por Ann Landers, Carolyn Hax e Abigail VanBuren, envolviam fofocas do dia a dia sobre as pessoas comuns. Gostamos de ler coisas desse tipo porque nos dão algum vislumbre sobre a vida e os dilemas dos outros, mesmo quando não se aplicam a nós.

12 DECIFRANDO MENTES

Após isso, surgiriam diversas publicações quase exclusivamente dedicadas a fofocas, como é o caso da revista *People*, uma das mais populares nos Estados Unidos. Em 2017, a revista esteve em 9° lugar na lista de periódicos de maior circulação do país, sendo que a *AARP* ficou em 1° e a *Sports Illustrated*, em 12° lugar.

Além de trazer pequenos esquetes como "3 verdades e 1 mentira", a *People* dedica textos mais elaborados, repletos de citações, à vida das pessoas. Em uma entrevista recente com Eva Longoria, publicou o seguinte trecho:

> Tive a sorte de aprender, ainda jovem, a palavra "voluntário". Era uma palavra muito usada por minha família. Na Fundação Eva Longoria, eu queria focar a área da educação; então pesquisei muito para descobrir qual era o grupo de pessoas que mais sofria com as disparidades educacionais nos Estados Unidos. Quando descobri que elas eram de origem latina, pensei: "Eu também sou latina, e essas pessoas precisam de ajuda."[3]

A revista *People* estava mais preocupada em fofocar sobre Eva do que no conteúdo de seu relato, assim aconteceu com Donald Trump e Melania ou as Kardashians. E é isso que nos proporciona breves lampejos (ou talvez apenas especulações) de como funcionam suas mentes, quais são seus pensamentos, sonhos, suas esperanças e decepções.

Embora a grande maioria dos leitores da revista *People* seja composta de mulheres, isso não quer dizer que só elas ouvem ou repassam as fofocas. Eu mesmo sou assinante da *Sports Illustrated*, uma revista de fofocas para fãs de esportes — que são, em sua maioria, homens.

Nas matérias da *Sports Illustrated*, o conteúdo quase nunca trata exclusivamente dos jogos, das séries e pontuações em si, mas da maneira com que os atletas, os treinadores e as equipes lidam com vitórias, derrotas e lesões físicas. Os eventos acabam se tornando, então, pontos de partida para tratar de vidas alheias, com relação a suas trajetórias pessoais e profissionais.

Nada deixou isso mais claro do que os artigos para o Super Bowl 50, a 50° temporada da final de campeonato da principal liga de futebol americano dos Estados Unidos. Será que os Denver Broncos venceriam gloriosamente com um último lance de Peyton Manning? E seria este o capítulo final adequado para uma temporada tão dramática ou para a carreira de um dos melhores jogadores de todos os tempos?

As reportagens acompanharam a saga de Manning se reinventando aos 39 anos como *quarterback* de um sistema ofensivo muito diferente. Elas incluíam detalhes sobre seu péssimo início de temporada (dezessete interceptações e apenas nove *touchdowns* em nove jogos), sua decorrente substituição (a primeira de sua carreira profissional), outra lesão (a última de muitas), seu renascimento e, enfim, a sequência final de vitórias que culminaria no troféu do Super Bowl.

E o que dizer dos méritos do diretor-geral, John Elway, na contratação de Manning? Também não podemos esquecer o relacionamento forjado entre os dois nos bastidores. Todos esses elementos resumem, enfim, uma das formas mais amplas e interessantes da fofoca.

Eis que chegamos ao ponto central: a fofoca apenas existe por causa de nossas teorias da mente. Além disso, ela não acontece somente no meio social — falar com, ou sobre, outras pessoas —, mas também na área sociocognitiva: por meio da fofoca, aprendemos sobre as intenções, as peculiaridades, os gostos, as crenças, os comportamentos e as falhas humanas. Portanto, direta (por meio de conversas) ou indiretamente (por meio da mídia), a fofoca sempre acaba refletindo nossa predisposição a analisar a vida, os pensamentos e as ações de outras pessoas. E revela a forma como nossa teoria da mente funciona. Ou seja, a fofoca é motivada por nosso entendimento da relação entre pensar e querer.

Decifrando Mentes: Aprofundamento

Desde muito cedo em nossas vidas, tentamos descobrir por que as pessoas são como são e por que fazem o que fazem, baseando-se em suas ideias, vontades, intenções e em seus sentimentos. Para isso, estruturamos essas informações em uma teoria da mente que nos ajude a compreender o todo por suas partes.

Esse processo diário de análise de outras pessoas é organizado em três grandes categorias: seus pensamentos, suas necessidades e suas ações. É muito comum acreditarmos que as duas primeiras categorias direcionam para a última. Vejamos novamente a citação da fala de Eva Longoria: "eu *queria* focar a área da educação [...] *pensei*: 'Eu também sou latina, e essas pessoas precisam de ajuda'". Com base em seus pensamentos e suas necessidades, portanto, ela *agiu* para instituir a Fundação Eva Longoria, visando "ajudar as mulheres latinas a melhorarem suas condições de vida por meio da educação".

Da mesma forma, John Elway *pensou* que Manning, mesmo beirando os 40 anos, ainda guardava dentro de si mais uma vitória no Super Bowl. Elway *quis* essa vitória para Denver, para os Broncos e para o próprio Manning. Sua *ação*, portanto, foi trazê--lo para o time.

Uma Psicologia do Cotidiano para Não Especialistas

Nossa teoria comportamental básica se desenvolve com base nas interações sociais e em alguns aspectos como a fofoca. Nós não a aprendemos no ensino formal, portanto ela não depende de fatores como ego e identidade, terapias e transtornos mentais ou atividades cerebrais e hormônios. Pelo contrário, é baseada no senso comum, por isso também é chamada de psicologia do cotidiano ou intuitiva.

Na psicologia intuitiva, que funciona por meio da relação entre pensar e querer, os pensamentos e as vontades são categorias básicas que incluem alguns subtipos e algumas sutilezas.

Pensamentos incluem	Vontades incluem
Ideias	Preferências
Conhecimento	Esperanças
Convicções	Motivações
Suposições	Inclinações
Crenças	Desejos
Indagações	Compromissos

Por experiência própria, você deve saber que os pensamentos, as vontades e as ações, mesmo em versões mais aprofundadas, não dão conta da realidade. Nossos pensamentos e nossas vontades levam a impulsos, emoções e percepções, seguidos de reações em resposta a nossas ações. Desse mosaico, criamos uma teoria da mente — que nada mais é do que nossa própria forma de enxergar como a sociedade funciona (Figura 2.1).

A Figura 2.2 mostra uma possível perspectiva para Romeu, que, de tanto *amar* Julieta, *quer* estar com ela para sempre. Por ter *visto* o longo desenrolar do conflito de seu clã familiar com os Capuletos, ele *sabe* que as famílias entrarão em conflito de forma violenta, portanto se casa com Julieta em segredo. Sempre que pode estar junto da amada, Romeu fica em *êxtase* de tal maneira que, quando são forçados a se separarem, ele se sente *devastado*.

TEORIA DA MENTE

Figura 2.1 Alguns conceitos e conexões que utilizamos para entender as ações e motivações humanas.

Figura 2.2 O quadro geral de ações e estados apresentados na Figura 2.1, aplicados a Romeu.

Essa estrutura também nos permite explicar e antever comportamentos: você pode segui-la da direita para a esquerda para explicar os eventos ou seguir a forma inversa para prevê-los.

Explicação: por que Romeu quer estar com Julieta? Ora, ele *a ama*. E por que se casam em segredo? Porque ele *observou* o conflito entre sua família e os Capuletos e *sabia* que seriam contra o matrimônio.

Previsão: como você acha que Romeu se sentirá quando ele e Julieta se casarem? É claro que ele ficará feliz, até mesmo *extasiado*. Como você acha que ele se sentirá quando forem forçados a se separar? Ele ficará *devastado*.

Nossos estados emocional e fisiológico alimentam nossos desejos. Percepções e vivências, por outro lado, fundamentam pensamentos, enquanto ações produzem resultados, que provocam reações adicionais. Esse é nosso modo de entender as pessoas, e essa é a base da imensa e poderosa estrutura que nos ajuda a dar sentido para nossa vida em sociedade. Usamos esse processo diariamente, repetidas vezes — mesmo que inconscientemente — na vivência em sociedade. Ao compreender esse processo, inclusive, conseguimos entender fofocas, intenções, ações, emoções, pensamentos e, até mesmo, *Romeu e Julieta*. Ele nos permite decifrar mentes.

Não à toa, ao utilizarmos nossa teoria da mente, formulamos previsões e explicações bastante confiáveis; mas também pode ocorrer, é claro, de não captarmos bem os sinais, como Romeu, quando achou que sua Julieta adormecida estava morta. Obviamente, é muito mais confortável achar que não erramos, pelo menos não por falta de competência: isso dá sensação de segurança, de entendimento das coisas — as mesmas razões pelas quais, afinal, começamos a elaborar uma teoria da mente.

Os cientistas descobriram, todavia, alguns domínios específicos em que as compreensões e previsões se revelaram fracas e insuficientes. Um exemplo notável é que

16 DECIFRANDO MENTES

somos todos, de maneira geral, péssimos em detectar mentirosos. Digamos então que, às vezes, a teoria da mente demonstra todo seu poder e sua glória com previsões bastante convincentes; em outras, porém, ela lembra uma bússola quebrada, desviando-nos completamente do caminho.

Mentiras, Malditas Mentiras... e Decepções

Em 5 de fevereiro de 2003, Colin Powell compareceu perante uma sessão plenária do Conselho de Segurança das Nações Unidas para discutir a ação militar norte-americana contra Saddam Hussein e o Iraque.[4] "Não deve restar qualquer dúvida de que Saddam Hussein tem armas biológicas e a capacidade de produzi-las em massa", declarou Powell.

Além disso, afirmou que "não havia dúvidas" de que Saddam não poupava esforços para adquirir armas nucleares, visto que solicitava grandes quantidades de "bolo amarelo" — um material composto de urânio e utilizado para produzir armas nucleares — provindas da Nigéria. Ainda segundo Powell, o Iraque vinha expandindo suas reservas de "armas de destruição em massa" (ADM).

Essas afirmações pareciam particularmente contundentes, dado o histórico, a trajetória e o status de Powell. Com quase 1,90m de altura, rígido e ereto, ele correspondia à autoridade de sua patente de general quatro estrelas. Além de ter sido o mais jovem dirigente dos Chefes de Estado-Maior Conjunto, então sob o comando do presidente George H. W. Bush, ele também liderou a Operação Desert Storm, a primeira invasão norte-americana ao Iraque, em 1991. Quando esteve diante das Nações Unidas como secretário de Estado de George W. Bush, portanto, sua influência no gabinete presidencial já era conhecida, e sua competência militar, tida como "realista", colaborou fortemente para a credibilidade de sua imagem.

No entanto, boa parte de seu discurso para as Nações Unidas e, consequentemente, para o povo norte-americano, era falsa. Entre as imprecisões, estaria o fato de que não havia qualquer estoque de ADM e de que o Iraque não fez nenhuma tentativa de comprar bolo amarelo da Nigéria.

A verdade é que Powell estava imerso em um turbilhão de eventos e pessoas que participaram de uma "aliança de interesses" para empreender a Segunda Guerra do Golfo. Alguns de seus protagonistas incluíam o próprio presidente Bush, o vice-presidente Cheney e o então secretário de defesa Donald Rumsfeld. Revendo as falas dele, fica claro que havia um grande número de mentiras, fraudes e desinformações; as pessoas, no entanto, debatem até hoje as possíveis motivações dos principais envolvidos em instigarem um conflito armado que segue assolando o Oriente Médio. O coronel Lawrence Wilkerson, assessor pessoal de longa data de Powell, declarou que participou involuntariamente dessa grande farsa diante do povo norte-americano.

Quando um número considerável de informações deturpadas sobre a guerra começou a vir à tona, o Senado abriu um inquérito. Dentre as descobertas apontadas, os relatórios detalharam algumas polêmicas referentes ao discurso de Powell nos bastidores do Departamento de Estado.

Os analistas do departamento já apontavam, então, para incongruências na formulação do discurso, incluindo a falsa alegação a respeito do bolo amarelo; no entanto, apenas algumas foram devidamente corrigidas. O próprio Powell admitiu, mais tarde, que apresentou um caso improcedente às Nações Unidas — que algumas das informações relatadas eram "deliberadamente enganosas".

É possível que ele mesmo as tenha mantido, ou talvez essa responsabilidade esteja nas mãos de sua equipe. Curiosamente, em agosto de 1989, ou seja, muito antes do discurso, a *Parade Magazine* publicou as "13 Regras de Liderança", assinadas pelo militar. Na regra número 6, lia-se: "Não deixe que as adversidades o impeçam de tomar uma boa decisão."

Eu pessoalmente acredito que Powell foi mais enganado do que enganador. Não obstante, o que realmente importa é que jornalistas, historiadores, políticos e milhões de outras pessoas ao redor do mundo passaram horas e horas em uma tentativa de avaliar intenções, conhecimentos, desejos, dúvidas, esperanças, aspirações e sentimentos dos protagonistas em jogo. Portanto, nossas concepções sobre Powell, Bush, Cheney e, sinceramente, sobre qualquer pessoa evidenciam uma parcela incontornável da vida humana: o fato de que somos compelidos a entender os outros nos termos de seus estados mentais. Ou, simplesmente, o fato de que queremos decifrar suas mentes.

"Incontornável", nesse caso, não é uma hipérbole: uma parte considerável de nosso dia a dia realmente envolve matutar sobre coisas como as decisões e crenças de Colin Powell.

Em seu caso, independentemente do que mais estivesse acontecendo, ao menos uma coisa ficou clara: ele enganou, mas também foi enganado. A razão inicial pela qual podemos suspeitar de que tenha deturpado informações é que, mesmo sendo um militar com tanta experiência em inteligência e política, ele não tenha sequer notado essas mentiras. Ora, de todas as pessoas, ele certamente seria o mais capacitado para indicá-las. No entanto, na medida em que foi enganado, não conseguiu; e, na medida em que fomos enganados por ele, nós também não conseguimos.

E por que não?

Como Identificar Mentirosos

Os adultos estão habituados a lançarem veredictos sobre quem está mentindo ou não, e pesquisas apontam que eles têm bastante confiança nesses julgamentos. Certamente, entendemos do que são feitas as mentiras — basicamente, intenção de ludibriar; por isso, passamos a vida inteira evitando cair em mentiras. No entanto, isso não nos torna especialistas no assunto; no máximo, somos experientes.

A maior parte das pessoas tem uma teoria mental bastante específica para identificar mentirosos. Ela funciona mais ou menos assim: primeiro, sua mente fica agitada (E se eu for pego? Preciso ficar atento para me manter convincente até o fim); em seguida, começa a ficar tensa, nervosa, o que faz com que hesite, sue e evite o contato visual. Esta é a crença-padrão, segundo as pesquisas — e está incorreta.

Um método recorrente dessas pesquisas envolve pessoas sendo filmadas enquanto narram algum evento que presenciaram; algumas dizem a verdade, enquanto outras mentem. Os vídeos são, então, mostrados para outras pessoas, que avaliam quem disse a verdade e quem mentiu.

Normalmente, elas são bastante confiantes ao apontarem os mentirosos, afirmando que estes desviaram o olhar ou pareceram nervosos.

Muitos voluntários ao redor do mundo apontam para esses mesmos comportamentos como característicos de um mentiroso. Charles Bond, psicólogo social da Universidade Cristã do Texas, com diversas publicações sobre psicologia e estatística, escreveu que, dos 58 países estudados, em 51 deles as pessoas costumam associar o desvio de olhar à falsidade. Outras características comuns envolvem mudanças de postura, inquietação visível, hesitações na fala e até mesmo tons de voz mais agudos. Ao que tudo indica, portanto, somos autoridades no assunto, como se estivéssemos sempre diante de um Pinóquio.

O problema é que centenas de estudos e pesquisas nos contradizem, sejam eles realizados separadamente, como ocorre com as filmagens, ou presencialmente; de jovens universitários a "peritos", como policiais e especialistas em interrogatório. Em todos esses casos, a mesma característica se repete: os participantes falham consecutivamente.

Bella DePaulo, uma cientista italiana que estuda fraudes e mentiras há mais de vinte anos, uniu-se a Charles Bond para produzir um megaestudo — também chamado de *metanálise*[5] — sobre o assunto. Concluiu-se que os adultos têm uma média de acerto de 54%; ou seja, seus julgamentos tão confiáveis resvalaram os 50% de um palpite aleatório. Os ditos peritos tampouco se sobressaíram, tendo um desempenho muito próximo dos jovens destreinados de 20 anos de idade.

Mas talvez esses resultados pareçam questionáveis, já que a maioria de nós concorda a respeito das características de um mentiroso. É como se esses estudos estivessem distantes da vida real… Podem, inclusive, parecer não ter tanta importância, uma vez que os voluntários não demonstraram tanto empenho.

Paul Ekman e seus colegas conduziram um estudo sobre isso.[6] Ekman é professor emérito da Faculdade de Medicina da Universidade da Califórnia, em São Francisco. Ao longo de seus quarenta anos de carreira, ele se tornou conhecido no meio científico, assim como nos departamentos de polícia, na Agência Federal de Investigações (FBI) e até mesmo no Serviço Secreto, por sua colaboração em diversos casos de "detecção de mentiras", como costuma chamar.

No início de sua carreira, ele realizou uma pesquisa com estudantes de enfermagem em que criou uma situação na qual era difícil, porém imprescindível, que eles ocultassem seus sentimentos e suas crenças. Eis as instruções:

> Se você estiver trabalhando em um pronto-socorro e uma mãe chegar correndo com uma criança gravemente ferida, é essencial que não demonstre aflição, mesmo que saiba que a criança sente dores terríveis e tem poucas chances de sobreviver. Você precisará conter seus sentimentos e acalmar a mãe, pelo menos até que o médico chegue. Esse experimento oferece uma oportunidade de testar até onde vai sua habilidade de fazer isso e de praticá-la.
>
> Primeiramente, vocês assistirão a um filme agradável, que mostra a beleza do oceano, o vento soprando na superfície, o vaivém da maré; enquanto assistem, devem descrever suas impressões e seus sentimentos a um entrevistador que não sabe o que está passando na tela. Em seguida, serão mostradas algumas das cenas mais terríveis que vocês encontrarão durante seus anos de residência em enfermagem; enquanto assistem, no entanto, terão que omitir seus verdadeiros sentimentos e convencer o entrevistador de que se trata de outro filme agradável. Vocês podem descrever as lindas flores do Golden State Park, por exemplo, ou qualquer coisa que seja, porém sempre se esforçando ao máximo para dissimular o que realmente estão sentindo.

As primeiras cenas horripilantes mostravam um paciente sofrendo com queimaduras severas e uma amputação cirúrgica difícil, com sangue por todo lado; outra dava a impressão de que o paciente queimado da primeira cena era o mesmo que precisou ter um membro amputado. Segundo Ekman: "Foram as piores cenas que pudemos encontrar."

Como os estudantes de enfermagem estavam em início de treinamento, ainda não tinham tido contato com essas situações horríveis, muito menos tinham sido obrigados a disfarçarem suas emoções, o que supostamente facilitaria a tarefa dos avaliadores. Por outro lado, os alunos estavam motivados a obter êxito no treinamento, e esta era uma experiência relevante para eles. Além disso, embora fosse um exercício de atuação, as consequências de suas ações na vida real, mostradas na experiência, não o seriam. Bastante conclusivo para um teste preparatório.

Alguns estudantes eram péssimos mentirosos e foram facilmente detectados. No entanto, boa parte deles conseguiu enganar os avaliadores. Não foi passada nenhuma informação de antemão aos avaliadores; apenas foi solicitado que decidissem se as descrições dos estudantes eram honestas ou não. Porém poucos se mostraram bons em descobrir isso.

Organizou-se, então, outro conjunto de avaliadores, sendo que, desta vez, lhes foi passado um pouco mais de informações: eles saberiam dos dois cenários possíveis, mas não qual dos filmes seria visto. Ainda assim, tiveram um desempenho tão fraco quanto os anteriores.

Voltemos um pouco: se presumirmos que Colin Powell foi, afinal, enganado na preparação de seu discurso na ONU, então ele certamente não estava sozinho. Com isso, é possível dizer que todos nós simplesmente não somos tão eficazes em detectar mentiras, mesmo quando temos motivos de sobra para suspeitar.

Mas por que isso acontece? Não é como se não tivéssemos experiência em analisar ou contar mentiras. Afinal, passamos boa parte do tempo durante nossas interações sociais tentando decifrar mentes com alguma exatidão. Por que, então, pecamos nesse aspecto?

A razão é muito simples: a teoria da mente das pessoas no que se refere às mentiras — neste caso, suas convicções sobre como elas afetam o comportamento alheio — está errada. Não, mentir não leva necessariamente alguém a desviar os olhos ou a sentir alguma inquietação, não importa quanto acreditemos nisso. Inclusive, é por essa crença falsa ser tão difundida e arraigada que ela acaba reforçando uma característica fundamental da teoria da mente, já mencionada aqui: é uma teoria, e não um fato. A diferença é que as teorias são compostas com base em fatos, além de observações, hipóteses e ideias, para que, depois, surjam compreensões mais elaboradas e sistematizadas. Toda essa sofisticação, no entanto, pode ser enganosa.

Em um teste posterior, os mesmos cientistas, já sabendo quem mentiu e quem disse a verdade, reanalisaram as fitas de vídeo para determinar como os mentirosos realmente se comportam. O resultado apontou que aquelas duas características que milhares de pessoas em todo o mundo supunham como indicadores definitivos — inquietação, desvio do olhar — não distinguiam, em absoluto, honestos de desonestos.

Bella DePaulo e seus colegas, mais tarde, corroboraram com essa descoberta. Formulando outra metanálise, que somava cerca de cem estudos envolvendo milhares de adultos, eles concluíram que nem o desvio de olhares, nem comportamentos como gaguejo, rubor e agitação supõem, necessariamente, uma mentira.

Apesar dessas e de outras descobertas, os estereótipos persistem, mesmo naqueles que têm alguma experiência no assunto. Muitos agentes da lei, por exemplo, afirmam que os suspeitos tentam evitar encará-los nos olhos ou roem as unhas, hesitam em responder e ficam mais nervosos ao longo de um interrogatório. Freud escreveu que os mentirosos "cujos lábios calam denunciam-se com as pontas dos dedos; a denúncia lhes sai por todos os poros".

Pesquisas mostram que as pessoas que dizem a verdade fazem exatamente as mesmas coisas: evitam contato visual, principalmente com policiais (pois não querem sugerir confronto); desviam o olhar (olhando, na verdade, para o nada, enquanto tentam se lembrar de onde estavam e do que faziam); hesitam (querendo parecer adequadas e objetivas em seus relatos); ficam nervosas (preocupadas que o policial possa estar — e ele está! — suspeitando delas, mesmo que não tenham nada a ver com a situação).

Tom Brokaw, que foi, por muitos anos, âncora do *Nightly News* da NBC e um entrevistador severo do *Today Show*, disse que sempre procurava pessoas que escondessem suas verdades indesejadas. "A maioria das pistas é verbal, e não física. Nunca olho no rosto de uma pessoa para procurar indícios de que ela está mentindo; o mais importante são as respostas complexas ou as evasões sofisticadas."

No entanto, mesmo um analista e entrevistador altamente treinado como Brokaw pode se enganar. Pesquisas mostram que, de fato, muitas pessoas, ao mentirem, são altamente prolixas e dão mais informações do que as solicitadas; muitas, no entanto, fazem exatamente o oposto: são diretas e não fogem do assunto. Isso sem falar nas pessoas mais sinceras que são lentas e rebuscadas — sendo este tão somente seu jeito de ser.

Em suma, nossas pistas para detectar mentiras apontam igualmente para culpados e inocentes. O que nos leva a um fato curioso: a grande maioria das teorias sobre mentiras é falsa (ver Barra Lateral 2.1).

É óbvio, portanto, que nossas teorias da mente podem acabar nos iludindo e que podemos cultivar — e agir com base em — crenças falsas. Um pouco menos óbvio é o fato de sermos tão motivados a compreender o funcionamento mental de outras pessoas a ponto de sermos levados a criar essas teorias, muitas vezes incorretas, sobre elas, em vez de tentarmos interagir sem tais pressupostos.

Barra Lateral 2.1 Errando à Procura de Mentiras

Será que ninguém, então, é capaz de detectar mentirosos?

O polígrafo, um "detector de mentiras" já com um século de idade, definitivamente não é. Em um teste de polígrafo, as pessoas são submetidas a uma série de perguntas enquanto permanecem conectadas a eletrodos que medem reações como respiração, frequência cardíaca e resistência da pele. Também são registrados diversos estímulos sutis, mas a verdade é que isso não adianta muito, já que determinados mentirosos podem permanecer impassíveis ao longo do teste,

(continua)

enquanto pessoas inocentes podem ser facilmente estimuladas ou pressionadas, principalmente sob suspeita.

Paul Ekman, que conduziu a pesquisa com os estudantes de enfermagem, acredita poder detectar mentiras e treinar as pessoas a fazer isso. O segredo, segundo ele, é analisar minuciosamente as emoções que se manifestam por meio da linguagem corporal, do tom de voz e, principalmente, das "microexpressões" fugazes que percorrem os músculos faciais. Não é à toa que ele é tão reconhecido: por meio de longos estudos meticulosos, ele e seus colegas criaram o Sistema de Codificação de Ação Facial, ou FACS (sigla em inglês para *Facial Action Coding System*), a fim de tentar detalhar todos os movimentos observáveis que dão vida às nossas expressões. Sua pesquisa sobre microexpressões ganhou destaque no livro de Malcolm Gladwell, *Blink — A Decisão num Piscar de Olhos*, e ele também atuou como consultor científico para a série televisa *Lie to Me* (chamada, no Brasil, de "Engana-me Se Puder"). Além disso, o psicólogo desenvolveu uma Ferramenta de Treinamento para Microexpressão (sigla METT, do inglês *Micro-Expressions Training Tool*), visando capacitar pessoas a utilizarem o FACS para analisar melhor tais expressões. Ekman defende o uso do METT como uma ferramenta de aprimoramento na aplicação da lei.

O trabalho de Ekman sobre as emoções é amplamente reconhecido, como pudemos observar; já suas alegações sobre a detecção de mentiras são muito mais controversas. Isso ocorre porque parte das reivindicações de Ekman para o METT provém de pesquisas com um grupo privilegiado chamado de "magos da verdade", indivíduos com uma taxa de precisão muito elevada na detecção de mentiras. Esse projeto começou com cerca de 20 mil pessoas e encontrou apenas 50 que, mesmo sem treinamento prévio, quase sempre identificavam falsidades corretamente. Com uma parcela tão pequena, poderíamos pensar que se trata de pura sorte; no entanto, a recorrência de seus acertos e a quantidade de dados que mostram que até mesmo especialistas treinados não alcançam sua eficácia (como vimos nas metanálises de Bella DePaulo e seus colegas) vêm de encontro a isso.

Portanto, a resposta mais direta possível para a questão apresentada seria: não, ninguém pode detectar mentirosos de forma infalível e segura. Pelo menos, não ainda!

Nosso Cérebro Social

Quando fofocamos e quando nos esforçamos para discernir quem está ou não mentindo, ou quando apreciamos uma tragédia de Shakespeare, e, até mesmo, quando compreendemos a crença falsa de Glenda diante da caixa de doces, estamos nos posicionando a respeito de uma das maravilhas de nosso mundo mental. Empregamos, em todos esses casos, uma habilidade notável e autêntica de nossa espécie: decifrar mentes. Para isso, não fazemos uso de telepatia, jogos de tarô ou *scanners* cerebrais; apenas utilizamos nossa sempre disponível teoria da mente.

Nicholas Humphrey, um psicólogo britânico conhecido por seus trabalhos sobre a evolução da inteligência humana, afirma que os humanos não deveriam ser caracterizados como *Homo sapiens*, mas, antes, como *Homo psychologicus*:

> As habilidades psicológicas não são, de modo algum, comuns no reino animal. Para a compreensão humana, no entanto, estão longe de serem algo desconcertante. A questão da experiência interior é tão natural para nós que as crianças começam a aprendê-las, sem dificuldade, antes mesmo dos 2 ou 3 anos de idade.[7]

Ele argumenta, então, que a base comum de nossa inteligência se encontra na capacidade crescente de nossos ancestrais em pensar sobre o mundo social. Atualmente, conhecemos essa ideia como a hipótese do "cérebro social".

Humphrey postula, mais especificamente, que a inteligência humana surgiu porque os proto-humanos viviam em um ambiente social cada vez mais complexo, no qual saber diferenciar aliados e inimigos era algo definitivo para a própria sobrevivência: uns poderiam ajudar na caça, no acasalamento e no status social, enquanto outros poderiam intervir nesses processos. Assim, começou a se desenvolver o que poderíamos chamar de um raciocínio social.

Robin Dunbar foi um dos que defendeu a hipótese do cérebro social. Além disso, levantou outra hipótese: a de que a fofoca — nossa necessidade, demasiadamente humana, de conversarmos entre nós sobre nós mesmos — é causa, bem como consequência, do desenvolvimento de nossa inteligência e, portanto, de nossa linguagem. Segundo esses cientistas, a teoria da mente é poderosa não apenas porque a utilizamos todos os dias para pensar e falar sobre as pessoas, mas também porque ela definiu as maneiras pelas quais começamos a pensar.

Gostaria de acrescentar um ponto que considero significativo: a teoria da mente — a mentalização —, além de ser um produto do desenvolvimento evolutivo, é um produto do desenvolvimento infantil. Ela certamente é elaborada com base nas experiências e nos aprendizados acumulados ao longo de nossas vidas e interações, mas não devemos esquecer que sua fonte primordial, atualmente, encontra-se na infância.

É por essa razão que o livro *Decifrando Mentes* se concentra nesse período da vida, e não apenas porque as crianças são fofas e divertidas. Compreender bem como a teoria da mente se desenvolve é a única maneira de compreender quaisquer outras teorias e também a melhor maneira de entendermos nosso funcionamento e nosso universo social.

O restante deste livro, portanto, contará esta história: nós *somos*, porque nos *tornamos*, *Homo psychologicus*. E tudo começa na infância.

3

Amigos, Segredos e Mentiras

Em 1954, a Suprema Corte dos EUA determinou que as escolas públicas não poderiam mais ser segregadas. O estado da Louisiana e a cidade de Nova Orleans se recusaram a cumprir essa decisão até 1960, quando os próprios delegados federais aplicaram a dessegregação.

O processo teve início em duas turmas de 1º ano, em Nova Orleans: três crianças negras foram enviadas para a escola McDonogh, antes exclusiva para caucasianos, e uma menina de 6 anos, chamada Ruby Bridges, foi enviada para a escola William Frantz, igualmente exclusiva. Esse processo de integração foi rotulado pelos noticiários como a "Crise de Dessegregação Escolar de Nova Orleans".[1]

Ruby, no entanto, não apareceu nos noticiários e não teve seu nome divulgado até muitos anos depois por uma questão de proteção. Os repórteres, então, agruparam-se em torno das "Líderes de Torcida" — um grupo de mulheres brancas de meia-idade que, em protesto ao lado de seus filhos, vinham boicotando ferozmente a escola William Frantz.

Em seu livro *Viagens com o Charley*, John Steinbeck descreveu a linguagem dessas mulheres como "bestial, indecente e degenerada". Quando Ruby chegou à escola, acompanhada por quatro delegados federais, uma delas ameaçou envenená-la, enquanto outra ergueu um pequeno caixão com uma boneca negra dentro. Steinbeck ficou tão enojado ao observar essas e outras demonstrações de ódio que, meia hora após esse incidente, deixou a cidade.

As "Líderes de Torcida", contudo, foram efetivas: em 1959, William Frantz tinha 550 crianças matriculadas; já em novembro de 1960, ano em que Ruby frequentou, esse número havia caído para 3.

Barbara Henry, a única professora da instituição que se dispôs a lecionar em uma sala de aula dessegregada, ficou, no entanto, sozinha com Ruby. A menina pensava ser a única aluna da escola, pelo menos até a primavera seguinte, quando descobriu que "3 ou 4" alunos do 1º ano vinham sendo educados segregadamente. Além disso, Ruby almoçava em uma sala separada e não tinha recreio, a fim de não manter contato com mais ninguém na escola, exceto a professora.

Perto do final do 1º ano, quando algumas crianças caucasianas retornaram à escola, Ruby pôde estar com elas "uma ou duas vezes" durante o recreio. Tendo crescido em um bairro negro e frequentado o jardim de infância segregado, ela pouco sabia sobre racismo. "A ficha caiu no dia em que um menininho branco não quis brincar comigo. Ele disse: 'Mamãe disse para eu não brincar com você porque você é preta.'"

Ruby passou por coisas que nenhuma criança deveria experimentar; ela caminhava até a escola todas as manhãs ouvindo ofensas, gritos e ameaças, era isolada em sua sala de aula e excluída na hora do recreio.

Fundamentalmente, Ruby não tinha amigos.

De acordo com pesquisas, os resultados disso são muito claros: do ponto de vista do desenvolvimento, não ter amigos pode levar a consequências desastrosas para a vida social e educacional de uma criança, podendo se estender também para a fase adulta.

Não ter amigos incorre em várias consequências negativas, como baixa autoestima, ansiedade social, depressão, solidão e ideação suicida.[2]

De alguma forma, no entanto, Ruby conseguiu ser bem-sucedida. Casou-se, teve filhos, uma carreira de sucesso e, em 1999, estabeleceu a Fundação Ruby Bridges para promover "os valores de tolerância, respeito e reconhecimento de todas as diferenças".

Como ela conseguiu fazer isso tendo tantos fatores contra seu desenvolvimento?

Ser protegida de problemas com colegas é algo que está diretamente relacionado às habilidades da teoria da mente em uma criança. Sabemos disso por causa de pesquisas nas quais os testes de crenças falsas, como aquele em que uma criança adivinha onde Glenda procurará os doces, são usados para avaliar essas mesmas habilidades. Crianças em idade pré-escolar com melhor entendimento de crenças falsas são mais populares e mais bem aceitas em países como Israel, Austrália, Reino Unido, Estados Unidos, Canadá e muitos outros onde o tema foi estudado.[3]

Além de conquistar amigos e evitar a falta de amizades, os avanços da teoria da mente afetam a capacidade da criança em guardar segredos, informar (e enganar) outras pessoas, persuadir e argumentar — todas habilidades vitais para o bem-estar social de uma pessoa. Os estudos de crenças falsas providenciam uma janela central para se observar como a teoria da mente pode afetar a vida das crianças e, consequentemente, dos adultos.

As Crianças Dominam as Crenças Falsas

Em países desenvolvidos, alunos da educação infantil mostram como o entendimento de crenças falsas afeta o próprio comportamento e a maneira de pensar. Também foi demonstrado que esse entendimento afeta sua interpretação do comportamento e dos pensamentos de outras pessoas. Mais uma vez, isso tem consequências imensas e duradouras para o bem-estar dessas crianças.

Mas esse entendimento seria algo que as crianças do mundo todo poderiam aprender? Se não for esse o caso, ele seria menos importante do que sugeri, porque em toda parte as crianças crescem para ter a habilidade de interagir socialmente.

De volta à África

Os Baka são caçadores-coletores da floresta tropical na África Central. São um povo pequeno, sendo que os homens adultos mais altos alcançam cerca de 1,50m de altura. Outrora, eram chamados de pigmeus, termo usado pelos antigos egípcios e atualmente considerado desrespeitoso e depreciativo.

Os Baka são seminômades e costumam montar acampamentos temporários em florestas, onde os homens montam armadilhas, pescam e caçam, geralmente usando flechas envenenadas. As mulheres, por outro lado, cultivam abóboras, mandioca e bananas, além de colherem alimentos silvestres como manga e mel.

Em 1990, dois pesquisadores de Oxford, Jeremy Avis e Paul Harris, testaram as crianças Baka, a fim de verificar como elas entendiam as crenças falsas.[4] Eles trabalharam com as crianças nos acampamentos por meio da observação de cenas representadas por dois voluntários dos próprios Baka: Mopfana, um adolescente, e Mobissa, um homem mais velho. Foram testadas crianças de 3 a 6 anos de idade.

Para a tarefa, cada criança foi a uma cabana com sua respectiva mãe. Mopfana e Mobissa sentaram-se perto de uma fogueira, onde Mopfana assou caroços de manga, uma iguaria de seu povo. Ao lado do fogo, havia uma tigela e uma panela, ambas sem tampa, e, dentro da cabana, havia outros itens utilizados no dia a dia, como uma cesta e uma pilha de roupas.

As crianças sentaram-se no joelho de Mobissa e observaram enquanto Mopfana tirou os caroços do fogo e os colocou na tigela. Em seguida, ele disse: "Vejam só estes caroços saborosos que cozinhei; são tão doces, açucarados e deliciosos!"

"Mas, antes de comê-los, preciso ir rapidamente até o *mbanjo* [a cabana onde os homens se reúnem] para fumar. Logo mais voltarei." Mopfana, então, cobriu a tigela e a panela com as tampas e deixou as crianças com suas mães e Mobissa.

Por ser mais velho, Mobissa tinha um status mais elevado do que Mopfana, o que ajudou a legitimar a parte seguinte da representação. Mobissa disse: "Mopfana saiu e não consegue ver o que estamos fazendo, então vamos jogar um jogo. Peguem os caroços da tigela e escondam-nos. Onde vocês acham que devemos escondê-los?"

Muitas das crianças começaram, espontaneamente, a esconder os caroços na panela ou na pilha de roupas. Quando uma delas não os escondia, ou escondia mal, Mobissa dizia para colocá-los na panela.

Concluída essa etapa, ele disse: "Pronto, os caroços estão na panela" (ou onde quer que fosse). Depois, fez três perguntas às crianças:

1. "Quando Mopfana voltar, onde ele procurará os caroços: na tigela ou na panela?" Essa é uma pergunta clássica de crenças falsas. Uma criança deveria responder, tal qual os adultos, que Mopfana procurará na tigela, porque foi onde ele as deixou. Mopfana teria, então, uma crença falsa e agiria de acordo com ela.

Em seguida, a segunda pergunta:

2. "Quando Mopfana for até a tigela, logo antes de retirar a tampa, ele vai se sentir bem ou mal?" Se as crianças entenderem a convicção de Mopfana, devem dizer que ele se sentirá bem, já que acredita (falsamente) estar prestes a obter seus deliciosos caroços.

Por fim, a última pergunta:

3. "E depois que ele levantar a tampa, vai se sentir bem ou mal?" Essa é uma pergunta de controle, para garantir que as crianças se lembrem dos eventos e do fato de que a tigela está vazia. Se o fizerem, quando Mopfana levantar a tampa para enfim encontrar a tigela vazia, ele sentirá raiva ou tristeza; "se sentirá mal" será a resposta. Quase todas as crianças de todas as idades responderam corretamente a essa pergunta.

Nas duas primeiras, contudo, a precisão variou muito de acordo com a idade. As crianças mais velhas (entre 4 anos e meio a 6 anos) acertaram em quase 90% das vezes — muito acima da sorte. Já os mais jovens (de 3 a 4 anos e meio) não se sobressaíram tanto ao acaso.

Essas descobertas são quase idênticas às do teste da caixa de doces, no Capítulo 1. Apesar das enormes diferenças culturais e geográficas, as crianças com cerca de 4 anos e meio de idade dão um salto enorme em sua compreensão. Antes dessa idade, a maioria não consegue entender que uma pessoa pode ter uma crença falsa; depois, a grande maioria delas consegue (consulte a Barra Lateral 3.1).[5]

Barra Lateral 3.1 Mais sobre as Crenças Falsas

A Figura 3.1 mostra uma metanálise que incorpora mais de 250 estudos sobre como as crianças compreendem as crenças falsas.[5] Se elas escolhessem aleatoriamente entre duas opções (Mopfana poderia procurar tanto na tigela quanto na panela), estariam corretas 50% das vezes, o que, neste gráfico, corresponderia ao ponto 0.

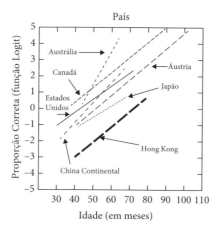

Figura 3.1 O ritmo das crianças varia, mas em todos os lugares as mais jovens procedem com um desempenho abaixo do esperado.

O gráfico mostra, no entanto, algo muito diferente: com o avanço da idade, as crianças param de cometer erros consistentes em relação às crenças falsas (ou seja, abaixo de 0) e passam a responder com mais precisão (acima de 0). Isso é verdadeiro com relação aos Baka, mas também para as mais de 8 mil crianças de diferentes países, cujas respostas foram agregadas nessa figura. Na medida em que as crianças com idade pré-escolar desenvolvem uma teoria da mente, compreender crenças falsas torna-se um marco importante e abrangente.

Algumas das tarefas utilizadas no gráfico envolveram mudanças espaciais (como no caso dos caroços de manga), enquanto outras envolveram conteúdos enganosos (uma caixa comum cheia de doces e uma caixa de doces vazia). Algumas exigiram respostas verbais; outras, como aquelas feitas com os Baka, puderam ser respondidas com uma ação. Algumas pediram que as crianças julgassem comportamentos (onde Mopfana procurará?), enquanto outras perguntaram sobre seus pensamentos (o que ele pensará?) e/ou emoções (ele se sentirá bem ou mal?). Algumas pediram para que julgassem pessoas reais (como Mopfana); outras se valeram de fitas de vídeo, fantoches ou personagens de histórias. Essas diferenças nas tarefas praticamente não alteraram os resultados: todas as crianças responderam da mesma maneira.

O que, de fato, *fazia* diferença era a idade em que as crianças adquiriam a habilidade de entendimento de crenças falsas. Algumas mais rapidamente, outras mais devagar — intervalo que afeta diretamente suas vidas e interações sociais.

Não obstante, ainda segundo a Figura 3.1, o entendimento da relação entre pensar e querer nas crianças se altera substancialmente nos anos pré-escolares, como mostra seu conhecimento das crenças falsas. É possível compreender, portanto, que a criança pequena, ao começar a fazer essas descobertas, ainda deve estar aprendendo a chutar uma bola ou a andar de bicicleta.

Tantos aprendizados, e ainda com tão pouca idade, sugerem que tais entendimentos são vitais para as habilidades de uma criança.

Mentiras e Decepções

Tom Sawyer é um dos personagens mais recorrentes da ficção norte-americana. Ele é falso, impetuoso, persuasivo e imaginativo; com isso, acaba ilustrando uma das mais sólidas teorias da mente presentes na literatura.

O livro *As Aventuras de Tom Sawyer*, de Mark Twain, tem início com Tom contando uma mentira. Em uma tarde abafada, ele resolveu matar aula para ir nadar. Depois, fazendo uma distorção cautelosa dos fatos, tentou convencer sua Tia Polly, quem o criou, de que tinha ido à escola. Nesse momento, seu meio-irmão, Sid, apareceu dizendo que a camisa que Tom estava usando não era a mesma que o vira usando pela manhã. O rapazinho, então, saiu correndo de casa para não acabar sendo punido.

Nenhum pai ou mãe gosta da ideia de ter criado um mentiroso, e Tia Polly se repreende por não ter sido mais dura com Tom. "Poupe a vara e estrague a criança, como diz o Bom Livro".

Por mais errada que possa parecer, no entanto, a mentira é uma aquisição importante no desenvolvimento de uma criança, como também é, geralmente, uma habilidade decisiva. Imagine um mundo em que as pessoas sempre deixassem escapar a verdade nua e crua: "Essa é a pintura mais feia que eu já vi"; "Seu cabelo está horrível". Ou, como ocorre na infância, quando a vovó dá um suéter de presente, e todos preferem que a criança diga: "Obrigada, vovó. É exatamente o que eu queria", em vez da verdade, que seria algo mais próximo a: "Mas eu queria uma Barbie!"

A vida seria muito mais dura sem as delicadezas sociais que surgem do fato de nem sempre dizermos a verdade. Mas não é como se as crianças nascessem com essa vocação para contar mentirinhas; certamente não. Meu irmão mais novo certa vez disse para uma babá em seu primeiro dia de trabalho: "Uau, que pescoço comprido você tem." Ela nunca mais apareceu.

Como e quando, então, as crianças aprendem essa habilidade tão ambígua? E como, por meio dela, acabam se tornando seres mais sociáveis?

A maioria dos pais afirma que seus filhos começaram a mentir por volta dos 4 anos de idade. Suas mentiras envolvem, em geral, falsas negações ("não fui eu"), falsas acusações ("foi ele que fez isso"), falsas declarações ("o papai disse que eu podia"), falsa ostentação ("eu também consigo") e a clássica falsa estupidez ("não sei quem foi").

Os cientistas se esforçam para determinar por que o ato de mentir começa nessa faixa etária. É porque sua linguagem vai se aprimorando? Ou porque as crianças ficam mais espertas? De fato, mentir é uma função primária no aprimoramento da teoria da mente infantil, visto que as mentiras e as artimanhas aparecem de mãos dadas com o entendimento das crenças falsas.

Para chegar a essa conclusão, os cientistas tiveram que separar o joio do trigo. Por exemplo, pais de crianças de 2 e 3 anos de idade também relataram momentos em que seus filhos negaram, falsamente, ter feito algo, ou se gabaram de algo de forma exagerada. No entanto, se a teoria da mente estiver correta, crianças com menos de 4 anos e meio não deveriam mentir dessa maneira; afinal, aos 2 ou 3 anos de idade, elas não conseguiriam decifrar os pensamentos de outra pessoa suficientemente bem para ludibriá-la.

Procurando entender o que se passa nesses casos, os pesquisadores utilizaram uma tarefa de "tentação". Billy (ou Annie) observa um adulto colocar um presente, que ele (ou ela) não consegue ver, em um recipiente; é "só para mais tarde". O adulto, então, sai da sala e diz à criança para não espiar. A criança é vigiada ou filmada por meio de um espelho unidirecional. Em um estudo bastante conhecido, quase 90% das crianças de 2 e 3 anos desobedeceram à ordem.

Quando o adulto retorna, ele pergunta à criança: "Você espiou?" Cerca de metade delas diz "não" de maneira pouco convincente. Essa é uma porcentagem considerável de mentirosos e que, no entanto, só cresce conforme a idade avança: aos 5 anos, cerca de 80% das crianças mentem no teste.

Estudos posteriores explicariam essa diferença ao mostrar por que as crianças menores, que não entendem quase nada dos pensamentos alheios, não são boas mentirosas. Elas, na verdade, não estão tentando enganar o adulto; estão simplesmente tentando evitar a punição.

Se a mãe aponta para um vaso quebrado e pergunta: "Você fez isso?" (ou se um pesquisador pergunta "você espiou?"), uma criança pode dizer "não" para evitar problemas. Mesmo uma criança muito nova entende que quem causa problemas pode entrar em uma enrascada; negar, portanto, acaba evitando as repercussões indesejadas. Isso requer uma compreensão de causa e efeito, mas não, necessariamente, de como os outros pensam. Fugir ou simplesmente pegar a recompensa pode levar ao mesmo ponto: evitar o que é ruim, conseguir o que é bom. A mentira, no entanto, vai além disso: tem a *pretensão* de plantar uma *crença* enganosa para alcançar o mesmo fim.

Para entender melhor o que como isso funciona, pesquisadores da Universidade de Toronto, liderados por Kang Lee, estudaram o que acontecia quando uma criança não previa consequências mais sérias de suas ações.[6] Lee e seus colegas colocaram um objeto — um dinossauro roxo de brinquedo, Barney — atrás das crianças, para que elas não conseguissem vê-lo. A instrução era para que não espiassem depois que o adulto saísse da sala, mas nada foi dito sobre recompensas ou possíveis castigos. Depois de filmadas, elas eram entrevistadas. Uma vez descartada a ideia de punição,

DECIFRANDO MENTES

a compreensão das crianças sobre os pensamentos alheios previa mentiras com correlações*, variando de 0,40 a 0,70, conforme medidas por testes-padrão de crenças falsas.

Para colocar isso em perspectiva, pense na correlação entre a altura de um adulto e o tamanho de seu sapato. Em geral, pessoas mais altas têm pés maiores, mas não necessariamente. Existem, por exemplo, pessoas altas com pés pequenos ou pessoas baixas com pés grandes. A correlação entre altura e tamanho do sapato geralmente gira em torno de 0,60; estatisticamente, portanto, é considerada elevada. Da mesma forma, também é elevada a correlação entre o entendimento de crenças falsas e o ato de mentir (Barra Lateral 3.2)

Barra Lateral 3.2 Da Correlação à Causalidade

Uma coisa ser substancialmente correlata a outra não implica uma relação de causalidade. As palavras cruzadas, por exemplo, se correlacionam com memória e funcionamento cognitivo melhores em idades avançadas. Mas será que isso demonstra que manter esse hábito protege alguém contra a deterioração cognitiva? Não exatamente. Os adultos mais velhos que fazem palavras cruzadas têm, em média, melhor escolaridade e melhor condição financeira do que aqueles que não as fazem, e são esses recursos que impactam mais diretamente a saúde cognitiva.

Os pesquisadores utilizam várias etapas para tentar determinar quando um fator desencadeia (e não apenas se correlaciona com) um resultado. Necessariamente, consideram quais outros fatores devem ser descartados. No caso de testar uma ligação entre a compreensão de crenças falsas e as mentiras na infância, eles geralmente consideram a inteligência comum, a competência linguística e o "funcionamento de execução", que basicamente se refere aos processos que usamos para controlar deliberadamente nossas ações e palavras. Todos esses fatores são ampliados ao longo da educação infantil, juntamente à mentalização e à capacidade de mentir.

O raciocínio de crenças falsas, no entanto, permanece como um poderoso indicador dessa capacidade, mesmo quando todas as outras habilidades — QI, competência linguística e funcionamento de execução — são eliminadas.

---

*As correlações entre esses dois fatores — contar mentiras e compreender crenças falsas — podem variar de 0 a 1,0 (ou, tecnicamente, de -1,0, passando pelo 0, até alcançar 1,0), sendo que 1,0 indica uma previsão perfeita. Nesse caso, cada acréscimo gradual na compreensão de crenças falsas (à medida que as crianças envelhecem) é acompanhado por um acréscimo análogo da capacidade mentirosa, por assim dizer. Grosso modo, as correlações de 0 a 0,10 são praticamente inexistentes: as crenças falsas não previram mentiras de maneira significativa. Correlações de 0,10 a 0,30 são baixas; de 0,30 a 0,50 são expressivas; e a partir de 0,50 são exponencialmente elevadas. Portanto, uma correlação de 0,40 (presente em diversos estudos de Lee sobre a compreensão de crenças falsas na previsão de mentiras) é elevada, e uma de 0,70 (em outros estudos) o é ainda mais.

A teoria da mente nos confere poder para controlar o que os outros sabem — e, nisso, as mentiras são só a ponta do iceberg.

Segredos e Ocultações

Tom Sawyer e seu amigo Huck Finn carregam um gato morto até um cemitério à meia-noite. Eles pretendem usar uma cura infalível para remover verrugas: jogarão o gato na lápide de uma pessoa má e cantarão:

> Diabo, siga o defunto,
> Gato, siga o diabo,
> Verrugas, sigam o gato,
> Me livrei de vocês, é fato.

Logo antes de começarem, no entanto, eles testemunharam uma luta entre três ladrões de túmulos. Por fim, Injun Joe matou um homem e deixou a arma do crime — uma faca — na mão de Muff Potter, que caiu inconsciente.

Quando o homicídio foi descoberto, Injun Joe testemunhou contra Potter, acusando-o. Tom e Huck sabiam que isso não era verdade, mas ficaram aterrorizados com o que Joe poderia fazer com eles se contassem, de forma que guardaram segredo. Apesar de terem permanecido calados, Twain explicitou, mais adiante, que "O terrível segredo do assassinato era uma verdadeira tortura".

Os segredos são tão vitais para a interação social quanto para a ficção e têm seu lado positivo. Um segredo pode, por exemplo, criar cumplicidade entre duas pessoas, como quando uma adolescente diz à melhor amiga, e só a ela, que está apaixonada por um garoto da escola.

O elemento central dos segredos é que uma pessoa deve desconhecer algo que a outra conhece. A maioria de nós consegue se lembrar de diversas situações em que uma criança não conseguiu manter segredo... No dia do meu aniversário, meu neto de 3 anos embrulhou um presente para mim com a ajuda de sua mãe. Assim que eu passei pela porta, ele veio correndo me contar: "É um livro."

Joan Peskin e Vittoria Ardino estudaram como as crianças guardam segredos.[7] No jardim de infância, algumas delas ajudaram a esconder, na cozinha da escola, o bolo de aniversário de seu professor. Elas lhe disseram várias vezes: "É um segredo, não pode contar." Uma das crianças era, então, deixada sozinha com o professor na cozinha.

Apenas 30% das crianças de 3 anos mantiveram o segredo, enquanto 70% das crianças de 4 anos e 90% das de 5 anos o mantiveram. Observou-se uma forte correlação — de 0,62 — entre a atuação de uma criança em uma sequência de testes de crenças falsas e sua capacidade de manter um segredo. Ou seja, aquelas que compreendiam melhor as crenças falsas eram também as mais confiáveis para ocultar informações de uma terceira pessoa. Ora, a teoria da mente amadurece de forma progressiva ao longo dos anos pré-escolares e, como já vimos, isso tem consequências importantes e estáveis para suas ações sociais — a exemplo de guardar segredos — e para suas vidas.

Persuasão

Como punição por matar aula, Tom Sawyer foi condenado a pintar a cerca da casa. Todo emburrado, começou a procrastinar, mas acabou descobrindo um jeito de manipular as ideias de alguns amigos, até convencê-los de que isso era algo desejável. "Não é todo dia que um garoto tem a chance de pintar uma cerca" e "Aposto que só um garoto em mil, ou talvez 2 mil, conseguiria fazer isso bem feito", disse Tom.

Logo, vários amigos de Tom já estavam pintando a cerca e, inclusive, pagando-o pelo suposto privilégio obtido, enquanto ele ficou observando, de braços cruzados, a tarde inteira. Talvez desejássemos ter seu talento persuasivo.

As primeiras tentativas de persuasão de uma criança podem ser simples apelos ("por favor, por favor") ou até mesmo lágrimas. Se tais estratégias forem aprendidas por hábito, como quando a criança imita um irmão mais velho, elas já não envolvem a teoria da mente. Por outro lado, uma persuasão amadurecida exige uma comunicação mais direta com os pensamentos alheios.

Karen Bartsch e seus colegas da Universidade de Wyoming tentaram apontar os tipos de persuasão que são aprendidos por hábito e os tipos que dependem da manipulação de ideias (versão infantil de relações públicas), como é o caso de Tom.[8] Nas pesquisas, crianças viam pela primeira vez uma réplica de um cachorrinho "muito carinhoso e manso". Um fantoche, chamado Tricia, surgia e, então, os pesquisadores diziam: "Tricia, o filhote quer que você faça carinho nele."

Ao que Tricia respondia: "Ah não, os cachorrinhos mordem."

Em seguida, eles perguntavam às crianças o que deveriam elas dizer a Tricia para que esta acariciasse o filhote: "Devemos falar que ele é manso ou que é quietinho?"

Um segundo fantoche chamado Chris entra em cena. Ele também não quer fazer carinho no filhote, mas agora porque "os cachorrinhos latem muito alto". Novamente, os pesquisadores indagaram as crianças quanto ao que dizer a Chris — se o filhote é manso ou quietinho.

Será que as crianças entendiam os receios desses bonecos ao menos o suficiente para convencê-los, usando diferentes argumentos? Se for esse o caso, isso implicaria o uso da persuasão com base nos pensamentos alheios.

Nesse e em vários outros estudos relacionados, as crianças de 3 anos tiveram um desempenho um tanto aleatório; as de 4 anos, um pouco menos aleatório; e as de 5 anos, ainda menos aleatório.

Bartsch e seus colaboradores também mostraram que esse tipo de persuasão interativa se correlacionava com a compreensão das crenças falsas. As correlações para isso foram de 0,50 para crianças de 3 anos e de 0,70 para crianças de 4 ou 5 anos. Compreender crenças falsas era um pré-requisito para uma persuasão convincente das outras pessoas e, de fato, as crianças mais persuasivas eram invariavelmente boas nisso.

Ruby Bridges e a Falta de Amigos

E o que tudo isso tem a ver, afinal, com Ruby Bridges? Bom, as crianças que compreendem melhor as crenças falsas não são apenas mentirosas mais convincentes como também são as pessoas mais adequadas para guardar segredos, além de serem mais persuasivas e populares entre seus colegas.

Em uma metanálise recente, Virginia Slaughter e seus colegas da Universidade de Queensland revisaram essa pesquisa.[9] Foram incluídos vinte estudos separados, envolvendo mais de 2 mil crianças do jardim de infância e das primeiras séries do ensino fundamental, provindas de dez países diferentes. Em todos esses países, subtraindo-se fatores como sexo e idade, uma melhor compreensão da teoria da mente (e, principalmente, das crenças falsas) correlacionou-se com uma maior aceitação entre os colegas. Mais fundamental ainda é o fato de que as crianças mais aptas a decifrar pensamentos tendem a fazer muitas amizades na escola.

A impopularidade e a falta de amizades entre colegas não são equivalentes. Crianças impopulares, ou geralmente ignoradas por outros grupos, podem ter um amigo verdadeiro e se sentirem bem com isso. Por outro lado, algumas crianças mais populares podem não encontrar uma amizade verdadeira entre tantas pessoas e se sentirem sozinhas.

Em um estudo recente, Marc de Rosnay e seus colegas analisaram a transição da educação infantil para a 1ª série do ensino fundamental, momento crucial na vida social de uma criança.[10] Eles descobriram que as crianças que apresentavam as melhores habilidades de mentalização não ficavam sem amigos: elas podiam não chegar a serem populares, mas fizeram pelo menos uma boa amizade nesse período escolar. E esse relacionamento, por si só, atenuou todos os sintomas de "baixa autoestima, ansiedade social, depressão, solidão e ideação suicida" que poderiam resultar da falta de amizades.

Um ano antes de ingressar na escola dessegregada William Frantz, Ruby Bridges cursou o jardim de infância na escola primária Johnson Lockett, juntamente com todas as outras crianças negras de seu quarteirão. A respeito desse período, como relata em sua autobiografia *Through My Eyes* ["Através dos Meus Olhos", em tradução livre], ela disse: "Eu adorava a escola, e minha professora, a Sra. King, nos acolhia e estimulava. Ela era negra, como todos os outros professores das escolas para negros; além disso, ela me lembrava da minha avó".

Teria início, então, seu ano sem amizades em uma escola dessegregada. Tal como descreve no livro, Ruby passou a ter pesadelos e a desenvolver transtornos alimentares. Almoçava sozinha na sala de aula, enquanto a "Sra. Henry almoçava com os outros professores". Começou a jogar fora seus sanduíches em um armário de depósito e a derramar seu leite em um pote cheio de pasta branca. Em casa, só queria comer batata frita e beber refrigerante.

Encerrado esse ano letivo, Ruby passou as férias de verão com vários primos na fazenda da avó; seus transtornos alimentares desapareceram por completo. "Naquela época, eu não fazia ideia do valor daqueles verões, como todas as crianças, mas hoje reconheço que eles eram uma dádiva." Nos anos subsequentes, outras crianças, negras e caucasianas, viriam a ingressar nas mesmas salas de aula que Ruby, que afinal seguiu em frente, rumo a uma vida bem-sucedida.

E como ela conseguiu isso? Só podemos fazer um palpite cortês: talvez sua teoria da mente já fosse tão bem desenvolvida aos 6 anos de idade, quando passou a frequentar a escola William Frantz, que ela pôde se utilizar de percepções sociais específicas para superar tanto a falta de amizades quanto todas aquelas provocações e insultos. Ou talvez tivesse amigos em seu bairro ou entre os familiares. Ou ainda porque, na escola, Ruby não era absolutamente isenta de amigos; afinal, ela mesma descreveu a Sra. Henry como "minha professora e melhor amiga".

4

Imaginação e Realidade

Aos 2 anos de idade, Mary tinha um amigo imaginário chamado Tagar, o qual ela puxava por um fio imaginário e para quem colocava comida imaginária embaixo do aquecedor onde dormia. "Jujuba" e "Titia" se juntaram ao grupo quando Mary tinha 3 anos e meio. Ela arrumava a mesa para eles, perguntava se estavam satisfeitos depois da refeição, levava-os para passear e insistia para que seus amiguinhos falassem com eles pelo telefone. Diferentemente dela, no entanto, Tagar, Jujuba e Titia não eram punidos, já que nunca faziam nada de errado.

Nos Estados Unidos, segundo estudo realizado por Margaret Svendsen em 1934[1], cerca de 30% das crianças em idade pré-escolar tiveram um amigo imaginário. Já em um estudo mais recente[2], Marjorie Taylor, psicóloga da Universidade de Oregon, aponta para um número muito maior de casos, dentre eles:

Joshua, um gambá que morava a quilômetros de distância de seu amigo humano, em São Francisco.

Hekka, um garoto invisível de 3 anos que era muito tagarela e, às vezes, malvado.

Em um desses casos, um homem com cerca de 40 anos recordou seus amigos de infância, Toupeira e Bidu. Toupeira era corajoso e protegia os outros, além de "abrir rotas e caminhos na piscina de areia e tentar me convencer a ficar mais tempo quando minha mãe me chamava para entrar". Já Bidu era um cachorro que falava, contava piadas e gostava de empurrar os outros.

Em outro caso, uma mãe comentou sobre Bob, um garotinho invisível que brincava com seu filho. Quando Taylor entrevistou o menino e lhe perguntou se gostavam de brincar juntos, ele a olhou um tanto desconfiado e disse: "Eu não brinco com ele." Bob, na verdade, era um empresário de 160 anos que vivia viajando para Seattle e Portland e que, sempre que podia, fazia uma visita para "conversar sobre as coisas".

Eu mesmo, quando era criança, tive um amigo imaginário um pouco mais velho, chamado João-Ninguém. Ele era um garoto levado, mas muito útil, porque, sempre que alguma coisa dava errado, eu podia colocar a culpa nele. Essa relação, no entanto, não durou muito tempo.

Amigos imaginários podem assumir várias formas. Em *Calvin e Haroldo*, por exemplo, a clássica história em quadrinhos criada por Bill Watterson, Haroldo é um tigre de pelúcia. Para qualquer pessoa que olhasse de fora, ele parecia apenas um brinquedo velho e surrado; na mente de Calvin, no entanto (e nos quadrinhos de Watterson), ele era um tigre irresponsável e inconsequente, que, no mais, só lhe arranjava problemas. Outro exemplo clássico é *O Ursinho Pooh*, de A. A. Milne, que tem todo um universo de amigos imaginários baseados em diferentes animais de pelúcia; no caso do próprio Pooh, a inspiração veio de um ursinho chamado Edward, que pertencia ao filho do autor.

Taylor descobriu que os amigos imaginários podem ter uma forma física, como nos casos citados, ou ser criações puramente mentais. Da mesma forma, uma criança também pode criar outra identidade para si mesma, transformando-se em super-herói, em fada ou até mesmo em uma criatura completamente original, como o "Sr. Elétrico" ou o "Clarão dos Mundos". Também é muito comum que esses seres tenham ideias, desejos e emoções diferentes dos seus; Toupeira, por exemplo, era muito ousado, enquanto João-Ninguém fazia suas travessuras, e Hekka podia ser bastante implicante.

Não é incomum que essas figuras sejam mesquinhas ou gostem de amedrontar as crianças. No livro de Taylor, *Imaginary Companions and the Children Who Create Them* ["As Crianças e Seus Amigos Imaginários", em tradução livre], uma mãe relata que, dos 3 aos 5 anos, seu filho tinha um "inimigo" imaginário chamado Barnabé, que morava dentro do armário; ele era enorme, tinha um bigodão preto e "gostava de assustar as pessoas". Por diversas vezes, essa mãe tinha que olhar no armário para ver se Barnabé estava lá e, ainda assim, seu filho não se tranquilizava; isso porque, além de invisível, Barnabé era muito astuto. Durante uma viagem de avião, por exemplo, quando a mãe lhe disse que o malvado tinha ficado para trás, o filho respondeu que não: ele embarcou no voo seguinte.

Muitas vezes, o amigo imaginário de uma criança se torna uma existência concreta na vida da família — um personagem com sentimentos e ideias próprios. No caso de nosso filho, Trey, quatro crocodilos Bufão foram integrados à família, todos eles com a mesmíssima personalidade. Quando viajávamos, permitíamos que levasse apenas um — e já era mais do que o suficiente. Na véspera de uma dessas viagens, ouvi Trey dizendo aos quatro que só um deles poderia ir junto e que não era para se gabar porque poderia acabar magoando os outros.

Apesar de tratá-los como se fossem reais, o fato é que, no fundo, as crianças sabem que esses amigos são fruto de sua imaginação. Às vezes, quando uma delas vai ao meu laboratório para participar de uma pesquisa, leva um bichinho de pelúcia, e eu aproveito para explicar também a ele como o estudo funciona; assim, a criança ouve a explicação duas vezes. Depois de concluída a tarefa, costumo repetir o processo, mas de maneira inversa, pedindo para que ambos deem suas opiniões; isso pode ser muito útil para extrair algo a mais da criança. Muitas vezes, no entanto, fui interrompido: "Sabe, ele nem é de verdade" ou "Estamos só fingindo, ele não sabe falar".

Marjorie Taylor relata situações muito parecidas em seu laboratório, no estado de Oregon. Em muitas entrevistas sobre amigos imaginários, era comum que as crianças a interrompessem: "É só de brincadeira..."

Em um caso específico, Taylor descreveu um menino chamado Dickie, que criou uma fazenda imaginária cheia de animais. Em uma reunião familiar, alguns de seus parentes, que já tinham visto ele brincar e conversar com esses bichos, resolveram discutir sobre o assunto. Dickie, então, aproximou-se do pai e sussurrou: "Explica para eles que não é uma fazenda de verdade".

Real ou Imaginário: As Crianças Sabem Distinguir?

Essas histórias indicam que sim, as crianças sabem localizar a linha que separa o imaginário do real, pelo menos no que se refere a seus "amigos especiais". Mas será que, em um sentido mais amplo, elas conseguem fazê-lo? Um adulto, por exemplo, tem maior facilidade em construir castelos enormes nas nuvens (sonhos misturados a ideias e memórias) tão frágeis quanto uma teia de aranha — nada que lembre aqueles castelos medievais do século XII.

É de se imaginar, então, que o mesmo ocorra com as crianças. Afinal, tanto um cachorro de verdade quanto a ideia de um cachorro são processados pelo cérebro. Talvez haja, portanto, tão somente um emaranhado de real e irreal, que apenas se torna claro com tempo e experiência — itens de que uma criança ainda não dispõe. Como ou quando, então, ela será capaz de diferenciar estados mentais de estados físicos?

Jean Piaget

Jean Piaget, figura icônica na temática sobre o desenvolvimento infantil, começou a estudar essa questão na década de 1920. Era constantemente retratado com seus cabelos brancos rebeldes, rodeado por pilhas e pilhas de papéis e livros em seu escritório caótico, quase sempre fumando um cachimbo. Em várias fotografias, podemos vê-lo pedalando sua bicicleta em Genebra, na Suíça, de boina e ainda com o cachimbo na boca.

Piaget fez parte de uma longa linhagem de reformistas suíços, e seu trabalho foi tão consagrado que o país lhe dedicou um busto de bronze no Parque dos Bastiões, em Genebra, ao lado de outros, como o do teólogo John Calvin. Seus apelos à reforma se deram, principalmente, nas áreas da psicologia e da filosofia.[3] Ele costumava argumentar que — e com isso estou inteiramente de acordo —, se você deseja entender como a mente humana funciona, deve observá-la ao longo de seu desenvolvimento.

40 DECIFRANDO MENTES

Sua pesquisa foi publicada em mais de quarenta livros e envolve estudos com centenas de crianças, além de incluir diários detalhados sobre seus três filhos. Em um deles, ele descreve um amigo imaginário de sua filha chamado Aseau, que pode se transformar em pássaro, cachorro e até em um monstro.

Piaget afirmou, de maneira convincente, que entidades mentais como as ideias, os pensamentos, as imaginações e as memórias são confusas para as crianças, por serem um tanto insubstanciais e irregulares. Em seu ponto de vista, as crianças são, acima de tudo, "realistas" e percebem tais entidades como elementos físicos e tangíveis. Os sonhos, por exemplo, seriam tomados como imagens exteriores, visíveis para todos; já os pensamentos seriam identificados com a fala[4] — ou seja, as palavras seriam como vozes dentro da cabeça.

Piaget apresentou diversos argumentos para consolidar seu ponto de vista. No entanto, ele estava errado*, pois até mesmo crianças de 3 anos de idade sabem distinguir uma pessoa com seu cachorro de uma que pensa em um cachorro. Estudos atuais especificam essa questão: crianças de 3 a 4 anos sabem que um cão pode ser visto tanto por elas mesmas quanto pelos outros e que pode ser tocado; por outro lado, sabem que as entidades mentais (um pensamento sobre um cão) não são concretas nem podem ser vistas no meio externo, além de serem individuais e particulares.

Essa foi uma ruptura tão grande em relação às conceituadas perspectivas de Piaget que muitos pesquisadores tiveram que se aprofundar nos estudos sobre entidades mentais,[5] exigindo distinções mais sofisticadas por parte das crianças. Por exemplo: um cachorro que fugiu não pode ser visto nem tocado, mas ainda é real em termos físicos? Quem sabe as crianças percebam suas ideias e seus pensamentos dessa mesma forma: coisas concretas, porém ausentes, como o cachorro fujão. Ou talvez, ainda, como coisas desprovidas de substância, como o ar, a fumaça e as sombras.

Eu e meus colaboradores resolvemos levar essas questões adiante, pedindo a crianças em idade pré-escolar que pensassem em uma entidade mental (a ideia de um cachorro), em um objeto físico correspondente (um cachorro) e outro ausente (um cachorro, mas que correu para muito longe) e, finalmente, em coisas reais, porém intangíveis, como o ar e a fumaça. Elas julgariam, então, se as entidades podiam ser vistas ou tocadas e, depois, seriam convidadas a explicarem suas respostas.

Suas respostas afirmavam, com todas as letras, que uma entidade mental não pode ser vista ou tocada e que o mesmo se aplica a objetos ausentes e ao próprio ar. Embora essas sejam as mesmas respostas que um adulto daria, é de se suspeitar que as

---

*Nem todos seus argumentos estavam incorretos. Ele alegou, por exemplo, que os bebês pensavam em termos de pensamento, afirmação que foi ridicularizada à época, na década de 1920, mas que, atualmente, sabemos ser verdadeira. Ele também enfatizou que crianças pequenas conseguem descobrir muitas coisas por conta própria, sem necessitarem de quaisquer instruções, algo confirmado pelas pesquisas sobre a teoria da mente infantil.

criança não compreenderam as diferenças principais, já que deram a mesma resposta para entidades mentais e objetos ausentes. Suas explicações, no entanto, demonstram quanto realmente compreenderam.

Elas explicaram que uma entidade mental não pode ser tocada porque *"não é real"*, "é apenas um sonho" ou só existe "dentro da cabeça". Já os objetos ausentes, mesmo aqueles mais distantes, eram "reais" e "concretos". Com relação às coisas físicas sem substância, elas não podiam ser tocadas, mas eram, todavia, *reais*: "Elas não são faz de conta." Mesmo as crianças com 3 anos de idade já entendiam essas diferenças.

Quando indagadas sobre o motivo pelo qual as entidades mentais não podem ser tocadas, elas geralmente respondiam dizendo que estavam "dentro" da cabeça ou mente de uma pessoa. Novamente, os adultos dizem coisas semelhantes. Mas e se as crianças quisessem dizer "dentro" de uma forma literal, como uma uva passa está dentro do estômago? Nesse caso, a passa seria um objeto físico real, mas que, logicamente, não poderia ser vista ou tocada. Será, então, que as crianças pequenas pensam (como diria Piaget) que as ideias estão "dentro da cabeça" em um sentido físico?

Na verdade, não. Em outro conjunto de testes, solicitamos às crianças que considerassem uma pessoa (Joe) que engoliu uma passa e outra (John) que apenas considerava a ideia de engolir uma passa. Mesmo as crianças de 3 anos diziam que "sim", *realmente* havia uma passa dentro de Joe; e "sim", se um médico olhasse dentro dele com uma máquina especial, poderia vê-la dentro dele.

Por outro lado, essas mesmas crianças disseram que "não", *não* havia *realmente* uma passa dentro de John, nem mesmo "dentro da cabeça de John"; e "não", se um médico olhasse dentro da cabeça dele com uma máquina especial, ele *não* veria uma passa. Como elas mesmas deixaram claro em suas explicações, portanto, as entidades mentais são diferentes das físicas — "Não são reais"; "Não são nada demais".

Amigos Imaginários

Isso nos leva de volta aos amigos imaginários. Várias autoridades no assunto, incluindo Piaget, afirmaram que eles são um exemplo particularmente bom da incapacidade infantil em separar o real do imaginário.

O Dr. Benjamin Spock foi uma delas. Ele foi um famoso pediatra, falecido em 1998, que escreveu alguns livros de autoajuda para pais iniciantes. Um desses livros, publicado pela primeira vez em 1946, segue sendo um dos mais vendidos de todos os tempos: *Meu Filho, Meu Tesouro*. Em sua edição de 1976, Spock escreveu:

Este é um momento apropriado, já que estamos falando de amigos imaginários, para pensarmos no quão rudimentar é a compreensão da realidade por parte das crianças. Elas nem sequer sabem a diferença entre o sonho e a vigília, ou que um programa de televisão é apenas uma performance dentro de uma tela. O que desfrutam, o que querem e o que temem é aquilo que, apropriadamente, lhes parece mais real. Portanto, uma das tarefas primordiais que os pais devem assumir é ensinar seus filhos — gradualmente, ao longo dos meses e anos — a saber distinguir entre fantasia e fato.[6]

Sem dúvida, Spock foi influenciado por Piaget. E, não à toa, está tão equivocado quanto ele. Isso porque, segundo pesquisas de Marjorie Taylor, juntamente a outros estudos,[7] as crianças pequenas não têm nenhuma dificuldade em distinguir fantasia e fato, mental e real ou entidades imaginadas e entes físicos.

Além disso, crianças que têm amigos imaginários não só distinguem perfeitamente os estados mentais dos físicos como também demonstram diversas qualidades de suas teorias da mente. Ainda nos estudos de Taylor, por exemplo, aquelas que tinham amigos imaginários tiveram, também, os melhores desempenhos nos testes de crenças falsas, compreendendo-as antes de seus colegas. O que nos remete diretamente aos cenários de Glenda com a caixa de doces e de Mopfana com os caroços de manga — em que eles provavelmente seriam os primeiros a entender e a antecipar suas ações.

Misturando Mental e Real — Todos Nós Fazemos Isso

Obviamente, a aderência das crianças à realidade pode, por assim dizer, vacilar. Afinal, elas ficam amedrontadas com seus pesadelos, podem confundir filmes de ficção com verdade e serem completamente levadas pela imaginação, de modo que nem sempre conseguem separar perfeitamente seus estados mentais do mundo real. Porém, nesse sentido, os adultos também fazem coisas parecidas. Podem acordar aterrorizados de um pesadelo que, embora irreal, gera emoções quase palpáveis; o mesmo se aplica a filmes de terror, que podem ser apreciados justamente por provocarem medo profundo e isento de perigo, implicando uma realidade emocional que tem algo de catártico.

Muitos autores de ficção, criadores por excelência de seres imaginários — tanto para si mesmos como para os outros —, afirmam que seus personagens podem se tornar entidades surpreendentemente verossímeis, quase autônomas, por ter vida e mente próprias. A escritora Enid Blyton disse:

> Fecho os olhos por alguns minutos; a máquina de escrever portátil descansando em meus joelhos — então esvazio a mente e, tão claramente quanto os meus filhos, vejo personagens surgirem diante de mim. E os vejo em detalhes — cabelos, olhos, pés, roupas, expressões. Imediatamente, sei seus nomes de batismo, mas não os sobrenomes correspondentes. Tampouco sei o que dirão ou farão. Já me aconteceu de um personagem contar uma piada tão, mas tão

engraçada que comecei a rir enquanto batia nas teclas para registrar o momento e pensei comigo mesma: "Nunca que eu pensaria em algo assim, nem mesmo em cem anos!"[8]

Não se trata, nesse caso, de um rompimento com a realidade ou de qualquer dissolução entre fato e ficção, mas de uma mente criativa trabalhando a pleno vapor. As entidades mentais criadas durante o processo de escrita acabam se tornando colaboradores imaginários muito bem-vindos, e essa é a chave para entendermos a questão dos amigos imaginários na infância.

Estes, somados às mais variadas brincadeiras e jogos lúdicos por meio dos quais as crianças interagem, ajudam a criar um panorama geral da mente adulta em sua forma mais simplificada. Por outro lado, são os mesmos processos nos quais um autor de ficção se baseia para criar mundos e personagens tão vívidos e reais que podem vir a se tornar parte intrínseca de nossas vidas.

Pensemos, por exemplo, em Elizabeth Bennet e no Sr. Darcy, do clássico *Orgulho e Preconceito*, de Jane Austen. Muitas pessoas sentem ter aprendido tanto sobre o período histórico da Regência Britânica durante essa leitura quanto nos livros de história propriamente. Para os mais aficionados, existem sites e clubes nos quais as pessoas se vestem como as personagens de Austen e, até mesmo, simulam os comportamentos e as conversas daquele período. Existe, inclusive, um famoso livro de autoajuda, escrito em 2013, intitulado *How to Speak Like Jane Austen and Live Like Elizabeth Bennet: Your Guide to Livelier Language and a Lovelier Lifestyle* ["Fale como Jane Austen e Viva como Elizabeth Bennet: Seu Guia de Linguagem e Estilo de Vida Adoráveis", em tradução livre].[9]

Nada disso tem a ver com disfunções ou colapsos nervosos, nem com uma interpretação errônea da ficção como vida real. Trata-se simplesmente de uma renovação de nossos poderes lúdicos da infância, incluindo aí a invenção dos amigos imaginários. É o momento em que um adulto reconhece que a ficção — ou pelo menos a boa ficção — pode ocultar uma verdade profunda sobre a vida real, e que Elizabeth Bennet pode realmente auxiliá-lo a buscar um estilo de vida mais apaixonante. O pensamento fictício é, portanto, uma criação inicial da mentalização infantil, mas que pode levar a maior clareza e discernimento nos adultos.

Resumindo

Quando as crianças chegam aos 3, 4 e 5 anos de idade, não apenas sabem que pensamentos e vontades levam a ações, como também entendem uma ou outra coisa essencial sobre mentiras, segredos e persuasões. Sabem que pensamentos são coisas, mas não coisas físicas; que estão ocultos, ao contrário das ações e aparências manifestas; e que também não são, necessariamente, verdadeiros. O mesmo vale para seus adorados amigos imaginários. Na verdade, mesmo crianças com muito pouca idade sabem que alguns pensamentos — crenças verdadeiras — refletem o mundo e que, dessa maneira, definem ações. Já a imaginação seria como um pensamento destinado a moldar os eventos de outro mundo: um mundo de ficções.

A mente, em toda sua variedade e esplendor, atravessa as realidades cotidianas das crianças, bem como todos seus mundos especiais e imaginários. E isso também vale para nós adultos, já que somos os principais beneficiários de nossas próprias infâncias.

5

Revelando a Teoria na Teoria da Mente

Vinte anos atrás, após décadas de tentativas fracassadas, um computador venceu, pela primeira vez, um grande mestre de xadrez.[1] O feito foi aclamado como uma transição à maioridade da inteligência artificial (IA), pois o jogo de xadrez é considerado um ápice da inteligência humana. O fato de que o Deep Blue, um supercomputador inteligente criado pela IBM, pudesse derrotar o campeão mundial Gary Kasparov devia significar que os computadores finalmente se aproximaram de níveis humanos. Em breve, também viriam a executar outras tarefas, como traduzir idiomas, reconhecer vozes e, até mesmo, dominar a teoria computacional para projetarem computadores ainda melhores. Livros de ficção científica e filmes como *2001: Uma Odisseia no Espaço* reforçavam as crenças de que esse futuro se aproximava cada vez mais rapidamente.

Muitas dessas previsões se tornaram realidade: atualmente, com um notebook, você pode usar o Google Tradutor para traduzir um texto de seu idioma para dezenas de outros. Com um iPhone, pode solicitar instruções à Siri, ditar um e-mail, encontrar recomendações de restaurantes ou reservar ingressos. Já a Alexa, assistente virtual da Amazon, realiza essas e outras tarefas, como permitir que alguém ligue seu carro e o ar-condicionado enquanto ainda está sentado à mesa tomando seu café da manhã.

As tecnologias *smart* certamente já alcançaram, portanto, um nível humano, ou quase humano. Correto?

Na verdade, não. Somente quando os cientistas desistiram de tentar duplicar a mente humana é que eles puderam criar computadores realmente capazes de executar tarefas humanas mais complexas. Aliás, dizemos "humanas" por pura convenção, já que os métodos utilizados são completamente não humanos: pura "força bruta" de computação, utilizada em níveis gigantescos de fluxo de informação. Existe, afinal, uma razão para o termo inteligência *artificial*.[2]

Toda essa força bruta se vale da vasta memória de um computador e de sua enorme capacidade de processar números. Para se ter uma ideia, antes de fazer uma jogada de xadrez, o Deep Blue calcula todas as outras jogadas possíveis com base em sua posição atual, antecipando cerca de seis a dez movimentos; em seguida, avalia cada uma delas em relação às jogadas feitas por grandes mestres nos 700 mil jogos anteriores que tem armazenados em sua memória. Isso tudo é feito em uma frequência de cerca de 200 milhões de posições de xadrez processadas por segundo. Com esses comparativos, o computador escolheu, estatisticamente, quais seriam as melhores jogadas a se fazer e acabou derrotando Kasparov.

A tradução de idiomas é feita de uma forma similar. Por décadas, cientistas da computação tentaram fazer com que os computadores traduzissem à maneira humana. Os avanços, contudo, só vieram quando eles desistiram dessa ideia e passaram a confiar na gigantesca memória não humana dos computadores e em suas habilidades comparativas inigualáveis.

Atualmente, isso ocorre da seguinte forma: inserem-se quantidades enormes de textos em suas versões originais e em versões traduzidas por seres humanos. O computador, então, compara as duas e vincula palavras e frases do original a palavras e frases das traduções. Isso tudo é, por fim, armazenado em um banco de dados para que, quando uma tradução for requisitada, o computador escolha a palavra ou a frase mais frequentemente associada à palavra ou à frase que precisa ser traduzida.

Esse processo de "prospecção de dados" explica não apenas por que o Google Tradutor oferece traduções rápidas para diferentes idiomas, mas também por que algumas dessas traduções são um tanto peculiares, não procedentes e, até mesmo, inadequadas. Isso ocorre especialmente ao se tentar traduzir expressões idiomáticas ("essa foi por pouco") ou metáforas não literais ("ela ficou chocada com as notícias"). O mesmo se aplica aos corretores ortográficos, que insistem em corrigir sua frase perfeitamente compreensível: embora a composição esteja correta, estatisticamente falando, você não está utilizando a opção mais comum. Por isso, a correção automática é uma função que pode gerar frases desconexas e confusas, alterando apenas uma única palavra, quase como se fosse por capricho.

A prospecção de dados envolve, portanto, o processamento de grandes quantidades de informação simplesmente para assinalar relações entre algo e algo mais. Além disso, ela é cada vez mais utilizada, paralelamente ao conceito de "big data" — um nível incomensurável de processamento e armazenamento de dados —, a exemplo de todas as compras online que milhares de pessoas fazem diariamente na Amazon e que permite a essa empresa enviar anúncios específicos sobre produtos personalizados para "pessoas como você".

Comparado aos computadores, nós somos absolutamente precários nesse tipo de prospecção de dados; no entanto, podemos ser magistrais no xadrez ou extremamente eficazes na tradução de idiomas. Além disso, somos capazes de decifrar mentes — algo que nenhum computador pode fazer. E fazemos todas essas coisas utilizando um método completamente diferente: desenvolvemos teorias e, entre elas, particularmente, uma teoria da mente. Ou seja, estabelecemos uma teoria abrangente para explicar fatos, depois utilizamos nossa teoria individual para dar sentido aos novos elementos que surgem. Podemos, inclusive, modificar nossas teorias para incorporar novos acontecimentos e sentidos que não se encaixavam antes. Esse modo de pensar — o pensamento teórico habitual — vai muito além da prospecção de dados, e é Temple Grandin quem nos dará uma ideia melhor disso.

Temple Grandin: Pensando por Meio de Imagens

Grandin uma vez falou ao escritor e neurologista Oliver Sacks a respeito de sua dificuldade em interagir com crianças. Ela percebia que os pequenos já compreendiam outros seres humanos de uma maneira que ela, por ser autista, jamais conseguiria. Um bom exemplo disso é o fato de as crianças conseguirem facilmente aplicar conceitos de mentalização — pensamentos, vontades, esperanças, ideias, preferências — para entenderem e reconhecerem as vidas e as mentalidades alheias. Grandin, por outro lado, precisa de dados para identificar qualquer regularidade nas interações sociais.

Ela explica que, com o tempo, construiu uma vasta "biblioteca de experiências", todas armazenadas em sua memória como fitas de vídeo ou clipes do YouTube. Ela reproduz esses conteúdos mentais repetidas vezes, tanto para observar como as pessoas se comportaram em determinadas situações quanto para tentar estimar como alguém — ou ela mesma — poderia, ou deveria, agir em uma situação semelhante. "É um processo estritamente lógico", disse. Em outras palavras, seria mesmo como uma prospecção de dados, um processo de fiscalização que exige que a memória acumule muitos fatos, os quais a maioria de nós costuma ignorar, e, ainda assim, não dá acesso a determinados insights que muitos de nós perceberíamos sem dificuldade.

Conforme vimos, quando a primeira instalação humanitária de animais projetada por Grandin começou a apresentar falhas, ela investigou dezenas de problemas antes de perceber que um único funcionário vinha sabotando seus esforços. Afinal, em sua cabeça, a deslealdade não era um comportamento lógico, mas tão somente um fator estranho. Ela teve, então, que reavaliar sua biblioteca interior e revê-la por meio de um novo contexto, para que pudesse "aprender a suspeitar".

Assim é a vida sem uma teoria da mente: um entendimento social com base na prospecção de dados. O supercomputador Deep Blue enfrentaria esse mesmo problema. Não saberia, por exemplo, que um sacrifício no xadrez pode ser uma manobra ou um blefe — uma tentativa de enganar o outro jogador por meio de crenças falsas. Afinal, o computador não foi programado para esse tipo de confusão: ele só tinha acesso às milhares de jogadas armazenadas utilizadas por grandes mestres de xadrez, como os famosos gambitos Escocês, de Cochrane e da Rainha, para, então, realizar o movimento de acordo com as melhores probabilidades estatísticas.

Pois bem, como se pode ver, Grandin tem algumas noções sobre como as mentes alheias geralmente funcionam e também a sua própria. Ela afirma que sua mente costuma operar por imagens concretas, armazenando vídeos e processando informações como um algoritmo; não fica claro, contudo, se essa descrição realmente corresponde à essência de suas atividades mentais. Em sua segunda obra autobiográfica, *Thinking in Pictures* ["Pensando em Imagens", em tradução livre], ela afirma que as pessoas com autismo geralmente pensam por meio de imagens e que esse é um fator responsável tanto por suas virtudes mentais quanto por suas dificuldades sociais.[3] Isso, no entanto, não procede. Primeiramente, alguns indivíduos com autismo realmente pensam por meio de imagens, mas eles não são, em média, melhores do que a maioria de nós ao utilizar esse tipo de pensamento. Outros dois pontos que vale ressaltar: a descrição de Grandin se aplica apenas à sua mente e não descreve, portanto, nossa forma cotidiana de pensar sobre as outras pessoas. Assim, ela opera antes como uma perspectiva da prospecção de dados sobre o mundo social do que propriamente o desenvolvimento de uma teoria da relação entre pensar e querer.

Uma vez, caminhando à noite com Oliver Sacks, Grandin disse: "Quando olho para as estrelas, sei que deveria sentir algo de 'numinoso', transcendental, mas isso nunca acontece. Gostaria que acontecesse. Mas só consigo acessar esse sentimento intelectualmente."

Sacks, então, lhe perguntou: "Você percebe sua grandiosidade?"

"Eu a compreendo *intelectualmente*", respondeu ela. Grandin sabe — por meio da sua prospecção de dados — como aplicar o termo *grandioso*: noites estreladas, sonatas de Beethoven, ruínas da Antiguidade. O sentimento, no entanto, está ausente.

Não se trata da ausência absoluta de emoções ou de um circuito emocional atípico no cérebro. Grandin experimenta emoções básicas como tristeza, raiva e até mesmo amor. Ela ama as vacas, por exemplo. Mas a grandiosidade não é uma emoção básica ou primária, é um sentimento associado a outras atividades mentais. É como um fascínio que nos atinge em cheio, surpreendendo e nos impelindo a contemplar mistérios muito maiores do que nós mesmos.

Grandin alcançou uma notável compreensão intelectual desse sentimento, mas isso também é algo que a maioria de nós, mesmo as crianças, conseguiria alcançar com menos da metade de seus esforços. Afinal, nossas "compreensões" decorrem da maneira pela qual utilizamos e com a qual desenvolvemos, desde a infância, nossas teorias da mente, que Grandin e outras pessoas no espectro autista não compartilham conosco.

Teorias Cotidianas

As singularidades de Grandin também nos ajudam a entender como formamos nossas teorias cotidianas e, especialmente, nossa teoria da mente. Esses processos se assemelham muito à maneira como os cientistas elaboram as próprias teorias: primeiramente, por meio de observações e experimentos, acumulam-se dados; no entanto, além de detectar regularidades nesses dados, procura-se entender e explicar por que isso ocorre de determinada maneira e não de outra. Stephen Hawking, o famoso físico teórico, disse: "A ciência é bela quando torna simples as explicações de determinados fenômenos."[4] De certa forma, estamos todos tentando alcançar essa beleza.

Os cientistas se valem de teorias para tentar explicar e compreender o que se passa, pois elas lhes permitem organizar e simplificar fenômenos naturais complexos de maneira sofisticada. Eles podem, por exemplo, utilizá-las para traçar conexões entre diferentes pontos de vista, em vez de se fixarem em fatos isolados. Também podem alocar conceitos variados em estruturas universais, como as teorias da Relatividade de Einstein ou da Evolução de Darwin. Além disso, uma teoria pode ser usada, ainda, para fazer estimativas: como serão os novos dados? Quando devemos coletá-los?

Por mais complicado que possa parecer, a elaboração de teorias é um processo diário. Você está sentado sozinho em um restaurante, mesa para dois; Stacy, seu par, está demorando para chegar. Eis que surge um pensamento agitado: "Aposto que ele esqueceu". Essa é sua teoria da mente social em ação, dizendo que é comum as pessoas esquecerem; que a memória é falha. Você também leva em consideração sua teoria sobre o próprio Stacy: que ele é cuidadoso, mas ultimamente anda um tanto distraído; que seu telefone celular está com defeito, então é possível que não tenha conseguido ligar para avisar. Por fim, sua melhor explicação é que, apesar de estranho, dá para entender que ele não tenha aparecido. E esse entendimento somente existe por causa da relação estabelecida entre sua teoria da mente geral e sua teoria da mente específica a respeito dos pensamentos e do comportamento de Stacy. Caso encerrado.

No dia seguinte, você liga. Ele atende, mas não se desculpa, não quer marcar outro encontro, muda de assunto e, por alguma razão, interrompe a chamada. Dias se passam e ele continua não atendendo o telefone ou retornando suas ligações. Você deve, então, repensar a situação, e eis que sua teoria da mente fornece uma nova explicação: os afetos mudam; sentimentos podem desaparecer. Talvez "não dê mais certo" com Stacy, afinal.

Nada disso envolve prospecção de dados. Você não está somente registrando indícios, como as chamadas não correspondidas, e calculando possibilidades de ação. Na verdade, está indo além dos dados, interpretando-os à luz de suas teorias e construções próprias. Por isso mesmo, pôde concluir que a ausência de Stacy não foi uma improbabilidade estatística ou nada desse tipo; apenas que ele é uma pessoa com *pensamentos* e *vontades* próprios e age de acordo com isso. Que ele está rompendo com você e que foi uma separação pouco amigável. Utilizando a própria teoria, portanto, você não apenas acumula dados, mas os interpreta de maneira rápida e expressiva.

E, a respeito disso, sua teoria — tanto com relação ao "Stacy" quanto ao "nosso relacionamento" — também se desenvolve: com base nos dados acumulados, aquilo que antes parecia um simples esquecimento virou um desafeto. É sempre bom lembrar, claro, que sua nova teoria pode estar errada, que talvez Stacy só precisasse de um tempo para ele mesmo. Mas, apesar de poderem ser enganadoras, as teorias não param de operar e, acima de tudo, permitem alterações.

A teoria da mente se refere à nossa visão de mundo. Isso também vale para as crianças, que a desenvolvem desde seus primeiros anos de vida: uma base que nos mantém pelo resto da vida.

Elaborando Teorias

À medida que as teorias científicas mudam e são revisadas, elas manifestam três características principais:

1. Teorias se desenvolvem em uma progressão de etapas.

   As teorias astronômicas, por exemplo: a Terra é plana → a Terra é redonda → o Sol gira em torno da Terra → a Terra gira em torno do grande Sol.

2. Suas mudanças surgem com base em evidências.

   Observações feitas por navegadores gregos que, então, passariam a ser feitas em observatórios especiais, para, finalmente, chegarem aos telescópios e às câmeras: todas elas ajudaram a definir, respectivamente, as teorias astronômicas. Novas evidências ou tipos diferentes podem vir a impedir, acelerar ou alterar seus progressos.

3. Teorias prévias restringem, mas também possibilitam as subsequentes.

   Compreender que a Terra é redonda possibilitou aos astrônomos observarem que o Sol a orbitava. Essa noção impedia, por sua vez, que a Terra orbitasse o Sol, mas encorajava uma observação mais criteriosa dos astros, o que permitia novos cálculos e comparações. No fim das contas, esses cálculos levaram ao heliocentrismo. Albert Einstein começou com a teoria clássica de Newton e a transformou. Stephen Hawking, por sua vez, começou com a teoria de Einstein e a ampliou.

Teoria? Ou Não?

Nossa teoria da mente também funciona assim — pois ela é, de fato, uma teoria.

Isso pode parecer improvável. Afinal, a ciência, além de ser praticada por uma minoria, é reforçada por títulos e tecnologias avançados, enquanto o mesmo não pode ser dito sobre os pensamentos cotidianos. Por outro lado, suas semelhanças são bastante reveladoras.

Em primeiro lugar, as teorias que utilizamos para tentar compreender pessoas, comportamentos e pontos de vista são desenvolvidas com base em dados e teorias (e não na prospecção de dados). Em segundo, nossas teorias da mente fornecem uma estrutura que podemos utilizar para incorporar e dar sentido aos acontecimentos cotidianos. Ambas funcionam de maneira semelhante, portanto, apesar de uma se fundamentar nas experiências e observações do cotidiano, a outra se baseia em conhecimentos especializados e tecnologias de ponta.

Compreender teorias cotidianas também nos permite entender alguns fatos que, de outra forma, soariam confusos. Por exemplo, o fato de a ciência ser tão convincente para nós, algo que só ocorre por reconhecermos o valor essencial de explicar e antecipar as coisas que acontecem ao nosso redor, sendo que nós mesmos já fazemos isso o tempo todo. Além disso, a ciência propriamente dita, assim como as teorias científicas, se desenvolveram desse modo porque os cientistas têm a mesma estrutura cerebral que todos nós. E nossa construção teórica mais fundamental — como cientistas ou não cientistas — procede de habilidades iniciais de mentalização que aprendemos ainda bebês ou crianças pequenas.

Como eu e minha colega Alison Gopnik costumamos alegar, não significa que as crianças são pequenos cientistas: isso focaliza as complexidades da ciência. Na verdade, os cientistas é que são crianças grandes, por elaborar teorias como todos os outros, mas com o diferencial de serem mais sistemáticos e meticulosos.[5] Assim, o foco repousa no que deve: nas crianças. Stephen Hawking certa vez afirmou: "Sou apenas uma criança que nunca cresceu. Continuo perguntando os 'comos' e 'por quês'. Ocasionalmente, encontro uma resposta." Nossas construções teóricas apresentam algumas das mais impressionantes, e distintamente humanas, formas de aprendizado e conhecimento.[*]

As diferenças entre ciência e vida cotidiana e, de maneira análoga, entre teorias científicas e teorias cotidianas, realmente existem. Mas pudemos perceber que as semelhanças também são verdadeiras. Elas apontam para a gênese de todas as teorias da compreensão humana — e, mais especificamente, para a forma com que elas emergem de nossa compreensão social. Afinal, a ciência é uma empreitada social; requer colaboração e sensibilidade em relação às crenças alheias; e requer, ainda, um conhecimento de como convencer outras pessoas por meio de evidências. Todas essas são tarefas que podem ser executadas pela maioria das crianças de 4 anos de idade, já que requerem, essencialmente, uma elaboração sobre conhecimentos estabelecidos de maneira prévia e uma geração de hipóteses com base em evidências. Além disso, se prestarmos atenção, esse movimento privilegia o esclarecimento e a explicação, coisas que crianças pequenas procuram acionar o tempo inteiro por meio de seus questiona-

---

[*]Obviamente, elaboramos teorias em muitas áreas diferentes. Temple Grandin as elabora, por exemplo, quando projeta suas instalações para animais. Ela reúne dados, avalia as possibilidades frente aos fatos e, eventualmente, chega a uma conclusão sobre o melhor formato tanto para o gado quanto para seus proprietários. Ela não pode, no entanto, aplicar esse mesmo método para compreender a psicologia humana, habilidade aprendida facilmente por pessoas fora do espectro do autismo.

mentos — "Por quê?", "Por quê?". Nossas complexas teorias científicas exigem, enfim, habilidades cognitivas e sociais que nascem e se desenvolvem à medida que as crianças conquistam suas teorias da mente.

Se essa teorização realmente puder explicar como as crianças armazenam e organizam suas ideias, então suas teorias da mente devem apresentar exatamente as mesmas características das teorias científicas:

1. O desenvolvimento de uma teoria da mente deve se desdobrar em uma progressão de etapas.

2. Suas mudanças devem surgir com base em evidências, para que experiências distintas gerem diferentes itinerários e diferentes sequências de ideias.

3. Conhecimentos prévios devem restringir e também possibilitar os aprendizados subsequentes.

Vejamos.

6

Bloco a Bloco

Mallie era uma linda bebê, com cabelos pretos e cacheados, grandes olhos escuros e um rosto com contornos quadrados, como o dos querubins. Seus pais, os iniciantes Joe e Ellen, trouxeram-na do hospital repletos de alegria, prontos para planejar seu futuro: uma estrela de futebol ou talvez cientista com PhD; quem sabe a futura presidente dos Estados Unidos?

Era um bebê tranquilo e receptivo, sempre balbuciando e se lambuzando; adorava quando Ellen colocava "Esse Porquinho" para tocar ou quando Joe soprava sua barriguinha. Joe e Ellen tinham certeza de que ela era o bebê mais lindo do mundo — e talvez fosse mesmo.

Mallie já tinha mais de 1 ano quando Ellen começou a ficar preocupada; ela já não balbuciava tanto e ainda não tinha dito nenhuma palavra.

"Acho que está tudo bem", disse Joe. "Ela não precisa falar ainda, e não há nada de errado com seu cérebro. Ela consegue fazer todos os sinais do bebê* que ensinamos e até já inventou alguns."

Ellen, contudo, não se tranquilizou. Sua filha parecia reagir menos do que as outras crianças daquela idade — com elas, até interagia bem, mas sozinha parecia estar em um mundo completamente à parte, afastado.

Mallie tinha 2 anos quando seu pediatra recomendou aos pais que procurassem um otorrinolaringologista. Levou cerca de um mês para que ela fosse diagnosticada com surdez completa, provavelmente de nascença.

Essa experiência não é incomum para crianças surdas nascidas de pais ouvintes, já que a surdez é mais difícil de diagnosticar do que parece. A maior parte dos bebês surdos balbucia e interage normalmente. Além disso, eles se assustam com barulhos altos, que provocam ondas de choque e ondas sonoras, e podem sentir as frequências menores, como no caso de um alto-falante com grave acentuado, tocando nas proximidades. As diferenças aparentes entre bebês surdos e ouvintes podem ser tão sutis que os pais, e até mesmo os pediatras, muitas vezes não as percebem. Além disso,

---

*Muitos pais utilizam gesticulações simples com os filhos em idade pré-verbal, que foram denominadas sinais do bebê, por sua inventora, Linda Acredolo, da Universidade da Califórnia, em Davis. Os mais comuns entre eles são usados para: "quero mais", "leite", "não quero mais" e "acabou". Alguns meses depois, quando as crianças começam a aprender linguagem verbal, esses sinais costumam cair em desuso.

na época do nascimento de Mallie, nem todos os recém-nascidos eram submetidos a exame de audição nos Estados Unidos.*

Após o diagnóstico, Joe e Ellen passaram por vários estágios de aceitação, como choque, raiva, negação e tristeza. Eles também tiveram que reformular drasticamente suas ideias e expectativas para a infância e o futuro de Mallie, além da própria participação nessas etapas; somente assim poderiam aprender melhor sobre como criá-la. Como é de se imaginar, foi um processo lento; até porque, como a maioria dos adultos norte-americanos, eles não sabiam quase nada sobre surdez e menos ainda sobre educação, assistência e oportunidades específicas para esse tipo de condição.

Quando Mallie completou 3 anos, Ellen resolveu assumir a tarefa extraordinária de aprender a Língua de Sinais Americana (LSA) para poder ajudá-la no aprendizado de idiomas e em outras etapas mais avançadas, como a leitura. Quanto antes começassem, melhor.

É claro que Mallie e seus pais já se comunicavam: eles apontavam para as coisas, jogavam jogos de dedo e acenavam uns para os outros, além de utilizarem os sinais específicos do bebê; acabaram desenvolvendo, também, alguns "sinais da casa", como agitar os dedos para "fazer cócegas", bater no peito para "eu" e dar palmadas na cabeça para "chapéu" ou "cabelo". Mallie chegava a juntar dois sinais da casa diferentes em uma ordem específica para expressar ideias e pedidos mais elaborados, como "me faz cócegas" e "chapéu da mamãe".

As duas tinham, portanto, por onde começar. Só que a LSA, assim como qualquer outra linguagem de sinais e mesmo as línguas faladas, é um tanto complexa e arbitrária. As palavras "mãe", "casa" ou "nome", por exemplo, não têm relação concreta com as mães, as casas ou os nomes em si, e o mesmo se aplica aos sinais. Além disso, a gramática e a sintaxe próprias da LSA são diferentes das do inglês e de qualquer outro idioma, pois utilizam o espaço e as três dimensões, em vez de palavras sequenciadas.

Apesar de sua determinação, Ellen nunca alcançou uma fluência efetiva em LSA; pais ouvintes raramente o conseguem, especialmente nos primeiros anos. Digamos que Ellen sinalizava tão bem quanto alguém que aprendeu espanhol em um daqueles livros de frases prontas, cuja linguagem simplista consegue se referir apenas ao aqui e agora.

Ao reconhecer suas limitações, ela se concentrou no que poderia fazer efetivamente. Ensinou a Mallie os sinais para objetos e ações comuns: livro, garota, bola, colher, cachorro, correr, beber. Diferentemente do que ocorre com a maioria dos pais ouvintes (e surdos) de crianças surdas, grande parte de suas interações com Mallie envolvia ensinamentos.[1]

---

*Em 2010, todos os estados exigiam, teoricamente, exames de audição para recém-nascidos; contudo, na prática e a nível nacional, havia muitas inconsistências. Ainda hoje, cerca de 5% dos recém-nascidos nos EUA não passam pelo exame.

O fato é que Ellen e Joe se esforçaram, mas a experiência de sua filha era inexoravelmente distinta daquela de uma criança surda nascida de pais surdos — aquelas que são conhecidas como "sinalizantes nativas". Estas estão cercadas, desde o nascimento, por outros sinalizantes nativos, que lhes ensinam sentenças que vão naturalmente se tornando mais complexas à medida que o tempo passa, da mesma forma como ocorre entre pais e filhos ouvintes. Os sinalizantes nativos adultos também são versáteis em uma forma de comunicação que seus filhos podem acessar com facilidade: a visual. Assim, essas crianças crescem em um ambiente extremamente interativo e que flui livremente, enquanto as interações entre Ellen e Mallie eram completamente didáticas e fragmentadas.

Quando Mallie entrou para a escola, ela pôde interagir diariamente com outras crianças surdas, algumas das quais eram sinalizantes nativas, e com professores fluentes nesse tipo de comunicação. Consequentemente, sua linguagem de sinais logo superou a da mãe e, portanto, sua comunidade se expandiu para além da família; por outro lado, também podemos dizer que se estreitou, já que ela passou a preferir, cada vez mais, interagir com sinalizantes.

Construindo uma Teoria da Mente

Em virtude das diferenças de interação, socialização e comunicação, Mallie e todas as outras crianças surdas se distinguem enormemente das crianças ouvintes quanto à velocidade do desenvolvimento de suas teorias da mente. A surdez, claro, é apenas uma das inúmeras experiências da infância que podem influenciar nesse desenvolvimento; no entanto, é bastante significativa.

A teoria da mente, como já vimos, é uma construção complexa de ideias sobre as atividades mentais das pessoas. Ela se baseia em — e também gera — pensamentos sobre suas intenções, ideias, emoções, entidades mentais e espiritualidades mais íntimas, que, por sua vez, são as fontes de nossas inclinações para a farsa, a mentira e a persuasão, mas também para podermos compreender e ensinar uns aos outros.

O resultado dessa construção é uma conquista imponente. No entanto, como qualquer projeto complexo, deve prosseguir em etapas graduais, passo a passo, bloco a bloco. Os pesquisadores descobriram como acompanhar o progresso de uma criança por meio dessas etapas ao se concentrarem em alguns pontos-chave. São eles:

1. *Desejos diferentes*: as razões pelas quais as pessoas querem ou desejam algo, ainda que se trate da mesma coisa, variam, assim como suas preferências. Quando uma criança compreende isso, entende também que uma pessoa pode gostar de maçãs e a outra não.

2. *Crenças diferentes*: as pessoas podem ter crenças diferentes sobre a mesma coisa ou situação. Suponha que uma criança veja duas pessoas examinando uma caixa fechada. Ao cumprir essa etapa, ela já deve compreender que essas pessoas podem ter uma ideia, ou crença, diferente sobre o conteúdo da caixa.

3. *Conhecimento-ignorância*: além de ter crença diferente, uma pessoa pode realmente saber o que está dentro da caixa (uma maçã), enquanto a outra não. Uma criança pode entender essa diferença; ou, consequentemente, entender que algumas pessoas podem não saber de algo que outras sabem.

4. *Crenças falsas*: não saber de algo é diferente de ter uma crença falsa. Em *Romeu e Julieta*, por exemplo, Romeu, além de não saber o que aconteceu com Julieta, *pensa* (falsamente) que ela está morta. Ao atingir essa etapa, a criança entende que um acontecimento pode ser verdadeiro, mas que, ainda assim, alguém pode vir a acreditar em algo totalmente falso sobre esse acontecimento.

5. *Pensamentos ocultos*: os estados interiores de uma pessoa — vontades, conhecimentos, desconhecimentos, ideias — não se manifestam, necessariamente, em ações ou expressões. Alguém que detesta maçãs pode, por exemplo, fingir que gosta delas para ser educado com o anfitrião; ou alguém pode dar um palpite de sorte e, depois, fingir que já sabia. As crianças passam a compreender, então, que os conteúdos mentais podem ser ocultados.

A Figura 6.1 ilustra cada uma dessas etapas, que muitos pesquisadores já exploraram com profundidade.

Os desenhos da figura mostram o percurso que uma criança deve seguir para compreender adequadamente os estados mentais das pessoas. Um de meus estudos favoritos, o primeiro dos já clássicos estudos de perspectiva com brócolis e biscoitos Goldfish, analisava a primeira etapa, a dos desejos diferentes.

Betty Repacholi e Alison Gopnik, da Universidade da Califórnia, em Berkeley, pediram a crianças de 18 meses que provassem brócolis e salgadinhos de queijo Goldfish e que, então, dissessem qual dos dois preferiam.[2] Obviamente, quase todas as crianças escolheram o salgadinho. Betty, ao mesmo tempo em que olhava para elas, também provava cada um dos aperitivos e dizia sorrindo "delícia!" para um, enquanto fazia careta e dizia "eca" para outro. Metade das crianças a viu fazer isso, em *compatibilidade* com o próprio gosto: ela adorava os biscoitos e detestava os brócolis, o que correspondia às suas preferências. Com a outra metade, Betty fez o contrário, gerando uma *incompatibilidade*: ela adorava os brócolis e detestava os biscoitos.

Em seguida, vinha o teste de fato: duas tigelas pequenas eram colocadas sobre a mesa entre Betty e a criança: uma com salgadinhos, outra com pedaços de brócolis. Betty estendia a mão entre as tigelas, olhava para a criança e perguntava: "Quero mais, você pode me dar?"

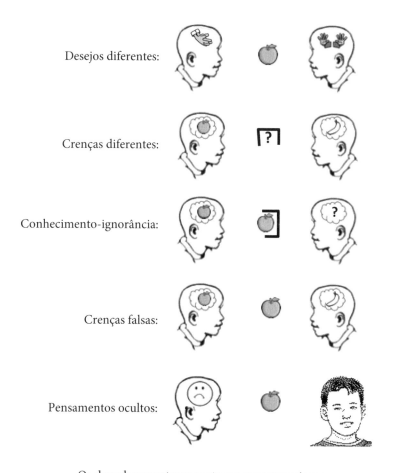

Os desenhos mostram as etapas que uma criança percorre para compreender os estados mentais das pessoas.

Figura 6.1 Etapas a serem seguidas para uma compreensão da teoria da mente.

Embora Betty evitasse cuidadosamente indicar qualquer preferência por uma ou outra tigela, as crianças lhe davam, majoritariamente, o lanche de que ela havia gostado mais: nos casos de *incompatibilidade*, davam brócolis; nos de *compatibilidade*, salgadinhos.

Esse teste demonstra que as crianças entendem muito bem a etapa dos *desejos diferentes*: que pessoas diferentes têm vontades, anseios e desculpas diferentes. Enquanto uma criança prefere o salgadinho, Betty prefere brócolis. Crianças um pouco mais velhas sabem explicar isso muito bem:

Ross (3 anos e meio): Isso está muito amargo... Não gostei. [Passa o pão para o pai.]

Pai: E o que a faz pensar que o papai vai gostar?

Ross: Porque você gosta de coisas amargas, então pode comer.

Subindo Degraus

As distinções feitas nessas cinco etapas podem parecer excessivamente detalhadas. Afinal, as crianças alcançarão uma compreensão da teoria da mente sem que saibamos de todos os pormenores. No entanto, como vimos no Capítulo 3, são alguns desses detalhes sobre o momento em que adquirem essas habilidades que poderão afetar suas vidas futuras.

Pesquisadores analisaram centenas de crianças em idade pré-escolar a respeito de sua compreensão das cinco etapas da Escala da Teoria da Mente (assim a chamaremos), em países como Estados Unidos, Canadá, Austrália, Alemanha, entre outros.[3] Conforme mostra a Figura 6.2, elas aprendiam as etapas passo a passo, degrau a degrau, sempre na mesma ordem e em progressão linear. Assim, se uma criança pequena souber de apenas uma coisa, será da primeira etapa, a dos desejos diferentes; da mesma forma, se souber três coisas, serão as etapas correspondentes aos desejos diferentes, às crenças diferentes e ao conhecimento-ignorância. Em suma, as crianças não dominam as habilidades à direita da figura (crenças falsas, por exemplo) sem antes dominarem as da esquerda (crenças diferentes).

Portanto, o aprendizado da teoria da mente segue a regra geral da aprendizagem de qualquer teoria, incluindo, é claro, sua primeira característica principal, conforme delineada no Capítulo 5: **as teorias da mente se desenvolvem em uma progressão de etapas.**

Nós também determinamos a idade média em que as crianças começam a dominar cada etapa — números confirmados em muitas nações ocidentais. É o que mostra a Figura 6.2: a grande maioria domina todas as etapas com cerca de 5 anos e meio de idade.

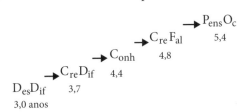

Figura 6.2 Os degraus na compreensão da teoria da mente: Des_{Dif} = desejos diferentes; Cre_{Dif} = crenças diferentes; Conh = conhecimento-ignorância; CreFal = crenças falsas; PensOc = pensamentos ocultos. Os números na parte de baixo indicam a idade média (em anos) em que as crianças compreendem cada etapa.

O desenvolvimento da teoria da mente pode sofrer certos atrasos, como no caso de crianças surdas filhas de pais ouvintes, que podem ser tão longos quanto os de crianças com autismo, embora as causas sejam completamente diferentes.

A Figura 6.3 também mostra o progresso das crianças na Escala da Teoria da Mente, mas diferencia surdos de ouvintes. Fica claro que, apesar de avançarem a escala na mesma ordem, os filhos surdos de pais ouvintes padecem de um ritmo mais lento, apreendendo cada etapa um pouco mais tarde.

Crianças Surdas com Pais Surdos

Para 5% de crianças surdas que têm pai, mãe ou ambos os pais surdos, as habilidades são muito diferentes. Assim como as crianças ouvintes, elas são submersas em linguagem e comunicação social desde o berço; a única diferença concreta é que isso se dá por meio de sinais, e não de palavras. Os chamados *sinalizantes nativos* avançam, degrau a degrau na Escala da Teoria da Mente, seguindo o mesmíssimo itinerário das crianças ouvintes.

Por outro lado, os 95% das crianças surdas restantes, filhas de pais ouvintes, sofrem atrasos no acesso à linguagem, já que esta é majoritariamente verbal. Além disso, se aprenderem a língua de sinais, como Mallie, isso acabará acontecendo um pouco mais tarde na vida. Essas crianças são chamadas de *sinalizantes tardios*. Seu atraso na mentalização (outro nome para a teoria da mente, não custa lembrar) costuma ser severo, estendendo-se até o início da adolescência e podendo avançar na idade adulta. Isso é alarmante porque, como vimos, até pequenos atrasos na teoria da mente infantil podem influenciar diretamente na aquisição de habilidades sociais, na interação com os colegas e na própria transição para a escola.

Acima de tudo, as crianças surdas mostram que a teoria da mente é algo aprendido, e não inato. Isso quer dizer que ela não tem nada de inevitável; do contrário, os filhos surdos de pais ouvintes aprenderiam no mesmo ritmo das crianças ouvintes. A comunidade de surdos da Nicarágua reforça essa conclusão, como veremos adiante.

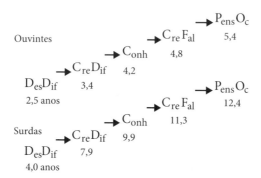

Figura 6.3 Os mesmos degraus na compreensão da teoria da mente aplicados a crianças ouvintes e a crianças surdas filhas de pais ouvintes. Tal como na Figura 6.2, Des$_{Dif}$ = desejos diferentes; Cre$_{Dif}$ = crenças diferentes; C$_{onh}$ = conhecimento-ignorância e assim por diante. Os números novamente indicam a idade média em que as crianças compreendem cada etapa.

Assistindo à Formação de uma Língua de Sinais

As línguas de sinais não são como pantomimas ou gestos que usamos em brincadeiras nem como o sistema de sinais que os nativos americanos desenvolveram para o comércio entre tribos. Elas são, primeiramente, idiomas completos que utilizam estruturas gramaticais e sentenciais tão complexas quanto as verbais. Além disso, diferem tanto entre si quanto o espanhol difere do chinês, e o chinês, do inglês; de fato, suas distinções são ainda mais amplas. Enquanto pessoas falantes dos Estados Unidos, Austrália e Grã-Bretanha se entendem, por exemplo, apesar das respectivas variações na língua inglesa, as pessoas que utilizam LSA, a Língua de Sinais Australiana (Auslan) e a Língua de Sinais Britânica (LSB) não conseguem sequer se comunicar.

As línguas de sinais se desenvolvem quando comunidades de surdos convivem e interagem ao longo de várias gerações. Até recentemente, a Nicarágua não tinha uma linguagem de sinais porque as pessoas surdas viviam isoladas; na grande maioria das vezes, uma única delas viveria em uma pequena comunidade rural. Mas, em 1979, quando os sandinistas tomaram o poder no país, houve uma reforma no sistema educacional. Entre outras mudanças, eles criaram uma escola para surdos em Manágua, a capital, que muitas crianças surdas de todo o país passaram a frequentar.

A escola utilizava um método estritamente "oralista": o foco era treinar as crianças em leitura labial e exercícios orais, para tentar ensinar a fala. As aulas eram ministradas por professores ouvintes, e não surdos. Essa foi, aliás, a principal abordagem histórica na educação de surdos e, continuamente, os resultados foram desastrosos. Na Nicarágua não foi diferente.

O mais interessante, no caso particular desse país, é que, nos ônibus, no recreio e na hora do almoço, as crianças estavam sempre gesticulando entre si para se comunicarem. O primeiro grupo de estudantes — aqueles que chegaram nos primeiros dois ou três anos de existência da escola — chegou a criar um sistema de comunicação gestual bastante rudimentar.

Quando o segundo grupo chegou, alguns anos depois, eles entraram em contato com esse sistema inicial e, *então*, o aprimoraram. Foram acrescentados tempos aos verbos, modificadores aos substantivos, e as crianças passaram a utilizar sentenças cada vez mais longas — ou seja, tornaram o sistema mais complexo, mais lapidado.

Um terceiro grupo, que chegou alguns anos mais tarde, refinou ainda mais essa linguagem, para desenvolver o que acabaria ficando conhecido como o Idioma de Sinais Nicaraguenses (ISN), que nada mais é, portanto, do que o produto coletivo de uma comunidade de estudantes surdos interagindo entre si, sucessivamente.

No aprendizado de qualquer idioma, falado ou gesticulado, há um período crucial para se tornar fluente. A menos que você seja exposto a um idioma suficientemente cedo na vida, sempre terá algum sotaque na pronúncia ou cometerá erros gramaticais dignos de quem aprendeu com um livro de frases prontas.[*]

Foi exatamente isso que aconteceu com o primeiro grupo de sinalizantes do ISN, que o aprenderam em plena adolescência: eles eram, essencialmente, usuários não nativos e simplistas de um sistema gestual truncado. Seus sinais davam conta apenas do aqui e agora: termos para "gato", "correr" ou "casa" eram costurados rapidamente em frases rudimentares como "gato corre casa". Essa primeira geração tinha poucas palavras para as coisas não observáveis e nenhuma para os estados mentais de uma pessoa (desejos, ideias ou mentalizações), tampouco para ações como "pensar" e "querer".

Isso foi se alterando ao longo do tempo, com a sucessão dos grupos escolares. No terceiro deles, os mais jovens já haviam desenvolvido suficientemente o idioma para que se tornasse o que é atualmente, completamente estabelecido. As pessoas fluentes no ISN têm, hoje, um conjunto completo de palavras e estruturas linguísticas, incluindo termos para diversos estados mentais.[4]

Para nossa sorte, um estudo longitudinal foi realizado com o primeiro grupo de usuários do ISN: aqueles que cresceram sem uma gramática que expressasse estados mentais. Quando foram testados, aos 22 anos de idade, a maioria deles não conseguiu passar nos testes básicos de crenças falsas (ou seja, eles nem sequer haviam superado o quarto nível da Escala da Teoria da Mente, o qual as crianças nicaraguenses ouvintes já dominavam completamente aos 5 anos).

No entanto, ao longo dos anos seguintes, esses adultos ingressaram em um clube social de surdos. Lá, aprenderam diversos sinais — inclusive para estados mentais — em conversas com o grupo mais jovem que cresceu utilizando-os. Sua sofisticação gramatical não se alterou muito a partir daí, mas o vocabulário, sim. Tanto que, quando foram testados novamente, aos 25 anos, seu desempenho no teste de crenças falsas já havia melhorado a ponto de competirem com os do grupo mais jovem.

O processo para o aprendizado da teoria da mente depende inteiramente das experiências pelas quais as crianças passam; por isso, pode ser freado. Felizmente, no entanto, também pode vir a ocorrer na idade adulta.

Reforçando a Teoria da Mente

Como vimos até aqui, é possível que uma situação adversa cause atrasos nítidos na teoria da mente das pessoas, com diversas outras consequências negativas. Mas e no caso de uma situação favorável? Ela poderia acelerar ou melhorar o desenvolvimento, gerando consequências mais positivas?

---

[*]São raros os casos em que um indivíduo adulto consegue dominar a língua como se fosse um "nativo".

Jennifer Amsterlaw, Marjorie Rhodes e eu decidimos responder a essa questão focando um ponto central: a compreensão das crenças falsas. Em alguns estudos[5], analisamos crianças de 3 anos de idade que falharam sistematicamente nos testes de crenças falsas. Metade delas foi designada para um grupo basal, em que seriam analisadas sem que nada fosse alterado em seu entorno. Como crianças dessa faixa etária normalmente precisam de um a três anos para passar de péssimo a ótimo desempenho em crenças falsas, não é de se surpreender que, nas doze semanas em que decorreu o estudo, os membros desse grupo praticamente não mostraram qualquer progresso nessa habilidade.

A outra metade das crianças, por sua vez, foi designada para um grupo experimental, em que receberiam diversos estímulos e teriam vivências mais intensificadas. Durante as várias sessões ao longo de seis semanas, foram expostas a dezenas de situações encenadas que envolviam crenças falsas: Max procurava pelo doce escondido; Sarah deixava sua boneca favorita na brinquedoteca, mas alguém a levava para o quarto quando ela não estava olhando; o cachorro de José fugia e se escondia na garagem etc. Logo depois de cada uma das encenações, solicitávamos às crianças que adivinhassem para onde a outra criança, que estava à procura do objeto, iria primeiro.

De início, suas previsões falharam; afinal, elas já tinham falhado consistentemente em testes anteriores. Diziam, por exemplo, que Sara procuraria sua boneca no quarto onde a colocaram, ainda que ela mesma não soubesse que a haviam mudado de lugar.

Depois das previsões, as crianças viram Sara ir até a brinquedoteca, e não até o quarto. Então, perguntávamos: "Por que ela fez isso?"

O que quer que a criança respondesse, o pesquisador lhe dizia: "Entendi, obrigado."

Inicialmente, suas explicações eram precárias e desvirtuadas. Elas podiam, por exemplo, dizer coisas irrelevantes sobre os desejos de Sara: "Ela mudou de ideia porque já enjoou dessa boneca"; ou apenas coisas como "Não sei".

Ao longo da experiência, entretanto, as explicações melhoraram. As crianças começaram a dizer coisas como: "Ela não viu que trocaram a boneca de lugar"; "Ela não sabe que a boneca não está mais lá"; ou "Ela acha que a boneca está na brinquedoteca". Observe que essas mudanças ocorreram sem que as crianças recebessem qualquer feedback além de um "obrigado".

As previsões de crenças falsas das crianças também melhoraram — seus acertos passaram de basicamente 0% para cerca de 70% ao final das doze sessões.

Com isso, aprendemos que o raciocínio da teoria da mente em crianças pode ser aprimorado, além de aprender como isso pode ser feito. Exigir que elas façam previsões seguidas de explicações lhes dá a oportunidade de criar, desenvolver e explicar teorias, o que, por sua vez, acaba provocando esses aprimoramentos (Barra Lateral 6.1).

Os estudos apresentados, somados aos dados sobre crianças surdas, inscrevem no percurso geral sua parte relacionada à segunda característica principal dos aprendizados de uma teoria: **o fato de que as mudanças (nesses casos, na teoria da mente) surgem e crescem com base em evidências, por isso experiências distintas geram diferentes processos e sequências de compreensão.**

Barra Lateral 6.1 Por que Tanto Por quê?

Em nossos estudos, nos concentramos em ter crianças explicando coisas. As crianças menores querem explicações prontas e são fascinadas por um porquê de as coisas acontecerem. É por isso que a maioria delas, quando em idade pré-escolar, passa por um período em que não param de perguntar "Por quê?", "Por quê?", "Por quê?", deixando muitos pais malucos.

FILHO (3 anos e 9 meses): Você come caramujos?

MÃE: Sim, eu e várias outras pessoas.

FILHO: Por quê?

MÃE: Porque gostamos do sabor.

FILHO: Mas por quê? Eu não gosto... Por que tantas pessoas gostam?

O tópico de maior interesse dessas crianças pequenas é saber por que as pessoas fazem o que fazem.

Como vimos, experiências benéficas podem acelerar o desenvolvimento da teoria da mente nas crianças, e a falta delas pode retardá-lo. Uma experiência vantajosa de primeira grandeza é quando uma criança precisa explicar as coisas, visto que isso incentiva tanto a elaboração quanto a revisão de uma teoria. De fato, em pesquisas correspondentes, as crianças que se explicam melhor em conversas com os pais obtêm, também, um melhor desempenho nos testes de crenças falsas realizados em laboratório.

As crianças, assim como os adultos, criam teorias para prever e explicar os acontecimentos; da mesma forma, quando suas previsões falham, elas lidam com isso para tentar encontrar uma explicação melhor. Com base nessas experiências, então, elas formam uma teoria revisada. Foi exatamente isso que estimulamos em nossos estudos.

As Sequências Podem Variar?

Até agora, a discussão tem sido majoritariamente sobre processos. Mas e as sequências em si? Se a teoria da mente é aprendida por meio de experiências, então experiências distintas também devem alterar a ordem das etapas sequenciais. Um experimento comum, que compara crianças crescidas em culturas ocidentais a crianças chinesas, ilumina alguns aspectos dessa hipótese.

Diversos pesquisadores concordam que as culturas ocidentais e asiáticas diferem dramaticamente em termos de individualismo contra coletivismo. Enquanto as pessoas no Ocidente se concentram mais em suas individualidades e em uma independência pessoal, as chinesas mantêm uma tradição asiática predominante, mais ligada ao coletivo e à interdependência entre grupos. Os historiadores remontam essas diferenças a Aristóteles, de um lado, o qual tinha como foco a verdade, a subjetividade e a crença, e a Confúcio, do outro, mais centrado no conhecimento pragmático e consensual que as pessoas "corretas" deveriam aprender.

Segundo alguns dados, os pais chineses, em conversas com suas crianças, comentam sobre "saber" quem tem uma compreensão boa e correta e quem não tem. Nos Estados Unidos, por outro lado, os pais costumam comentar sobre "pensar" e sobre as diferenças entre as ideias e intenções de cada pessoa.

Em consonância com esses argumentos, os alunos de educação infantil chineses demonstram, invariavelmente, uma sequência distinta de mentalização na Escala de Teoria da Mente. A Figura 6.4 compara crianças nos Estados Unidos e na Austrália com crianças que cresceram em Pequim, a capital da China. Todas compreendem primeiramente a etapa dos desejos diferentes. Em seguida, no entanto, enquanto as ocidentais aprendem crenças diferentes, as chinesas aprendem conhecimento-ignorância; ou seja, as etapas 2 e 3 são invertidas.

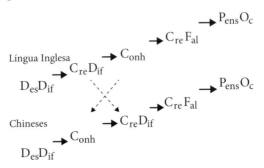

Figura 6.4 Sequências de aprendizagem da teoria da mente comparando alunos de educação infantil em Pequim a alunos norte-americanos e australianos, de língua inglesa.

Comparações como essas mostram que as crianças podem subir os degraus de compreensão da teoria da mente de maneiras diferentes, dependendo do lugar em que estiverem.[6] Embora, ao final do processo, a maioria delas alcance um conjunto de ideias e habilidades "padrão" para decifrar mentes, a sequência de suas aquisições é moldada por suas variáveis culturais.

Esses estudos adicionais reforçam, ainda, a segunda característica do aprendizado de teorias, mencionada anteriormente: **as mudanças crescem com base nas evidências, de modo que experiências distintas podem gerar diferentes processos e diferentes sequências de compreensão** — sendo que ambos dependem, diretamente, das experiências sociais e de comunicação das crianças.

Teorias Geram Teorias

Resta falar da terceira característica da aprendizagem baseada em teorias: **teorias prévias restringem, mas também possibilitam as subsequentes.**

Em média, em nossas sessões de treinamento de teoria da mente, as crianças se aprimoraram bastante, mas o alcance de suas proezas também variou muito. No pós--experimento, algumas acertaram 100% das tarefas de crenças falsas, enquanto outras, apenas 50%, e algumas até menos. Todas elas, no entanto, foram expostas às mesmas experiências de treinamento. Por que, então, os resultados foram tão diferentes?

Em alguns estudos, fizemos testes iniciais para descobrir em que nível elas se encaixavam na Escala de Teoria da Mente. No pré-experimento, em contraste com o pós, todas falharam persistentemente em testes de crenças falsas (Etapa 4). Porém cerca da metade delas já havia compreendido conhecimento-ignorância (Etapa 3), enquanto a outra metade havia conseguido apenas crenças diferentes (Etapa 2). Ou seja, alguns iniciaram o experimento mais adiante na progressão da teoria da mente do que outros.

Ao final dos estudos, 75% das crianças que já tinham atingido a terceira etapa (conhecimento-ignorância) conseguiram passar nos testes de crenças falsas; entre as que atingiram apenas a segunda (crenças diferentes), no entanto, nenhuma conseguiu.

O avanço das crianças dependia de suas experiências, é claro; por isso apenas aquelas com o devido treinamento progrediam; no entanto, também dependia de quanto ela já entendia quando iniciou o treinamento. Assim, a maioria das crianças que começaram já tendo alcançado a terceira etapa conseguiu, ao final, compreender as crenças falsas — a etapa seguinte —, enquanto a maioria das que começaram pela segunda etapa, não.

Isso constitui uma evidência da terceira característica geral das teorias: neste caso, que o progresso de uma criança depende não apenas de suas experiências formadoras, mas também de suas teorias iniciais. Ou seja, quanto mais próximas as crianças estavam de uma compreensão de crenças falsas, mais viável era seu respectivo aprendizado — e elas realmente melhoraram. De forma análoga, quanto mais distantes da compreensão, mais restrito era esse mesmo aprendizado.

Construindo com Blocos

A aprendizagem infantil não se dá apenas por meio do acúmulo de conhecimentos ou probabilidades — isso seria prospecção de dados. O processo se assemelha muito mais a um cientista que constrói novas teorias com base nas anteriores. Copérnico elaborou a sua com base na de Ptolomeu, por exemplo, valendo-se de novas informações; depois Galileu usou a dele como base e assim em diante. As crianças constroem suas teorias da mente com base em habilidades e experiências prévias.

Uma compreensão inicial sobre vontades e desejos lhes permite entender parcialmente as pessoas e seus comportamentos. Papai gosta muito de rosquinhas, então ele vai até o armário para pegar uma. Mas se, em vez disso, ele for procurar na geladeira? Você e eu podemos pensar obviamente: "Ele não sabe onde estão as rosquinhas" (conhecimento-ignorância) ou "Talvez ele ache que elas estão na geladeira" (crença falsa).

Para a criança que tem uma compreensão limitada das vontades, no entanto, isso constitui um verdadeiro enigma. "Por que papai não foi procurar no armário, já que ele quer a rosquinha?" Assim, conforme ela tenta explicar para si mesma a situação, aprende algumas concepções novas sobre as pessoas. Por exemplo, que não é só a vontade que conta; os pensamentos de uma pessoa também são importantes e, às vezes, até mais importantes.

Quer dizer que as crianças realmente constroem uma teoria da mente passo a passo? Isso não parece lá muito "coisa de criança". No entanto, observamos essas mesmas crianças construindo torres de brinquedo com blocos, colocando os maiores na base, para sustentar os menores que ficam por cima. Depois, os vemos tombando essa torre, somente para revisarem seu planejamento e, então, reconstruí-la com mais esmero, sempre mais altas. A construção com blocos é, inclusive, uma das tarefas mais utilizadas em testes de QI para crianças em idade pré-escolar: torres mais altas e de maior complexidade exigem e revelam uma inteligência mais avançada nesse período da vida.

Montar uma teoria da mente é um processo similar, se apenas menos visível, ocorrendo por meio de explorações, descobertas e etapas. Nesse caso, a criança utiliza como ferramentas blocos cognitivos e um conjunto cognitivo de ideias. Esse processo, que inicialmente foi um tanto misterioso para os estudiosos do período da infância, sempre foi brincadeira de criança para a meninada — simples como construir com blocos de verdade.

A teoria da mente, então, é como essa torre de blocos, construída em etapas que não apenas iluminam sua natureza, mas também nos mostram o que é necessário para podermos progredir. Por isso, as crianças devem aprender a construir e a reformar suas teorias. Afinal, elas são uma conquista monumental da infância e nos permitem vir a decifrar mentes na vida adulta. São, assim, um presente de nós para nós mesmos, da infância para a maturidade — uma habilidade que continuamos a utilizar e a desenvolver pelo resto de nossas vidas.

7

Baby Boom
Onde Começa a Decifração de Mentes

O livro *Decifrando Mentes* começa pelas crianças em idade pré-escolar justamente porque elas são uma espécie de estação intermediária: suas realizações são o destino de aprendizados prévios e o ponto de partida para aprendizados futuros. Suas compreensões, por outro lado, brotam de uma fonte anterior.

A primeira mensagem deste capítulo é: bebês não são os seres irracionais que os cientistas costumavam imaginar. Mesmo no primeiro ano de vida, eles têm um conhecimento surpreendente sobre seus mundos sociais — eles podem até ser pequenos, mas suas mentes não o são. Mensagem nº 2? Esse conhecimento não é algo que adquirem por natureza. Em vez disso, entre suas habilidades inatas, encontra-se uma predisposição extraordinária para aprender coisas, especialmente sobre o mundo social.

Antes dos 2 anos de idade, momento considerado o final do período sensório-motor, as crianças já têm uma base geral para todo o desenvolvimento que está por vir, preparando o cenário para o amplo crescimento de suas compreensões sociais. Os bebês aprendem a estabelecer essa base observando cuidadosamente e juntando as peças, como alguém que monta uma torre com blocos.

Durante muito tempo, ninguém sabia nada disso. E como poderíamos saber? Essas pessoinhas pequenas não sabem falar e mal conseguem controlar seus corpos. Foram necessários anos de ingenuidade e espírito investigativo para descobrirmos quanto os bebês são inteligentes, e a história dessas descobertas é quase tão surpreendente quanto as descobertas em si.

A Compreensão Social dos Bebês

Muito antes de os pesquisadores, os pais já afirmavam que seus filhos tinham uma compreensão social desde tenra idade. O primeiro momento em que percebi isso foi quando Trey tinha apenas alguns meses: ao olhar para um pássaro, percebi que Trey virou a cabeça para poder olhar também; logo depois, ele virou para mim e abriu um sorriso.

"Ah", pensei comigo mesmo, "Trey e eu estamos compartilhando um interesse." É como se ele me dissesse à sua maneira: "Você gosta disso, e eu também."

Mas será que era verdade? Ou era apenas minha mente atribuindo a Trey pensamentos, emoções e desejos que sequer existiam em uma criança tão nova, apenas porque eu queria que estivessem lá? Poderia um bebê entender os gostos de outra pessoa? Não parece mais razoável supor que seus olhares e sorrisos sejam ativados automaticamente, talvez em virtude de algum instinto desconhecido?

Durante décadas, esse foi o consenso científico, embora os pais e as mães pensassem diferente. O mundo infantil, segundo afirmou William James, o pai da psicologia acadêmica, em 1890, era uma "confusão exuberante, repleta de excitações". Ele e seus contemporâneos acreditavam que os eventos desfilavam perante os sentidos de um bebê, puxando sua atenção para lá e para cá, em uma dança absurda e sem qualquer significado. Ninguém sugeriu, à época, qualquer princípio estruturante, como uma teoria da mente.

Então, será que Trey sabia algo sobre meus gostos ou sobre compartilharmos uma experiência? Ou era apenas minha perspectiva paterna otimista, desejando que assim o fosse? O que, *de fato*, os bebês pensam sobre as pessoas? E como, afinal, os cientistas poderiam descobrir mais sobre isso?

Como É Feito

Historicamente, pouquíssimos escritos sobre a compreensão social das crianças foram efetivamente realizados. A vasta sabedoria prática das mães, avós e parteiras era transferida oralmente, e apenas os diários ofereciam informações mais duradouras: geralmente anotações corriqueiras de um dos pais sobre o crescimento de seus bebês ao longo do tempo. Não havia sistematizações comportamentais nem nada do tipo, apenas percepções cotidianas ou um foco excessivo em partes específicas da aprendizagem, como as primeiras palavras do bebê ou suas aquisições motoras — rolar, sentar, engatinhar, andar. Foi assim até que um conjunto de diários publicado por Jean Piaget, na década de 1930, alterasse os rumos; havia ali uma notável sistematização e um detalhamento exaustivo do cotidiano infantil, fatores inéditos naquela época.

Esses diários apresentavam horas de registros habilmente organizados, perspicazes e detalhados sobre os primeiros anos de vida de seus três filhos.[1] Foram todos escritos à mão e em papel, já que Piaget não tinha quaisquer dispositivos de gravação ou computadores para facilitar seu trabalho. Ao lermos essas anotações exaustivas, parece impossível que tenham sido obra de uma única pessoa — e, de fato, não foram. Muitas delas foram registradas pela esposa de Piaget, Valentine, que também era uma cientista capacitada, mas que permanecia em casa com as crianças enquanto Piaget estava na universidade. Sabemos disso apenas por meio de investigações históricas, afinal o próprio Piaget nunca mencionou a autoria de sua esposa. Os diários caracterizam um empenho científico emblemático e absolutamente valoroso, até os dias atuais; no entanto, vale frisar que constituem o trabalho de dois observadores, e não apenas um.

Preferências

Piaget concluiu que até mesmo os recém-nascidos têm certas preferências visuais e auditivas, que agora sabemos serem aquelas produzidas pelos seres humanos. Por que isso importa? Bem, uma atenção a mais para situações humanas ajuda a impulsionar uma vida de aprendizados sociais; esse foco, por sua vez, serve de estímulo para um organismo — um jovem humano — que precisa entender seu mundo social para sobreviver.

Somente décadas após as observações de Piaget é que os cientistas encontraram métodos por meio dos quais conseguiram documentar que os bebês, de fato, priorizavam o mundo das pessoas. Em 1961, Robert Fantz, em uma universidade em Cleveland, foi o primeiro a analisar sistematicamente a atenção visual dos bebês.[2] Ele lhes mostrava um cartaz que tinha o desenho de um rosto em uma metade e de um alvo na outra. Além disso, o cartaz tinha um pequeno buraco pelo qual Fantz espiava do outro lado para poder observar os olhares dos bebês.

Ele descobriu que, estatisticamente, os bebês de 2 meses olhavam duas vezes mais para o rosto desenhado do que para o alvo. Então se perguntou: será que os bebês preferem rostos ou apenas se interessaram pela figura mais complexa?

Com base nesse experimento, ele refinou seu método, colocando, ao lado do rosto, uma figura igualmente complexa. Ainda assim, sem sombra de dúvida, os bebês olhavam muito mais para o rosto humano. Prosseguindo em seus estudos, ele pôde determinar que os bebês são ainda mais distintivos do que isso: com apenas algumas semanas de idade, uma criança preferia olhar para uma foto do rosto de sua mãe do que para uma com o rosto de outra mulher, ainda que tivesse o cabelo da mesma cor e tamanho.

Outros pesquisadores foram além ao apontarem que os bebês também demonstravam preferências por quanto e quão forte sugavam. Isso ocorre, por exemplo, quando estão famintos. Todavia, mesmo quando não sentem fome, eles ainda gostam de sugar e ficam mais afobados se veem ou ouvem algo que lhes interessa.

Ao utilizar chupetas desenvolvidas para registrar automaticamente a sucção, os pesquisadores descobriram que a atenção dos bebês aos sons, assim como às visões, também é social. Bebês com apenas alguns dias sugam mais quando ouvem a voz da mãe do que quando ouvem a voz de um estranho. Pesquisas posteriores mostraram, aliás, que o som que os bebês mais gostam de ouvir é a voz de suas mães.[3]

Para que os bebês registrem esse tipo de atenção, é necessário muito mais esforço do que você imagina. Afinal, sugar dá trabalho, e sugar com força dá mais trabalho ainda; se necessário, eles também vão além — sugam vigorosamente —, apenas para continuarem ouvindo a voz da mãe.

Obviamente, essas descobertas não mostram o que as crianças pensam, apenas como participam mais ativamente. Não podemos dizer, por exemplo, que Sammie "prefere" a voz de sua mãe a outra voz qualquer, apenas que ele dá mais atenção a ela, mesmo que isso lhe dê mais trabalho. De qualquer maneira, essa capacidade precoce de direcionar o foco da atenção para seres humanos provavelmente ajudou os antepassados de Sammie a sobreviverem, e agora o ajuda em seus próprios aprendizados.

Depois que os cientistas perceberam que podiam determinar o foco de atenção dos bebês, também quiseram saber se eles conseguiam entender as informações sociais recebidas. Isso já apontava para os primórdios de uma teoria da mente, que floresceria mais adiante na infância.

Encontrar qualquer tipo de método, no entanto, parecia algo irresolúvel. Os bebês têm um alcance muito limitado: sem palavras e poucos gestos deliberados. Os pesquisadores levaram até a década de 1980 para decifrarem esse código. A nova metodologia exploraria, então, o fato de que os bebês ficam entediados ao ver a mesma coisa com muita frequência; eles começam a desviar o olhar. Mostre para Susie a mesma foto da mãe diversas vezes e, eventualmente, ela se entediará e olhará para qualquer outra coisa. Por outro lado, se você mostrar a foto de um estranho, ela olhará com aparente interesse, mesmo que normalmente prefira olhar para a mãe. Isso ocorre porque Susie reconhece o estranho como uma novidade, e um bebê entediado prefere olhar para algo novo.

Esse método direciona ao bebê uma simples pergunta de resposta "sim ou não": "Isso é novo para você?" Se a criança atentar por bastante tempo, a resposta é sim; do contrário, é não. Os pesquisadores da infância usaram essas respostas, chamadas de violação da expectativa, para aprofundarem o tema. Perguntas do tipo "sim ou não" passaram a ser reunidas em uma série, visando a descobrir o que os bebês pensam.

A primeira vez que vi isso em ação foi no laboratório de Elizabeth Spelke, uma pesquisadora infantil consideravelmente famosa em Harvard. Ela foi pioneira nos métodos de violação da expectativa e, no caminho, acabou mudando radicalmente nossa perspectiva sobre a cognição humana. O laboratório de pesquisa que ela preside é como uma colmeia, apinhada de assistentes de pesquisa conduzindo simultaneamente vários estudos sobre diferentes aspectos da cognição infantil.[4] Spelke ganhou um apelido carinhoso: "dama do bebê". Foi em seu laboratório que aprendi a fazer pesquisas infantis. Inclusive, os procedimentos utilizados em meu Projeto de Cognição Infantil (também conhecido como "Laboratório do Bebê"), em Michigan, são diretamente inspirados pelos dela, assim como a maneira pela qual recrutamos os pais para levarem seus bebês ao laboratório, a maneira pela qual treinamos nossos assistentes, entre várias outras coisas.

O trabalho de Spelke, até muito recentemente, centrou-se no que os bebês pensam sobre o mundo físico de bolas, paredes, mesas e chocalhos. Eu, no entanto, desejava saber mais sobre o que eles pensavam em relação ao mundo social, o das pessoas e das mentes.*

Como os Bebês Entendem as Pessoas

Quando você escuta sobre "o que os bebês pensam das pessoas", pode parecer improvável. Bebês pensando? Desde os primeiros meses de vida? Eles não estão apenas olhando em volta, às vezes atentos, às vezes distraídos…? Eis que voltamos à mesma pergunta: como podemos reunir evidências científicas para determinar isso?

Na década de 1990, Amanda Woodward, ex-aluna de pós-doutorado de Spelke, deixou Harvard rumo à Universidade de Chicago, onde começou a utilizar o método da violação de expectativa para analisar o que os bebês entendiam sobre as pessoas.[5] Woodward, auxiliada por um pequeno dínamo e por sua equipe de assistentes, fez uma breve encenação para bebês com menos de 4 meses de idade que se dava da seguinte forma: Susie vê um homem sentado entre dois objetos — um sapo de brinquedo em um tapete laranja, à sua direita, e um pato de brinquedo em um tapete roxo, à sua esquerda. O homem olha para ela e diz: "Oi, Susie." Em seguida, ele agarra o sapo à direita, sem movê-lo. Uma assistente, então, mede por quanto tempo ela detém o olhar naquele quadro vivo até desviá-lo. A mesma encenação é executada outra vez, e mais uma vez, até que Susie o olhe apenas de relance.

Eis a pergunta central de Woodward: como o bebê registra essa encenação? Será que Susie vê isso meramente como um movimento repetitivo ou vai além? Será que ela pensa "esse homem quer o sapo"? As encenações seguintes — os eventos de teste — respondem a essas questões.

Enquanto Susie não estava olhando, a posição dos objetos foi trocada. Metade das vezes, então, o homem agarrou um novo objeto à sua *direita* — o pato, e não mais o sapo. O que se vê, aqui, é um *movimento repetido*, mas para um *novo objeto*. Na outra metade, o homem agarra o sapo à sua *esquerda*; nesse caso, os bebês veem um *novo movimento* para um *objeto repetido*.

Essas cenas testaram como Susie e os outros bebês enxergaram os movimentos anteriores: eram apenas movimentos repetitivos, de modo que, sem nenhuma razão

---

*A própria Spelke declarou recentemente: "Esse tempo todo estive dando objetos para os bebês segurarem ou girando-os em uma sala para ver como a percorreriam, quando o que eles realmente queriam fazer era interagir com outras pessoas! Por que demorei trinta anos para perceber isso?"

72 DECIFRANDO MENTES

específica, o homem continuou esticando o braço para a direita? Ou, na verdade, era *porque ele queria o sapo?*

Se os bebês vissem a encenação anterior em termos de vontade desse homem, e não apenas de seus movimentos, então era mesmo de se esperar que ele agarrasse o sapo nessa encenação (o *novo movimento* para alcançar o *objeto antigo*). Ele o agarra novamente porque é isso que deseja. "Isso é novo para você? Não."

No entanto, se o homem fizesse o movimento antigo para agarrar um novo objeto (o outro caso), isso deveria pelo menos chamar sua atenção. Afinal, eles esperavam que o homem quisesse o sapo e, em vez disso, ele pegou o pato. "Isso é novo para você? Sim!" Especificamente falando, isso violou suas expectativas, ainda que o homem repetisse o mesmo movimento (esticando o braço para a direita) que eles já tinham visto várias vezes.

Bebês de 4 meses respondendo (figurativamente) que "Sim, isso é inesperado" para a encenação do homem pegando o pato é algo que sugere uma interpretação da parte deles — a de que esse homem tem desejos. Que ele pega o sapo porque o deseja. Esse é o primeiro passo de uma criança em direção a uma teoria da mente.

Mas será mesmo? E se nossa interpretação estiver muito influenciada pela própria teoria da mente? E se os bebês estiverem, de fato, prospectando dados, assim como o Deep Blue e Temple Grandin? E se estiverem, ainda, associando homem, alcance, sapo e tapete laranja de maneira automática, em vez de conectá-los aos desejos e objetivos dele?

Como é de se esperar, os pesquisadores também elaboraram uma encenação para testar isso. E é aqui que entra meu Laboratório do Bebê. Nessas encenações, uma mulher observa uma caixa transparente cheia de brinquedos pequenos: quinze patos e cinco sapos, para ser mais específico.[6] Metade dos bebês a veem retirar da caixa cinco patos e nenhum sapo; repete-se o teste até o bebê ficar entediado e quase parar de assistir. Essa foi a chamada encenação da Maioria. Os adultos que as assistem dizem coisas como: "Ela sempre pega os patos porque há muitos deles"; ou "Os patos são mais fáceis de pegar."

Outras crianças assistem à chamada encenação da Minoria. Uma mulher, novamente, observa uma caixa cheia de patos e sapos de brinquedos; dessa vez, contudo, os conteúdos estão invertidos: cinco *sapos* e apenas cinco *patos*. A mulher, então, pega todos os cinco patos e nenhum sapo. Novamente, repete-se a cena até esgotar a paciência da criança. Quando adultos a explicam, costumam dizer coisas como: "Essa moça realmente gosta dos patos"; ou "Por alguma razão, ela só quer patos."

Note-se que tanto os bebês quanto os adultos que assistem às encenações da Maioria ou da Minoria veem as mesmas ações: a mulher usando a mão para tirar cinco patos de uma caixa cheia de patos e sapos (mulher, agarra, cinco patos, caixa). No entanto, os adultos que veem a encenação da Minoria afirmam que a mulher, claramente, quer os patos, pois deduzem seu estado mental implícito: uma vontade por patos.

De forma impressionante, os bebês de 10 meses de idade (os mais novos que testamos até agora) fazem o mesmo. Como sabemos disso? Explico: quando os bebês se entediam com essas encenações de Maioria ou Minoria, mostramos uma encenação-teste. Nesta, a mulher se coloca entre duas pequenas tigelas transparentes; uma delas contém os mesmos sapos de brinquedo, e a outra, os patos. A mulher então pega, ao acaso, um dos dois.

Quando pega um sapo, os bebês que acabaram de ver a encenação da Minoria a encaram fixamente, pois pensam que ela gosta mais dos patos. Isso viola suas expectativas — é "algo novo."

Já os bebês que viram a encenação da Maioria, em que havia muitos patos ao alcance da mão, não reagem tanto a *nenhuma* das duas opções. Algo como: "Mais do mesmo... ela só está pegando qualquer brinquedo disponível outra vez."

No caso de crianças um pouco mais velhas, que podem dar e pegar coisas deliberadamente, era permitida uma participação: entregar um brinquedo da própria escolha para a mulher. Aos 18 meses, elas costumam pegar, para a mulher da cena da Minoria, um pato; afinal, foi o que ela mesma escolheu antes. Para a mulher da cena da Maioria, no entanto, elas dão um sapo, ou um pato, ou até mesmo *ambos*, já que ela não demonstrou preferência por nenhum deles, pegando casualmente o que estava à mão.

Essas encenações deixam bem claro que os bebês não estão prospectando dados. Na verdade, compreendem em algum nível os desejos alheios: a mulher prefere patos, o homem gosta dos sapos. Essa é a própria teoria da mente em formação — um primeiro ato de decifrar mentes.

Questões Adicionais

A própria noção de que os bebês podem entender desejos de outras pessoas parece, a princípio, improvável. Foram muitas pesquisas acumuladas sobre esse assunto ao longo do tempo que colaboraram para seu esclarecimento e sua aceitação. Além de várias conclusões surpreendentes sobre a primeira infância, também surgiam novas questões, muitas das quais permanecem sob debate até os dias atuais.

Egocentrismo Primário?

Durante anos, o entendimento predominante era de que os bebês começam suas vidas como criaturas essencialmente egocêntricas, que entendem as outras pessoas apenas em termos das próprias ações e estados, sendo incapazes de registrar as ações e os estados alheios. Piaget afirmou que os bebês mais jovens são determinantemente vinculados às próprias experiências sensoriais: *sua* atenção visual às coisas e *suas* ações motoras, tal como sugar e agarrar. Eles não eram capazes de separar as próprias experiências (*eu* vejo o pássaro e gosto dele) das de outras pessoas (*você* vê o pássaro e gosta dele).

Isso, no entanto, segue o caminho oposto das descobertas que acabei de demonstrar. Nos estudos com sapos e patos, por exemplo, quando os bebês eram convidados a escolherem um dos dois, cerca de metade deles dava preferência aos sapos. Se fossem tão egocêntricos, tal como postula Piaget, eles dariam um sapo para a mulher, pois, em sua perspectiva, ela deseja o mesmo que eles. Na encenação da Minoria, contudo, vimos que os bebês constantemente lhe davam um pato: seguindo a pista das escolhas anteriores, eles descobriram o que *ela* desejava e, ao perceberem isso, agiram de forma correspondente.

O estudo de perspectiva que utiliza brócolis e salgadinhos Goldfish, que mencionei no capítulo anterior, revela exatamente a mesma coisa: os bebês deram brócolis para Betty quando ela demonstrou gostar deles ("Delícia!"), mesmo que eles preferissem os salgadinhos.

Muitas pesquisas demonstraram que, mesmo com apenas 10 meses de idade, os bebês já conseguem compreender que as pessoas têm os próprios desejos. Ao contrário do que dizem os conhecimentos convencionais, até crianças pequenas vão além de uma compreensão egocêntrica de outras pessoas.

Crenças Falsas?

Uma área de divergências específicas é aquela que discute se os bebês realmente compreendem as crenças falsas. E se, de fato, o fazem, isso constitui a emergência daquilo que se tornará, posteriormente, uma teoria da mente plenamente desenvolvida.

Por anos, no entanto, os pesquisadores nem sequer levantaram essa questão. Os estudos sobre a idade pré-escolar eram unânimes: é no período da educação infantil que as crianças desenvolvem um entendimento inicial a respeito das crenças falsas. Para corroborar esse argumento, costumava-se afirmar que era nessa época que as crianças desenvolviam, também, as habilidades de mentir, guardar segredos e persuadir os outros — práticas correntes de crenças falsas. No entanto, inevitavelmente, os pesquisadores começaram a se indagar: será que os bebês já têm algum entendimento inicial sobre esse aspecto?

Em 2005, Kristine Onishi e Renee Baillargeon lançaram um estudo que serviu de base para as pesquisas posteriores nessa área.[7] Novamente, os métodos se basearam no foco de atenção dos bebês ao serem apresentados a encenações que violassem suas expectativas. Baillargeon adquiriu sua experiência em pesquisas infantis da mesma forma que Amanda Woodward: como bolsista de pós-doutorado no laboratório de Elizabeth Spelke.

Na cena introdutória, bebês com 15 meses de idade observam uma adulta colocar uma melancia de brinquedo vermelha dentro de uma caixa verde. Então, eles — mas não a adulta — veem o brinquedo ser realocado em uma caixa amarela vizinha.

Já na cena de teste, os mesmos bebês assistem a uma adulta se aproximar de uma caixa. Para metade deles, era a caixa verde, onde a melancia estava originalmente; para a outra, era a caixa amarela, onde a melancia fora colocada sem o conhecimento da adulta. Qual das metades teve suas expectativas violadas?

A criança que compreendesse o fato de a mulher ter pensado que a melancia ainda estava no mesmo lugar (uma crença falsa) esperaria que ela se aproximasse da caixa verde. Mas se, em vez disso, ela se aproximasse da caixa amarela, sua expectativa de crença falsa seria violada. Esse bebê, então, deveria observar fixamente essa ocorrência. Por outro lado, se ele não compreendesse crenças falsas, esperaria que o adulto fosse até a caixa amarela, onde a melancia realmente estava. O bebê, então, deveria observar mais fixamente ainda enquanto o adulto ia em direção à caixa verde.

Nesse estudo, os bebês de 15 meses deram a resposta de crença falsa: aqueles que viram o adulto se aproximar da caixa amarela observaram esse evento de teste por muito mais tempo do que aqueles que o viram se aproximar da caixa verde.

Esses resultados, ao contrário da pesquisa sobre a compreensão dos desejos dos bebês, para a qual Baillargeon também contribuiu, não puderam ser duplicados de maneira consistente. Em nosso Laboratório do Bebê, por exemplo, não obtivemos os mesmos resultados. Em um sumário recente desses estudos duplicados, um cientista de desenvolvimento, o alemão Hannes Rakoczy, descobriu que cerca de metade das tentativas de utilizar procedimentos de violação da expectativa para apontar uma compreensão de crenças falsas fracassaram. O tópico dessa compreensão infantil geralmente nos obriga, então, a confrontar resultados opostos em uma mesma proporção — metade positivos, metade negativos —, e isso dificulta sua decifração.

Além disso, a parte dos resultados bem-sucedidos mostraria, segundo seus porta-vozes (entre eles, a própria Baillargeon), uma forma anterior, e inata, de compreensão. De acordo com essa interpretação, portanto, os dados revelariam que os bebês compreendem crenças falsas sem qualquer aprendizado exterior. Mas, se nos lembrarmos das experiências realizadas com crianças surdas e filhas de pais ouvintes, poderemos refutar esse argumento.

Conforme expliquei no Capítulo 6, filhos surdos de pais ouvintes são mais lentos na compreensão de crenças, de crenças falsas e de conhecimentos, muito provavelmente porque suas primeiras experiências sociais e comunicativas são muito distintas e acabam retardando esse aprendizado. Mas e quanto aos bebês surdos? Por acaso eles mostram, de acordo com a metodologia de Onishi e Baillargeon, uma compreensão inata e não aprendida de crenças falsas? Se assim fosse, essa compreensão deveria surgir igualmente para todos os bebês, surdos ou ouvintes, pois estaria incorporada a seu desenvolvimento. Se, por outro lado, ela for aprendida, como de fato ocorre, pode também ser atrasada, já que bebês e crianças surdas não acessam as mesmas informações sociais, em virtude das barreiras auditivas e linguísticas que enfrentam.

Em um de meus experimentos recentes favoritos, Marek Maristo e seus colegas na Suécia fizeram um experimento análogo ao de Onishi e Baillargeon, porém, desda vez, com crianças surdas com cerca de 17 meses de vida.[8] Esses bebês *não* apresentaram a resposta de crenças falsas; somente as crianças surdas mais velhas o fizeram e, mesmo assim, seu processo foi tão atrasado quanto o desenvolvimento das outras etapas de suas teorias da mente. Isso sugere, por fim, que um entendimento inato de crenças falsas é altamente improvável.

Na verdade e muito pelo contrário, os entendimentos a respeito de teoria da mente, mesmo aqueles que costumam surgir na infância, dependem diretamente das experiências de vida de uma criança e do aprendizado que decorre dessas experiências. Consequentemente, alguns desses entendimentos podem aparecer cedo na vida, enquanto outros surgem mais para a frente.

Aprendizagem Humana: O Verdadeiro Baby Boom

Sabemos muito, mas não tudo, sobre como começa a decifração de mentes. Isso alimenta um debate contínuo sobre o que é aprendido e o que é inato no desenvolvimento social humano. Elizabeth Spelke, por exemplo, está convencida de que grande parte da compreensão social infantil deve ser inata, pois parte do princípio de que, se os bebês mostram tanto entendimento sobre seu mundo social e tão precocemente, isso não pode ter sido apreendido. Segundo seu raciocínio, milhares de anos de evolução moldaram algumas características essenciais e distintivas nos seres humanos, embutidas desde o nascimento: duas pernas, uma visão ampla *e* uma compreensão de que as pessoas têm estados mentais internos.[9]

Parte desse recorte é, obviamente, verdadeiro. Os seres humanos têm, realmente, dois olhos e duas pernas; também prestam muita atenção ao mundo social em que estão inseridos, incluindo alguns discernimentos bastante precoces, como a compreensão de que os desejos diferem de pessoa para pessoa. Mas isso em si não significa que essas habilidades sejam inatas. Acredito, pessoalmente, que Spelke minimize uma parte fundamental de nosso pensamento, aquela que nos caracteriza como humanos: o fato de termos uma habilidade imensa — e esta, sim, inata — de aprendizado, imbuída com velocidade e escopo inigualáveis. É nosso maior dom, uma vantagem evolutiva absoluta; e a aprendizagem infantil é parte central dessa natureza. Tudo isso nos define.

Somos a espécie que se adapta ao nicho ecológico em que estamos inseridos, e não ao nicho em que começamos há milhares de anos. Enquanto outras espécies sobrevivem por meio de instintos, adaptando-se necessariamente aos próprios nichos, os seres humanos sobrevivem conforme sua capacidade de aprendizado, podendo adaptar-se a praticamente qualquer nicho. Isso pode ocorrer por meio de tecnologias modernas, vestimentas, habilidades de caça e agricultura, domesticação de animais etc. — e tudo começa com nossa capacidade de aprender.

Nossa longa e protegida infância é a janela de acesso especial para essa inclinação ao aprendizado, e podemos nos transformar em eternos aprendizes ao longo de nossas vidas, se pudermos manter resquícios dessa habilidade infantil. Isso nos leva, quando adultos, às ciências, às criações matemáticas, à poesia e à invenção de tecnologias para a manutenção da vida.

O objetivo deste capítulo não é demonstrar apenas que os bebês sabem muito e desde muito cedo. Isto é fato: o alcance da compreensão infantil continua a ser desvendado e a nos surpreender, e a razão para isso se encontra em sua capacidade de aprender rapidamente. Porém, acreditar que isso seja algo inato é subestimar o esforço duro dos pequenos.

Eles são capazes de organizar conhecimentos e percepções bastante sutis em questão de semanas. Isso fica mais evidente em aprendizados a respeito do mundo social, um verdadeiro *baby boom* que os pais contemplam com espanto e admiração. Como vimos anteriormente, os bebês aprendem por meio da observação atenta e da junção de peças, assim como quem empilha blocos em uma torre de brinquedo — uma conquista notável para um serzinho sem palavras e sem coordenação, sentado em um berço. Aos 2 anos de idade, essas crianças já estabeleceram os alicerces de todo o desenvolvimento social que está por vir.

Quanto mais os pesquisadores descobrem sobre aprendizados sociais, mais se tende a acreditar que eles cresçam a uma velocidade maior em bebês e crianças do que outras habilidades mais fáceis de serem observadas, como um idioma. Além disso, esses aprendizados ocorrem como que por explosões de compreensão. É assim que surge, também, a capacidade de decifrar mentes, uma habilidade social que se estenderá pelo resto da vida. O ponto é este: construímos, bloco a bloco, teorias novas com base nas anteriores, e os vislumbres iniciais dessa habilidade aparecem na primeira infância.

8

Superpoderes, Deus, Onisciência e Vida Após a Morte

Quando meu neto tinha quase 5 anos, ele resolveu fazer um desenho dos superpoderes daqueles que lhe eram mais próximos. Sua mãe podia atravessar lava quente, seu pai podia ver até longas distâncias, a irmã era muito forte e seu bicho de pelúcia favorito podia ficar acordado até depois da meia-noite.

Considerando tudo o que os superpoderes podem fazer, esses até que são bastante tranquilos, mas nos conduzem a um mundo em que as crianças pequenas estão apenas começando a entrar. Um mundo que inclui habilidades extraordinárias, pensamentos abstratos e conceitos como Deus, super-heróis, inferno e onisciência.

Esse não é exatamente, digamos, o território de crianças em idade pré-escolar, ainda que seus aprendizados, suas predisposições e aptidões sejam esplêndidos. O profundo e abstrato mundo do extraordinário costuma se abrir, na verdade, para estudantes do ensino fundamental — como a porta que se abre para *Nárnia* —, e a partir daí continua sendo explorado como área de aprendizagem na vida adulta.

Vemos os estudantes de educação infantil iniciarem essa jornada com sua paixão por coisas como dinossauros e equipamentos de construção. A criança ainda é fraca, impotente, e um T-Rex e uma escavadeira parecem ser o que há de maior e mais eficaz no mundo. Trey é um que podia ficar assistindo a máquinas trabalhando em uma construção por horas a fio.

Super-heróis

Na medida em que a teoria da mente das crianças as conduz para um lugar além do pensamento ordinário, em direção a um confronto com o extraordinário, os super-heróis são um passo adiante. O Super-Homem não é apenas grande e forte, mas também tem habilidades sobre-humanas: pode voar e tem visão de raio x. No entanto, também mantém um pé em nossa realidade humana mundana: tem que se alimentar e acaba se apaixonando por Lois Lane. Além disso, os super-heróis, embora "super", são constantemente comparados a coisas mais palpáveis, que as crianças pequenas conseguem entender. O próprio Super-Homem é um homem de aço, mais poderoso do que uma locomotiva e mais rápido do que uma bala de pistola.

James Moor, membro da Parentdish UK (um extinto site para pais e mães), compartilhara algo a respeito de seu filho de 4 anos, pedindo pela milionésima vez para brincar de super-heróis:

"O.k.", eu disse, ainda que um pouco cansado.

"Certo", ele disse. "Sou o Batman e você pode ser o Homem de Ferro."

"Tudo bem... o que o Homem de Ferro faz?", perguntei. Ele não fazia ideia. Então, pensou por um momento e disse: "Ele... passa o ferro nas roupas!"

E quanto a ideias mais fantásticas do que hipervelocidade, megaforça ou superpassar-roupas? Divindades, por exemplo. A maioria delas é quase inteiramente abstrata, bastante diferentes de tudo o que uma criança já experimentou.

Como as Crianças se Conectam com Deus

O interesse em Deus geralmente começa com um entendimento parcial, também podendo surgir do interesse das crianças em questões como força e poder. Quando solicitadas para desenharem Deus, crianças mais novas o caracterizam muito mais como um ser humano com superpoderes do que como uma deidade. Uma criança de 5 anos desenhou Deus de uniforme, como "um super-herói para o mundo"; outra, de 9 anos, caracterizou-o com "orelhas gigantes, para que ele possa ouvir tudo o que nós dissermos".

À medida que as crianças crescem, elas vão além, até que começam a pensar no extraordinário. A atriz e escritora britânica Monica Parker percebeu isso quando seu filho de 7 anos lhe perguntou sobre Deus:[1]

Dissemos a ele que, embora não pudéssemos vê-lo, acreditávamos que Deus vivia dentro de todos os seres vivos.

Na manhã seguinte, ele entrou em nosso quarto e disse que conhecia alguém que TINHA VISTO Deus: sua médica. Quando ela abria as pessoas para consertá-las, conseguia ver Deus bem lá dentro delas.

Desde esse momento inicial[2], as crianças já buscam por conceitos como Deus, onisciência, vida após a morte, alma — questões que teólogos e muitos de nós se debatem e pelejam para tentar compreender ao longo de toda a vida. Chegamos, então, a outra área na qual o início simplificado das crianças pode vir ajudar a esclarecer destinos mais complexos.

Acredito que essa jornada conta uma história de *antropomorfismos*, em que as crianças começam a entender as mentes limitadas e extremamente falhas das pessoas comuns e, a partir daí, seguem em direção a uma compreensão mais abrangente de mentes extraordinárias.

No entanto, há uma história alternativa. Ela afirma que as crianças pequenas guardam uma compreensão singular sobre Deus, pois mantêm um senso das próprias origens na presença d'Ele. Essa perspectiva foi inicialmente adotada pelos românticos do século XIX, que acreditavam que as crianças entendiam coisas sobre Deus que um adulto já não poderia, pois, ao contrário destes, suas mentes ainda não haviam sido contaminadas pela experiência mundana. "Delas é o Reino dos Céus."

Justin Barrett, entre outras coisas, um pesquisador habilidoso na área do desenvolvimento infantil, religioso devoto e professor no Seminário Teológico Fuller, resolveu aplicar essa ideia romântica. Ele acreditava piamente que as crianças pequenas compreendiam a infalibilidade de Deus e, para testá-las, utilizou um modelo-padrão de crenças falsas junto com seus colaboradores.[3] Eles simplesmente mostraram a crianças pequenas uma caixa de biscoitos em que, obviamente, elas esperavam encontrar biscoitos; no entanto, só encontraram pequenas pedras. A caixa foi fechada novamente e, então, eles perguntaram às crianças o que mamãe ou Deus pensaria que havia dentro. As crianças de 4 e 5 anos de idade costumavam dizer que as mães não saberiam — uma resposta típica de crenças falsas. Muitas, no entanto, responderam que Deus saberia, atribuindo-lhe, portanto, um conhecimento infalível.

Barrett argumentou que isso corroborava uma hipótese de "prontidão", que servia como via alternativa à hipótese antropomórfica. Nela, as crianças já começariam suas vidas prontas para acreditar que Deus tem conhecimentos mais elevados do que os humanos. Ou seja, já nasceriam teístas de alguma forma.

A pesquisa de Barrett inspirou muitas discussões. Uma questão recorrente era sobre o fato de que ele agrupar crianças com até um ano de diferença entre si em seus estudos, o que era provavelmente disparatado demais para revelar algo sobre suas crenças iniciais. Assim, em estudos posteriores, muitos de nós, liderados por Jon Lane — atualmente professor na Universidade de Vanderbilt —, separamos as crianças em grupos de faixas etárias estreitas.[4]

Como Barrett, solicitamos a elas que julgassem quanto este ou aquele ser realmente sabia. Perguntamos sobre Deus, sobre Heroman (personagem de um mangá escrito por Stan Lee, e que "pode ver através das coisas") e também sobre as pessoas comuns, em particular suas mães. Como não tínhamos certeza se as crianças sabiam que Deus tinha habilidades mentais excepcionais, introduzimos, ainda, o Sr. Astuto, dizendo que ele "sabe tudo sobre tudo sem precisar olhar" e mostrando sua foto: um homem velho, dotado de um crânio extragrande e com um olhar sábio e profundo.

As crianças que tinham acabado de completar 4 anos e que estavam começando a atribuir ignorância e crenças falsas (etapas 3 e 4) a seres humanos comuns, atribuíram essas *mesmas* limitações a Deus e ao sr. Astuto. Deus, portanto, tal como a mãe, poderia não saber o que havia dentro da caixa. Por outro lado, as crianças com um pouco mais de 4 anos completos, e outras mais velhas, reproduziram, em geral, os resultados do estudo de Barrett, afirmando que Deus e o Sr. Astuto sabiam o que havia na caixa, enquanto a mamãe não sabia.

Vale ressaltar que realizamos essa pesquisa nos Estados Unidos, onde a crença em um ser onisciente é predominante. De acordo com o Pew Research Center, mais de 90% das pessoas que vivem nos Estados Unidos acreditam em algum Deus,[5] o que torna mais compreensível a recorrência dessa compreensão na infância. Além disso admitimos, majoritariamente, crianças que vieram de lares devotos e tiveram uma educação primária religiosa e que, portanto, já recebiam instruções a respeito de Deus.

Mesmo sendo criadas em lares laicos ou religiosos, as crianças claramente demonstraram uma tendência maior para o antropomorfismo, e não para a tal "prontidão". Afinal, mesmo aquelas criadas religiosamente e que ouviam desde cedo histórias sobre as extraordinárias capacidades de Deus precisavam lidar com essas noções por meio de uma compreensão limitada. Isso fica bastante evidente na discussão que uma criança de 4 anos trouxe da escola dominical:

"A professora disse que Jesus curou a cegueira de Bartimeu. Mas depois ela disse que *Deus* curou Bartimeu.

Então eu perguntei: "Mas você não disse que Jesus o curou?"

E ela me respondeu: "Mas Jesus é Deus."

"Hã? Como Deus pode ser o próprio filho?"

Mesmo quando as crianças em idade pré-escolar começam a atribuir a Deus um conhecimento extraordinário — por Ele ser especial, alguém que sabe muito mais do que a mamãe —, isso ainda está muito distante de compreender até que ponto suas qualidades mentais extraordinárias podem exceder as nossas, humanas e limitadas. Os estágios que as crianças devem atravessar para alcançar determinado entendimento são longos e desafiadores, já que alguns dos atributos de Deus não são nada fáceis de abranger, mesmo para os adultos.[6]

Onisciência?

A onisciência é um dos atributos mais amplamente reconhecidos do Deus todo-poderoso. O teólogo cristão James Packer explica:[7]

As Escrituras declaram que os olhos de Deus estão por toda parte. Ele examina todos os corações e observa seus caminhos. Ou, em outras palavras,

Ele sabe tudo sobre tudo e todos, o tempo todo. Além disso, o futuro não lhe é menos conhecido do que o passado e o presente, e todo Seu conhecimento está sempre, imediata e diretamente, diante de Si.

Seguem outros exemplos: o Alcorão proclama que "Alá [Deus, na tradição do Islã] bem conhece tudo quanto existe nos céus e na Terra. Sabei que Alá é Onisciente." O budismo sustenta que Gautama Buda alcançou um estado de Iluminação no qual tinha um conhecimento extraordinário. Vishnu, um deus supremo para o hinduísmo, também é descrito como onisciente.

Embora os adultos gostem de afirmar, frequentemente, que Deus tudo sabe, a onisciência é um conceito complicado e escorregadio, especialmente para as crianças. Uma delas, de 7 anos, disse:

Aprendi que Jesus sabe de tudo e que "até os fios de cabelo da vossa cabeça estão todos contados". Mas não há números suficientes no mundo inteiro para contar os fios de cabelo da vovó.

Em seu livro *The Spiritual Life of Children* ["A Vida Espiritual das Crianças", em tradução livre], Robert Coles informa sobre uma adolescente que lhe disse que sempre conversava com Deus, mas se preocupava por estar "ocupando muito do seu tempo".[8]

Para que se compreenda o Super-Homem, não é necessário um confronto real com a ideia de onisciência. O escopo é outro. Afinal, se ele pudesse ler mentes e saber de tudo, conheceria de antemão os planos de Lex Luthor e rapidamente os frustraria; a paz reinaria em Metrópolis. Nada de bem contra o mal ou de suspenses emocionantes; nada de dramatização.[9] Quando, então, passamos a compreender a onisciência? E de que forma isso acontece?

Jon Lane e eu tentamos averiguar essa questão com crianças de 3 a 11 anos.[10] Como não podíamos ter certeza alguma, colocamos novamente em cena o Sr. Astuto, que sabia "tudo sobre tudo". Mas, desta vez, trouxemos uma caixa de papelão fechada que nem as crianças, nem o Sr. Astuto "tinham visto antes" e perguntamos se elas sabiam o que havia dentro.

"Não", responderam.

"Há um grampeador dentro dela", segundo o Sr. Astuto. E, vejam só, realmente havia um grampeador dentro.

Nós reiteramos: "O Sr. Astuto sabe *tudo* sobre *tudo*". Não apenas sobre caixas. E prosseguimos: "Vocês por acaso sabem onde este grampeador foi feito? Eu não sei, mas talvez você saiba...?"

Quase todas disseram que não ou apenas chutaram. Algumas disseram: "China".

"O Sr. Astuto disse 'Canadá'. Vamos dar uma olhada?" Ao virarmos o grampeador, havia um adesivo em que se lia: "Fabricado no Canadá."

Demos várias outras demonstrações, sempre terminando com: "O Sr. Astuto sabe tudo sobre tudo! Nem precisou olhar!" Quando, enfim, indagadas sobre quanto o sr. Astuto realmente sabia, elas responderam: "Tudo!" Assim, tanto quanto pudemos, conseguimos estabelecer, em termos acessíveis para as crianças, que o Sr. Astuto era onisciente.

Em seguida, tentamos descobrir como elas aplicariam esse conhecimento. Primeiro perguntamos sobre o *alcance* dos conhecimentos de Deus, do Sr. Astuto e da mamãe. Algum deles saberia coisas como: "O que você está pensando agora?"; "Onde está a maior árvore do mundo?"; "Quão quente será o próximo verão?" Algum deles saberia sobre o passado, o presente ou o futuro? Conheceriam os pensamentos secretos de alguém?

Em seguida, perguntamos sobre a *profundidade* do conhecimento desses seres. Será que equivalem ao de um especialista? "Quem sabe mais sobre aviões: um médico ou um piloto?"; "Quem sabe mais sobre aviões: um piloto ou o Sr. Astuto?"

Por definição, o conhecimento de um ser onisciente deve superar o de um especialista, porque uma mente onisciente sabe *tudo* sobre *tudo*, e isso difere muito de nossa compreensão humana imperfeita. Além disso, também difere dos superpoderes dos super-heróis: mentes oniscientes estão muito além do "super".

No entanto, chegamos rapidamente a esta conclusão: as crianças pensavam que uma mente onisciente (de Deus ou do Sr. Astuto) desconhecia muitas coisas. Que Deus ou o Sr. Astuto até podiam saber mais sobre medicina do que a mamãe, mas não do que um médico. Que Deus ou o Sr. Astuto sabiam muito sobre aviões, mas não mais (e talvez até menos) do que um piloto ou um mecânico de avião.

Conforme crescem, as crianças passam a atribuir cada vez mais conhecimento a Deus e ao Sr. Astuto. Porém, mesmo aqueles com 11 anos de idade, os mais velhos que participaram de nosso estudo, atribuíram menos conhecimento a um ser onisciente do que "tudo sobre tudo".

A Religião Ajuda?

Jon Lane e eu também queríamos explorar mais a fundo a seguinte questão: será que as crianças com estudo religioso compreenderiam melhor a ideia de onisciência do que aquelas sem estudo nessa área? Para um segundo estudo, então, analisamos crianças provenientes de lares devotos e que frequentavam escolas religiosas, onde recebiam instruções a respeito de Deus e de seus poderes.

Eis que essas mesmas crianças diziam, tal como seus colegas de educação laica, que as mentes oniscientes desconhecem muitas coisas. Dos 3 aos 11 anos, as crianças gradualmente atribuíam mais conhecimento a Deus e ao Sr. Astuto do que à mamãe. No entanto, mesmo aquelas que durante anos ouviram e foram instruídas a respeito dos poderes extraordinários de Deus afirmaram que Ele e o Sr. Astuto (a despeito de saberem tudo sobre tudo) *não sabiam* mais do que um piloto. Outro fator: aquelas que foram mais expostas a ideias sobre Deus logicamente atribuíam um conhecimento maior a Ele do que aquelas que foram menos expostas. Ainda assim, mesmo essas crianças atribuíam muito menos conhecimento a um ser onisciente do que "tudo sobre tudo".

Adultos Também

Os adultos também consideram a onisciência como um conceito difícil, complexo. Em outros estudos, quando adultos dos EUA foram convidados a opinarem sobre os poderes de Deus, muitos disseram prontamente que Ele era onisciente e não se constrangia por limitações da percepção. Na hora de aplicarem isso de maneira prática, contudo, tiveram dificuldades.[11] Foi relatada uma breve história a respeito de muitas pessoas que oravam para Deus ao mesmo tempo. Os mesmos que falaram anteriormente sobre a onisciência suprema de Deus supuseram, com base nessa história, que Ele lidaria com algumas orações primeiro e, depois, com outras. Esses adultos, com seus pensamentos habituais, mal percebiam que limitavam Deus a habilidades demasiado humanas — como a adolescente que se preocupou com o fato de estar ocupando muito de seu tempo.

A dificuldade de conceituar uma onisciência total tem sido evidente para os principais teólogos ao longo dos séculos. Santo Agostinho, no século V, e São Tomás de Aquino, no século XIII, observaram muito as dificuldades em tratar de um ser que é completamente "outro". Sem qualquer tipo de limitação humana para fins de contextualização, portanto, uma mente completamente ilimitada não poderia ser compreendida em todo seu escopo nem por adultos, muito menos por crianças.

O Morto-Vivo

Quase 75% dos adultos nos EUA — porcentagem que inclui cristãos, muçulmanos e muitos judeus — acreditam em vida após a morte. A mesmíssima porcentagem também acredita que as pessoas boas irão para o céu. Além disso, de acordo com um levantamento da Harris Poll realizado em 2005, cerca de seis em cada dez norte-americanos acreditam no inferno, que não deixa de ser vida após a morte. Evidências antropológicas sugerem que essas crenças remontam a uma época em que nem sequer havia história e na qual alguns dos humanos mais antigos já enterravam seus mortos com objetos e comida, presumivelmente para abastecê-los durante a vida após a morte.

Como podemos explicar que tantas pessoas acreditem nesse pós-morte? Quando e como chegamos a essas crenças? São problematizações que também exigem que se vá muito além dos entendimentos da primeira infância.

Nos primeiros anos escolares, a maioria das crianças já compreende que a morte encerra as atividades corporais, que ela acontece inevitavelmente com todos os seres vivos e que, além disso, é irreversível. Mas o que elas entendem — se é que entendem algo — sobre a vida após a morte? E quando esse entendimento inicia?

Meu amigo Carl Johnson, psicólogo do desenvolvimento da Universidade de Pittsburgh, conversou com sua filha de 3 anos, Eve, depois que a mãe de uma amiga dela morreu:[12]

> Expliquei a ela que, quando você morre, tudo em seu corpo para de funcionar. Enfatizei que o corpo quebra, que não pode mais ser consertado e que, por fim, depois de morto e quebrado, é enterrado.

A conversa foi retomada alguns meses depois, enquanto visitavam um museu de arte. Eve ficou abalada com uma pintura de Cristo na cruz e perguntou: "O que aconteceu com ele?"

> Carl havia lido para ela *O Pequeno Livro de Jesus*, que também conta a história da Ressurreição.
>
> Quando cheguei à parte em que Jesus morre, é enterrado e, então, volta à vida, minha filha perguntou: "Ele está morto ou não?"
>
> O melhor que pude pensar na hora foi que ele era um tipo especial de pessoa. Ela pediu para ouvir a história novamente. Quando cheguei a essa mesma parte, perguntou outra vez: "Mas ele está morto ou não?"

Eu repeti a mesma explicação, de que ele era uma "pessoa especial". Ela, insatisfeita, concluiu: "Acho que as crianças não conseguem entender essa história."

Vários dias depois, Eve pegou um de seus livros favoritos, The Body Book ["O Livro do Corpo", em tradução livre]. No final do livro, um corpo morto é sepultado.

Ela sabia o livro de cor e resolveu declamá-lo para mim, página por página. Da mesma forma como em minhas explicações, o livro incluía uma parte em que um corpo morto é enterrado. Mas o que atraiu a atenção dela foi outro elemento: depois que o corpo foi enterrado, uma imagem mostrou uma flor que cresceu no túmulo. Eve, triunfante, me explicou: "O corpo foi enterrado e uma flor cresceu."

Problema resolvido: vida após a morte, no melhor estilo jardim de infância.

Mas o que ocorre quando as crianças se aproximam um pouco mais da idade adulta?

Vida Após a Morte

Paul Harris e Marta Giménez perguntaram a alunos da pré-escola e do jardim de infância, na Espanha, sobre a mente e sobre a "imortalidade". Essas crianças, educadas tanto em escolas religiosas quanto laicas, foram convidadas a compararem, em tópicos variados, as habilidades de Deus com as de um amigo qualquer. A respeito da vida, por exemplo, todas as crianças disseram que Deus era menos propenso a morrer do que seus amigos.

No entanto, a potencialidade da imortalidade divina não é a mesma que a da vida após a morte para seres humanos. Harris e Giménez perguntaram, então, às crianças de 7 a 11 anos de idade sobre o que acontece após a morte de uma vovó.[13] Nesse estudo em particular, as crianças ouviam uma de duas histórias: uma médica, outra religiosa.

Na história médica, uma senhora adoeceu, pediu para ir ao hospital e passou por uma cirurgia. Depois de algum tempo na sala de operação, o médico disse à família que ela havia morrido. Com base nessa narrativa, apenas cerca de 10% das crianças de 7 anos afirmaram que *alguma* atividade continuaria após a morte; cerca de 60% daquelas com 11 anos, no entanto, afirmaram que algumas atividades mentais (como pensar nos netos) continuariam após a morte.

Já na história religiosa, outra senhora adoeceu e pediu para ver o padre. Ele foi até ela e sentou-se a seu lado em seu quarto. Depois de algum tempo, disse à família que ela havia morrido. Com base nessa narrativa, cerca de 50% das crianças mais novas e 85% das mais velhas afirmaram que algumas de suas atividades mentais continuariam.

Essas crianças mostraram alguns desenvolvimentos incontestáveis. As mais velhas falaram da vida após a morte com maior frequência, além de se mostrarem propensas a declarar que as atividades de pós-morte eram mentais, e não corporais. Ou seja, a vovó não comeria nem respiraria, mas talvez sentisse falta de seus netos ou desejasse que tudo corresse bem para eles. As crianças mais jovens disseram a mesma coisa.

Conceitos como um conhecimento extraordinário e de vida após a morte são construídos sobre uma base de blocos fundamentais. As primeiras noções infantis sobre seres ou habilidades extraordinários, por exemplo, são baseadas em limitações humanas e estão intrinsecamente atreladas ao cotidiano. É nessa base que as crianças podem adicionar conhecimentos mais exóticos sobre heróis míticos, como Aquiles e as Amazonas, ou suas versões mais modernas — Super-Homem, Mulher-Maravilha, Homem de Ferro. Um pouco mais adiante, elas poderão adicionar conceitos ainda mais abstratos: Deus, onisciência e vida após a morte.

Sua Mente é Invisível? E Seu Cérebro?

Um passo curioso, porém importante para a compreensão do extraordinário ocorre quando as crianças começam a diferenciar cérebro de mente.

Inicialmente, elas consideram serem a mesma coisa: o lugar "onde pensamos". Carl Johnson e eu quisemos, então, especificar quando inicia essa diferenciação.[14] Perguntamos a crianças no período que vai do jardim de infância até o 9º ano do ensino fundamental: "Sem uma mente, você poderia pensar em uma árvore?" e "Sem um cérebro, você poderia pensar em uma flor?". Além disso, perguntamos sobre atividades mentais, como pensar e lembrar, e sobre sensações como ver e ouvir; sobre comportamentos voluntários, como amarrar os sapatos e bater palmas, e comportamentos involuntários, como respirar e espirrar.

Alunos do jardim de infância e do 2º ao 4º ano disseram que você precisa do cérebro e da mente para realizar gestos puramente "mentais": pensar, lembrar. Além disso, não precisa dos dois para coisas como ver ("você só precisa dos olhos"), ouvir ("só precisa dos ouvidos") ou bocejar ("só precisa da boca").

Já as crianças do 6º ao 9º ano sabiam que o cérebro era absolutamente necessário para todas as funções: espirrar, respirar, bocejar, enxergar, ler, pensar. Além disso, disseram que você pode espirrar e bocejar sem a ajuda da mente (seu cérebro cuida disso), mas que precisa dela para produzir pensamentos e emoções. Por fim, chegaram à conclusão de que enquanto a mente pode estar "ligada" ou "desligada", o cérebro deve estar sempre operante, invariavelmente. Essas crianças e jovens entenderam, portanto, que mente e cérebro têm funções diferentes.

O Cérebro Invisível

Como já foi observado, alunos da educação infantil ao 1º ano não apenas acreditam que pensamentos e ideias são invisíveis, mas que — como eu e Carl descobrimos — o *cérebro* é invisível, já que, em sua visão, cérebro = mente. Todos os alunos do 1º ano disseram que tanto a mente quanto o cérebro são intangíveis e invisíveis, enquanto alunos do 3º ano e, especialmente os do 5º e 9º anos, já sabem que o cérebro físico é diferente da mente não física. No 9º ano, particularmente, 90% dos alunos já diferencia cérebro de mente: o cérebro, mas não a mente, pode ser visto e tocado ao se abrir a cabeça ou ao se utilizar uma máquina especial de raio x.

Compreender que a mente é separada do cérebro permite às crianças projetarem a vida após a morte, pois, enquanto o cérebro e o corpo podem morrer, a mente, que é algo diferente do cérebro, pode continuar funcionando após a morte. Nessa sequência, é possível começar a compreender a ideia da existência de um Deus que, apesar de não ter corpo físico, é dotado de uma mentalidade extraordinariamente vasta. Assim, as crianças podem, até mesmo, passar a contemplar a ideia de alma.

Existe Uma Alma

Qual aspecto de uma pessoa tem maior probabilidade de transcender a morte? Os adultos provavelmente dirão que é o espírito — muito mais provável do que a mente (que até julgamos ser possível) ou o corpo (inteiramente impossível). E isso é verdadeiro, segundo diversas tradições religiosas.

Rebekah Richert e Paul Harris perguntaram a alunos do ensino fundamental quais atividades poderiam continuar após a morte: corporais (como a respiração), sensoriais (como a visão), mentais (como a memória) ou espirituais (a alma).[15] Elas responderam majoritariamente que era mais provável que a alma prosseguisse em vez do pensamento e da memória; definitivamente, mais do que respirar, ver ou ouvir.

Em um experimento parecido, realizado com crianças de 5 a 12 anos de idade, foi apresentada a hipótese de um batismo infantil. Elas foram indagadas sobre o batismo e que tipo de diferença ele faz na vida das pessoas. Até mesmo as mais novas responderam que, do batismo, resultava apenas uma mudança invisível e/ou imaterial. Além disso, crianças de todas as idades disseram que o batismo altera algo na alma e na mente, mas que praticamente não tem efeito sob o cérebro.

Entendimentos mais aprofundados que crianças podem vir a ter a respeito dos conceitos de mente, cérebro, corpo, alma, limites, poderes lhes permitirão uma exploração mais plena da própria religiosidade, bem como de seu entendimento e sua atração por super-heróis, princesas e outros seres, cuja mente e corpo se relacionam de maneira mais exótica e simples, como zumbis, vampiros e transplantes cerebrais (Barra Lateral 8.1).

Barra Lateral 8.1 Mente, Corpo e Identidade

Imagine um transplante de cérebro fictício: alguém tem seu corpo e sua aparência, bem como seu estômago, seus olhos, cabelos e ouvidos, mas o cérebro e os pensamentos são de outra pessoa. Um adulto diria que deixou de ser você mesmo. As crianças pequenas, contudo, não concordam; afinal, apenas quando elas aprendem a diferenciar mente e cérebro é que conseguem compreender a ideia de uma identidade pessoal.

Carl Johnson[16] mostrou para crianças do jardim de infância até o 5º ano o desenho de um porco, Garby, em um chiqueiro. Os gostos de Garby eram comparados aos da criança: Garby adora dormir na poça de lama (em vez da cama); ele tem amigos porcos (em vez de amiguinhos humanos); tem memória de ser um porco (em oposição à memória de ser um menino). As crianças, então, foram convidadas a imaginar o seguinte: "Vamos fingir que tiramos o cérebro de sua cabeça e o colocamos dentro da cabeça do Garby."

"E agora? Será que com seu cérebro esse porco vai querer dormir na lama ou na cama?"; "Com seu cérebro, ele terá memórias de porco ou de menino?"; "Imagine que nós o chamemos: ele virá quando dissermos 'Garby' ou quando dissermos '[nome da criança]'?"

Até o 2º ano, as crianças (com cerca de 7 ou 8 anos de idade) não enxergaram as consequências de um transplante de cérebro no ser, no pensamento ou na identidade de uma pessoa. Quase 90% dos alunos do 1º ano disseram que, mesmo com o cérebro novo, o porco continuaria dormindo na lama e teria as próprias memórias. Já no 4º ano, mais de 90% das crianças disseram o contrário — que Garby dormiria na cama —, enquanto outras crianças mais velhas disseram, igualmente, que o porco não teria mais memórias próprias; que, em vez disso, "ele teria as *minhas*!".

Embora as crianças mais novas possam assimilar que o cérebro é necessário para pensar e lembrar, elas não o veem como armazém de memórias, pensamentos, preferências e identidades pessoais. Ou seja, não reconhecem que um cérebro diferente significa um "você" diferente; isso só começa a acontecer entre os 7 e 8 anos, período em que as crianças dos EUA começam a perceber que o cérebro, por abrigar a mente com todos os seus pensamentos, é essencial tanto para o ser quanto para a identidade de uma pessoa.

Transcendendo o Comum

Os pensamentos habituais da infância sobre o que é mais comum e ordinário levam por caminhos que, eventualmente, apresentam outras questões, tais como Deus, mente, espírito e vida após a morte. Certamente, trata-se de uma longa jornada, cheia de etapas sobrepostas e confusas.

Os bebês formam entendimentos iniciais que os ajudam a extrair sentido do mundo prático, em que as pessoas têm preferências e agem intencionalmente em relação às coisas materiais. Um pouco mais adiante, no período da infância, esses entendimentos são organizados, pouco a pouco, em uma teoria da mente que esclarece o fato de as pessoas agirem, mas para conseguir o que elas *pensam* que *querem*. Essa teoria forma, então, uma base para as noções de alunos do ensino fundamental a respeito de superpoderes, seres extraordinários, Deus, Mulher-Maravilha ou mesmo vida após a morte, além de conceitos como onisciência, imortalidade, onipotência e alma.

Esse nível de pensamento mais sofisticado pode, eventualmente, abrir caminho para questões filosóficas e teológicas ainda mais profundas e complexas: como se relacionam mente e corpo, alma e matéria, ideias e realidade, crença e fé? A mente é um produto da matéria ou é, antes, um reflexo da mente? Nossa realidade máxima é, afinal, material ou espiritual?

Embora esse raciocínio abranja ideias cada vez mais extraordinárias, estas também estão ancoradas, como acabei de afirmar, nos pensamentos infantis comuns que as precedem sobre mentes, cérebros, pessoas e corpos.

9

Mundos Possíveis, Mentes Possíveis

Digamos que um homem passe por você na rua. Ele usa tinta branca no rosto, tem na cabeça um elaborado cocar e uma saia de folhas secas na cintura. Dependendo de qual é sua cultura, você pode rotulá-lo como xamã, demônio, maluco ou alguém que chegou cedo para o Dia das Bruxas.

Isso ocorre porque nossa realidade e forma de pensar em sociedade como adultos muitas vezes diferem de uma cultura para outra. O que é considerado normal em uma pode ser extremamente bizarro para outra; o que é fascinante na forma de pensar de um grupo pode ser desinteressante para outro. Os antropólogos chamam isso de psicologia popular: estruturas e crenças que constituem uma compreensão grupal e cultural sobre as pessoas e seus comportamentos. O fato de essa psicologia popular diferir tanto de uma sociedade para outra é um lugar-comum antropológico, rapidamente endossado por qualquer um que tenha vivido por algum tempo em um país diferente do seu de origem.

Esse fato se torna um pouco mais estranho se contrastarmos essas diferenças entre sociedades adultas com seu local de origem comum: as compreensões da infância. Conforme demonstrei nos capítulos anteriores, em determinado período de suas vidas, crianças de todo o mundo têm teorias bastante semelhantes sobre como as pessoas funcionam. Isso pode ser observado na África, na China, nos Estados Unidos ou em qualquer uma das dezenas de culturas estudadas detalhadamente ao redor do mundo.

A pergunta que resta é: como as crenças podem ser tão divergentes sobre as pessoas na fase adulta, sendo que elas provêm das mesmas teorias infantis? Será que realmente divergem tanto entre si?

Quando as Pessoas Não Querem Saber

Desde o final dos anos 1970, a etnopsicóloga Jane Fajans, da Universidade Cornell, estuda os Baining, um grupo de habitantes originais do interior da Papua-Nova Guiné.[1] Ela defende que a perspectiva tradicional dos Baining em relação às pessoas não é lá muito psicológica:

A questão mais desafiadora e interessante em relação aos Baining é que eles parecem não ter uma psicologia popular. Esta incluiria algum interesse em afetos e emoções, em conceitos como pessoa e Ser, em teorias de rotulação, leituras comportamentais e ideias gerais sobre cognição e personalidade. Os Baining manifestam pouco ou nenhum interesse em qualquer uma dessas áreas.

A etnopsicologia é um ramo da antropologia que analisa, entre outras coisas, as ideias e práticas dos povos tradicionais. Ela enfatiza como diferentes pessoas entendem as maneiras pelas quais os seres humanos agem e pensam, como elas analisam psicologicamente, ou não, os próprios mundos sociais.

De acordo com Fajans, os Baining consideram as pessoas — eles mesmos e os outros — em termos de seus comportamentos e papéis sociais, em vez de considerarem seus estados psicológicos internos. Desejos, intenções, pensamentos, conhecimentos e emoções desempenham, assim, um papel menor.

Os adultos Baining costumam mastigar noz-de-areca diariamente. Eles dizem que a areca mata vermes, "embeleza a boca" e proporciona uma purificação geral. Essa noz tem um leve efeito estimulante (confirmado em testes de laboratório), aumenta o estado de alerta e a sensação de bem-estar. Nada muito diferente do que o café representa em nosso mundo obcecado por Starbucks.

Fajans entrevistou uma mulher, chamada Pinam, que não mascava noz-de-areca nem bebia uma seiva de árvore que servia como alternativa para quando havia escassez da noz. Ao lhe indagar sobre por que não tinha esse hábito, a mulher contou uma história de seu passado.

Quando eu era jovem, entrei na mata com algumas mulheres. Fomos até determinada árvore [cuja seiva substituía a noz-de-areca] e pegamos de sua seiva para mastigar com limão, como se fosse noz. Mastigamos, mastigamos e mastigamos. Depois eu vomitei, vomitei e vomitei. Naquele momento, decidi que nunca mais voltaria a mastigar areca. Deixei ali mesmo uma embalagem cheia de seiva extraída; as outras mulheres, então, brigaram para ver quem ficaria com tudo.

Na sociedade ocidental, quando se pergunta o "porquê" de alguma coisa, isso geralmente suscita uma explicação de teoria da mente. No caso de Pinam, não vemos nada do tipo "Eu me senti péssima", "Gostaria de nunca ter mastigado isso" ou "Detesto noz-de-areca". Em vez disso, ela simplesmente descreveu suas ações: mastigou a seiva, vomitou e decidiu que nunca mais a mastigaria novamente.

Quando Fajans perguntou por que ela não fumava tabaco (outra prática muito comum entre os Baining), outra história que não levava em conta estados mentais foi narrada. Fajans descreve que:

As histórias de Pinam eram contadas dentro de uma casa ocupada por três gerações de seus descendentes. Todos sabiam muito bem que ela não fumava tabaco nem mastigava noz-de-areca, e foi o que me disseram quando a ofereci um dos dois. Ninguém ali, no entanto, tinha ouvido essas histórias antes; quando isso aconteceu, de maneira tão espontânea, todos adoraram e se divertiram. Assim foi, embora todos conhecessem a árvore mencionada e já tivessem visto os cortes na casca de onde a seiva fora drenada.

Os membros da família de Pinam sabiam que ela não mastigava ou fumava, mas nunca lhe perguntaram por quê. Eles não estavam nem um pouco interessados nessa pergunta tão básica para nós, ocidentais, que não paramos de repeti-la desde os 2 anos de idade.

O mundo distante dos Baining parece envolver uma teoria da mente muito diversa da nossa. No entanto, vale lembrar que é muito provável que existam teorias da mente quase tão amplamente diversas quanto essa — e em nossas proximidades.

Quando Deus Responde

When God Talks Back ["Quando Deus Responde", em tradução livre] é o título de um livro da antropóloga Tanya Lurhmann, de Stanford.[2] Nele, ela escreve suas observações e seus estudos em uma igreja evangélica, o Movimento Vineyard, que tem centros em Chicago e perto de São Francisco, além de filiais em diversas cidades. Na igreja, o pastor e a congregação acreditam que podem reconhecer o momento em que Deus, na forma de Jesus, está presente e aberto à conversa.

Em minha formação metodista, atravessada por crenças de meu avô, que era pastor, Deus não falava com você regularmente, muito menos em tom de conversa. No Movimento Vineyard, por outro lado, Deus fala frequentemente aos congregados e sobre coisas tão triviais quanto a faculdade a ser cursada ou o que vestir na igreja naquele dia. Além disso, como as conversas são privadas (ocorrem dentro da cabeça), "aquele que venera no Movimento Vineyard desenvolve a habilidade de reconhecer os pensamentos dentro da própria mente, que não são, de fato, seus, mas de Deus". Isso requer prática e orientação, já que, em nossas teorias cotidianas, mente e mundo são entidades separadas. O Movimento Vineyard:

exige que a pessoa se predisponha a desenvolver uma nova teoria da mente, no entanto, uma que não seja tão radicalmente diferente da teoria básica que as crianças pequenas adquirem. Essa nova teoria da mente cristã — que poderíamos chamar de teoria da mente "participativa" — pede aos congregados que experimentem a barreira entre mundo e mente em toda sua predisposição.

Além disso, essa predisposição deve ser utilizada em apenas um domínio: nas conversas particulares com Deus.

DECIFRANDO MENTES

Para revisar a teoria da mente dessa forma, ainda que "não tão radicalmente diferente", é exigido um trabalho árduo e insistente dos recém-chegados ao Movimento Vineyard, os quais recebem o apoio dos pastores e instruções dentro dos grupos e "equipes de oração".

A Mente Supera a Realidade

As compreensões e os ensinamentos budistas a respeito da mente fornecem outro contraponto às teorias ocidentais. Nas últimas, os adultos costumam crer que os pensamentos correm e escorrem em um fluxo de consciência: "sequências inteiras de pensamentos em cadeia, como lampejos, cada uma incitando a subsequente". Nossa compreensão habitual é que os estados mentais de percepção, conhecimento e reconhecimento conectam o "eu" interior ao mundo "real" exterior.

O Budismo Mahayana ("o Grande Veículo") é uma das duas principais correntes dentre os muitos ensinamentos e tradições budistas.[3] Tem origem na Índia, um pouco antes da época de Cristo, depois se espalhou pelo Tibete, China, Indochina, Japão, Coreia, entre outros lugares.

De acordo com o pensamento Mahayana, nossa compreensão e experimentação habituais da mente são enganosas e imperfeitas. O supracitado fluxo de consciência seria, inclusive, um sintoma da chamada "mente do macaco": instável e perturbada, confusa e caprichosa, sempre pulando de galho em galho — de pensamento em pensamento. Além disso, nossa crença de que a mente conecta o "eu" ao mundo real nos preenche de desejos e ânsias, avidez e aversão, o que acaba perpetuando uma interconexão profundamente nociva. Afinal, a mente do macaco liga essa ideia fixa do "eu" a atrações e repulsões externas que são essencialmente transitórias, impermanentes, e isso funciona como uma âncora que nos afunda na ignorância e no sofrimento.

A grande Iluminação de Buda foi sua compreensão de que mente e realidade são fenômenos fundamentalmente diferentes do que afirmam nossas impressões ilusórias. Com base em uma concepção, portanto, e por meio de treinamentos e orientações, como a prática da atenção plena, os budistas podem descobrir duas verdades. A primeira delas é que podemos controlar a mente do macaco e mergulhar em uma consciência universal duradoura, vinculada ao momento presente, em vez de ficarmos à mercê de um fluxo instável de consciência. A segunda, que a realidade consiste em uma serenidade estável e graciosa, e não em um caleidoscópio de pensamentos, avidez e aversões. Os monges budistas se engajaram e aperfeiçoaram práticas e doutrinas ao longo dos séculos, e uma maré alta de importações culturais, como no caso mais recente das aparições de Dalai Lama, foi responsável por trazer essas ideias para o Ocidente.

Como podemos observar, os Baining, os evangélicos renovacionistas e os budistas endossam psicologias populares bem diferentes umas das outras, como também das teorias da mente que venho descrevendo ao longo deste livro.[4] No entanto, mesmo diante dessas diferenças acentuadas, estou totalmente convencido de que a teoria da mente cotidiana, sobre a qual já falei bastante, é universal.

Pessoas de Todas as Partes São Diferentes, e Elas São as Mesmas Pessoas por Toda Parte

Para a lógica formal, uma contradição é sinal de fracasso; entretanto, na evolução do verdadeiro conhecimento, a contradição assinala o primeiro passo no progresso em direção à vitória.

— Alfred North Whitehead[5]

A teoria da mente é universal, mas as psicologias populares são profundamente diferentes. Como essas duas afirmações contraditórias podem ser verdadeiras? A resposta está no desenvolvimento.

Tempo e Ensino

Um aspecto fundamental do desenvolvimento são as mudanças no ensino e na orientação. Como Lurhmann explicou, isso pode ajudar adultos a reestruturarem seus entendimentos prévios da mente. Os membros do Movimento Vineyard são um bom exemplo: eles aprendem a alterar seus conhecimentos habituais sobre a fronteira entre mente e mundo para se tornarem mais predispostos à presença de Deus.

Outras mudanças, e mudanças mais radicais, podem ser alcançadas se o ensino e a orientação forem iniciados e integrados à vida de uma criança. Sabemos, por exemplo, que a socialização de crianças em lares, famílias e comunidades culturais influenciam diretamente suas teorias da mente. A escalada de crianças chinesas na Escala da Teoria da Mente foi diferente das crianças nos Estados Unidos. Conceitos relacionados à onisciência e a super-heróis foram apreendidos degrau a degrau.

Não são apenas os indivíduos que desenvolvem uma teoria da mente ao longo de suas vidas; as comunidades e os grupos culturais também revisam e aperfeiçoam seus entendimentos ao longo das muitas gerações. Luhrmann elabora essa questão:

É uma grande promessa do Movimento Vineyard afirmar que qualquer cristão pode se sentir incondicionalmente amado por Deus, e essa promessa não é uma interpretação necessariamente inevitável do Deus cristão. Afinal, durante grande parte da história do cristianismo, os cristãos temeram a Deus. Os grandes cenários retratados dentro das portas das igrejas medievais europeias costumam mostrar Cristo sentado, em julgamento constante.

Meu avô metodista pregava o amor de Deus, muitas vezes por meio de Paulo de Tarso. Na Carta aos Coríntios (13:4; 13:5), Paulo escreve: "O amor é paciente, o amor é bondoso. Não inveja, não se vangloria, não se orgulha. Não maltrata, não procura seus interesses, não se ira facilmente, não guarda rancor". Ao mesmo tempo, Paulo pregava sobre a distância entre Deus e o homem. Que Deus era maravilhoso e intimidador e que inspirava não apenas admiração, mas também apreensão e medo. Meu avô pregava as mesmas coisas.

Luhrmann prossegue:

O Deus da igreja evangélica renovacionista não é nenhum juiz cruel. O Movimento Vineyard captou a narrativa cristã fundamental sobre a distância entre o ser humano limitado e um Deus todo-poderoso e alterou essa trama com base na nossa suposta inadequação para a capacidade extraordinária de Deus. Foi-se o medo de romper a conexão; foi-se o medo do abismo. A história se tornou, enfim, de amor infinito e pessoal de Deus, que pode ser recebido hoje e agora, desde que você aceite os seguintes fatos: Deus é amor, está presente e, acima de tudo, ele o ama tal como você é, com todas as suas gordurinhas e espinhas.

Igrejas renovacionistas contemporâneas como o Movimento Vineyard vêm revisando e aperfeiçoando seus conhecimentos desde os anos 1960. Foram décadas destinadas ao desenvolvimento de crenças e práticas em suas comunidades; afinal, leva tempo, além de muitos grupos sucessivos, para elaborar um conhecimento cristão que seja reconhecidamente cristão, mas distintamente "renovado". O budismo, por exemplo, se desenvolveu durante séculos, tendo surgido em meados do século VI a.C.; o subproduto disso foi o surgimento de uma grande variedade de práticas budistas ao redor do mundo. As mudanças que provêm do decorrer do tempo são, enfim, um elemento crítico para explicar como as psicologias populares podem ser universais e, ao mesmo tempo, tão amplamente diversas entre povos e comunidades.

Também é imprescindível compreender que a teoria da mente, como qualquer outra teoria, existe tanto em dimensões básicas quanto em outras mais específicas. Por exemplo: a estrutura básica da relação entre pensar e querer opera como uma "teoria estrutural/universal da mente", enquanto os detalhes adicionados a ela possibilitam elaborar especificações. A estrutura da relação entre pensar e querer nos permite entender as ações de Eva Longoria discutidas no Capítulo 2: ela age para conseguir o que quer; e segue adiante ao preencher sua estrutura com detalhes específicos — cria sua fundação porque ela é "latina, e essas pessoas precisam de ajuda". Como Eva também queria "focar a área da educação", sua fundação passou a ajudar "mulheres latinas a melhorarem suas condições de vida por meio da educação", e ela ficou, enfim, orgulhosa pelo sucesso de sua empreitada. Nós conseguimos entender todas essas peças porque entendemos, primeiramente, a estrutura básica da relação entre pensar e querer, bem como a necessidade intrínseca de detalhes para preenchê-la.

Podemos imaginar que a estrutura é como um esqueleto, e os detalhes são como a carne acoplada aos ossos. Cada um dos dois precisa do outro, e *ambos* podem se desenvolver e mudar ao longo do tempo.

Desenvolvimento Elástico

Como, afinal, a teoria da mente pode ser não apenas universal, mas também profundamente diferente? A resposta mais rápida é que os processos e os princípios universais podem impulsionar o desenvolvimento de sistemas de crenças muito diferentes. Mas o segredo está em como tudo isso acontece.

O que os humanos, especialmente as crianças, compartilham a nível mundial é uma teoria da mente estrutural. Em países tão diferentes entre si, como Estados Unidos, Reino Unido, Índia, Peru, Micronésia, China, Japão e Irã, crianças de 2 ou 3 anos de idade supõem que as pessoas têm pensamentos, vontades, percepções e sentimentos próprios. Essas suposições se desenvolvem com base nas predisposições infantis, como a preferência por rostos, interações sociais e por observar as perspectivas alheias.

Figurativamente falando, a carne que as crianças colocam nesses "ossos estruturais" sempre é específica da própria cultura: o que *meu* povo pensa? As vacas são, por exemplo, bons representantes da relação entre pensar e querer, assim como as pessoas? (Essas vieram da Índia.) Será que eu deveria preferir crenças individuais a conhecimentos consensuais? (Nos Estados Unidos, muitos diriam que sim; na China, provavelmente não.) Que tipo de sentimentos são bons, ruins ou "ideais" para as pessoas cultivarem e partilharem? (A exuberância e a empolgação proativas são valorizadas em sociedades individualistas ocidentais, enquanto uma harmonia calma e pacífica é preferível em muitas sociedades orientais, de cunho mais coletivista.)[6] E Deus, Ele é assombroso ou infinitamente amoroso?

O esqueleto, basicamente, representa o aprendizado dos detalhes, que, por sua vez, são específicos de cada comunidade. O sistema é o todo dinâmico, da mesma forma como ocorre na anatomia humana, em que os ossos moldam a massa muscular do corpo e os músculos modelam o esqueleto. O exercício constante de natação, por exemplo, ajuda a moldar o corpo do nadador: ombros mais largos resultam do trabalho de músculos dos ossos do ombro e da caixa torácica.

No desenvolvimento estrutural da teoria da mente, o esqueleto se desenvolve *enquanto* enquadra outros desenvolvimentos adicionais, incluindo todas as particularidades apreendidas. Portanto, a estrutura em si possibilita, e também restringe, essas especificidades, uma vez que temos limites de aprendizagem. Esse é um modelo *elás-*

tico do desenvolvimento de aprendizagens.* Nós não podemos aprender tudo sobre tudo nem coisa nenhuma, e o conhecimento das crianças pode ser esticado somente até certo ponto.

É aqui que a história — ou o desenvolvimento ao longo dos anos e das gerações — pode nos ajudar. Ao longo dos séculos, grupos e sociedades passaram de viagens a pé e a cavalo para viagens em trens, automóveis, aviões, jatos e ônibus espaciais. É possível, atualmente, ir e vir entre o Deus do Antigo Testamento e o Deus do Novo Testamento, e, até mesmo, deparar-se com um Deus evangélico cujo comportamento lembra o de um amigo pessoal. É possível utilizar artefatos como um ábaco ou um computador, já muito distantes de sua origem na contagem dos dedos da mão. As crenças políticas, por sua vez, podem ir do direito divino dos reis aos valores de *liberté, égalité, fraternité*, da Revolução Francesa, chegando até os "camaradas" do comunismo soviético.

As diversas mudanças culturais que se desenrolaram ao longo da história são extensas e podem ser bastante exóticas, mas também têm suas limitações elásticas. Afinal, qualquer cultura pode se estender, se expandir e se contorcer para criar ideias inovadoras com relação à mente, começando pelo básico. Também pode reduzir a amplitude da mente, concentrando-se em comportamentos objetivos e palavras faladas, como parece ocorrer entre os Baining. Daí resultam as psicologias populares, muito diferentes entre povos igualmente diferentes. No entanto, estas não podem se estender infinitamente; seus fundamentos devem ser algo que as crianças da comunidade possam aprender. Afinal, se uma ideia forçar demais a própria elasticidade, ela se desgasta e pode arrebentar. E, quando as crianças não conseguem aprender alguma ideia nova ("não natural"), a cadeia de transmissão começa a falhar.[†**]

Contradições e Progressos

Pode parecer contraditório que a teoria da mente seja universal, enquanto as psicologias populares são radicalmente diferentes umas das outras. No entanto, reproduzindo Alfred Whitehead, abraçar esses dois argumentos desenha um progresso em direção ao verdadeiro conhecimento.

Uma cognição social universal existe de fato, como pudemos ver na teoria da mente infantil. Obviamente, no entanto, nenhuma criança de nenhum grupo cultural

---

*Eu ouvi e contribuí com essa metáfora pela primeira vez em conversa com Tanya Luhrmann, em seu escritório em Stanford. Em minha opinião, ela captura muito bem a noção de como nossos entendimentos podem ser flexíveis dentro das limitações devidas e, ao mesmo tempo, como os entendimentos mais básicos podem ligar, entre si, muitos outros.

** † Na verdade, deve ser quase impossível encontrar exemplos plausíveis de psicologias populares totalmente "não naturais". Os registros históricos revelam as diversas ideias que conseguiram perseverar ao longo do tempo e das gerações, eliminando aquelas muito exóticas que alguém possa ter tido e que ninguém mais poderia aprender.

pode nos revelar *uma* teoria da mente universal, isenta de influências culturais, já que todas elas começam a aprendê-las desde o nascimento. Apesar disso, as crianças de todo o mundo iluminam, juntas, uma estrutura universal, pois revelam os processos de aprendizado e desenvolvimento em seus estágios iniciais.

Como você já deve ter imaginado, as concepções dos adultos ao redor do mundo são muito menos semelhantes entre si do que as das crianças. Isso se deve ao fato de as culturas terem séculos para desenvolver seus entendimentos singulares a respeito das pessoas, dos seres e das sociedades, e uma sociedade tem anos para "esticar" a estrutura universal de uma criança, passando adiante suas crenças, seus valores e suas visões de mundo únicas. As psicologias populares dos adultos, que decorrem destas, podem ser — e são — bastante diferentes umas das outras, portanto. Ao mesmo tempo — e por fim —, todas essas diferenças têm como base a mesma estrutura inicial presente nas crianças pequenas.

10

Chimpanzés, Cachorros e Nós Mesmos

A Evolução em Decifrar Mentes

Você já pode ter visto alguns documentários com Jane Goodall sentada no chão de uma selva africana, observando chimpanzés. Um dos mais conhecidos é o *Jane Goodall's Wild Chimpanzees*, produzido pela BBC. Quando foi realizado, Goodall já estudava os mesmos chimpanzés no Parque Nacional de Gombe, na Tanzânia, há mais de quarenta anos. Em 2018, ela já fazia isso há mais de cinquenta e cinco anos, o mais longo estudo contínuo sobre o comportamento de chimpanzés de todos os tempos.[1]

Rompendo com a tradição antropológica estabelecida, Goodall deu aos chimpanzés nomes em vez de números — David Greybeard, Flo e seus filhotes Fifi, Figan e Frodo —, além de descrever suas personalidades individuais. Frodo, por exemplo, era um "valentão" e um arruaceiro, ela dizia; mas, "por mais brutal que Frodo seja, ele também tem um lado meigo e gentil". Fifi era uma fêmea adulta sem prole, mas que "adorava ser a 'tia'" de vários chimpanzés jovens. David Greybeard foi o primeiro chimpanzé a se animar com a presença de Goodall, fazendo amizade com ela e fomentando as relações sociais que a levaram a ser aceita como um membro da tropa.

Goodall afirma: "Não são apenas os seres humanos que têm personalidade ou que são capazes de pensar racionalmente e sentir emoções como alegria e tristeza". As interpretações da primatóloga parecem muito mais convincentes, é claro, quando você vê seus amigos chimpanzés fazendo outras coisas além de comer e se higienizar. Uma mãe carrega, brinca e faz cócegas em seu bebê; um macho beija uma criança; uma fêmea protege o filho de outrem. "Eu já vi tantas coisas aqui em Gombe: intrigas políticas, crueldade, guerras, mas também amor, compaixão e até mesmo humor." Goodall também afirma que seus chimpanzés apresentam esses e vários outros comportamentos caracteristicamente "humanos".

Quão Humanos Eles São?

Os chimpanzés constituem nosso parentesco animal mais próximo; compartilhamos mais de 95% do mesmo DNA. Primatólogos os estudam em busca de pistas sobre como seriam nossos antepassados primatas e também para entenderem melhor a lacuna que a evolução teve que atravessar na produção de primatas humanos com base nos não humanos. Isso porque os estudos sobre animais constituem um método fundamental para compreendermos daquilo que nos singulariza como seres humanos. Mas o que, afinal, nos diferencia do restante do reino animal? É o uso de ferramentas e o bipedalismo? Ou será algo mais?

No final da década de 1890, os exploradores europeus da África realizaram as primeiras descrições de primatas, mais especificamente, de chimpanzés e gorilas. Estas caracterizavam bestas assustadoras, que se comportavam de maneira selvagem e imprevisível. A diferença entre eles e nós parecia, naquele momento, gigantesca, apesar de sua aparência lembrar vagamente a aparência humana. Décadas mais tarde, porém, as descobertas de Goodall revelaram que nossas semelhanças vão muito além dos genes e incluem a inteligência, as emoções e, também, as relações sociais, além de práticas políticas e tradições culturais.

As descrições de Goodall respaldaram uma visão ampla e inédita da cognição social dos primatas, que os contempla como nossos primos distantes, cuja cognição social está bastante próxima. Uma onda inicial de estudos sobre o aprendizado de idiomas por chimpanzés endossou essa perspectiva.[2] Na década de 1970, Washoe, uma fêmea de chimpanzé, foi filmada utilizando quase 300 sinais da Língua de Sinais Americana (LSA) para conversar fluentemente com seus donos, Beatrix e Allen Gardner, sobre diversas coisas, pessoas e até sobre ela mesma. Washoe era tratada como um membro da família Gardner.[*]

Esse, no entanto, é apenas um lado de um debate científico oscilante e em constante expansão. Além dessas visões antropocêntricas, digamos, "ricas" sobre os primatas, também existem aquelas mais enxutas.

Ricas ou Enxutas?

Enxutas

Nas décadas de 1980 e 1990, testes de laboratório começaram a mostrar uma imagem muito menos generosa da cognição social dos chimpanzés. Por um lado, a linguagem deles se mostrou rigidamente limitada e muito distante da humana, ao contrário do que se pensava. Diversas evidências foram fornecidas por Daniel Povinelli, provindas de seu laboratório de primatas[†], na Louisiana, e por Michael Tomasello, junto de seus colegas, em seu laboratório na Alemanha. Esses estudos influentes e reveladores propuseram que os chimpanzés não entendiam quase nada sobre as causas psicológicas de um comportamento alheio qualquer — ou seja, sobre as percepções, intenções e crenças que fundamentam as ações humanas.

---

[*]Quando ela se tornou adolescente e chegou ao tamanho, arcada e força adultas, teve que ser transferida para fora de qualquer família humana, indo parar em um centro de pesquisas.

Pude observar isso em primeira mão quando visitei Danny Povinelli em seu laboratório de cognição primata, em New Iberia, Louisiana, o coração do país dos Cajun (descendentes dos antigos acadianos expulsos do Canadá). Em uma área plana, um pouco acima do nível do mar, milhares de macacos e centenas de chimpanzés estavam alojados em uma antiga base da Força Aérea. A maioria deles estava disponível para pesquisas biomédicas, mas o laboratório de Povinelli se dedicava a pesquisas comportamentais, procurando abrir uma janela para suas mentes.

Os estudos de Povinelli se baseavam nas súplicas dos chimpanzés:[3] eles estendem uma mão para conseguir comida de outros chimpanzés. Nos experimentos, os macacos foram treinados para pedirem a um treinador que ficava sentado atrás de uma parede de acrílico em uma sala de testes. A parede tinha vários buracos, mas os chimpanzés tinham que pedir por aquele que ficava exatamente na frente do treinador. Quando o faziam, eram elogiados e ganhavam alguma comida. Assim, todos os macacos aprenderam rapidamente a pedir comida pelo buraco certo.

Após isso, o estudo teve início. A questão era: o que eles fariam quando houvessem dois treinadores, um que conseguisse vê-los e outro que não conseguisse? Obviamente, um humano pediria ao treinador que conseguisse vê-lo. Será que os chimpanzés fariam o mesmo?

Povinelli e sua equipe tentaram outros cenários alternativos. Um dos que pude ver era uma versão *frente e verso*: um treinador, vestido com um uniforme cirúrgico verde, sentava-se de frente para o chimpanzé, enquanto outro, vestido de maneira similar, sentava de costas. Na versão dos *baldes*, uma treinadora cobria a cabeça com um balde, enquanto outra segurava um balde idêntico ao lado da própria cabeça. Já na versão das *mãos*, uma treinadora tapava os olhos com as mãos, enquanto a outra tapava os ouvidos. Cada dupla incluía, assim, uma pessoa que qualquer ser humano imediatamente percebia que não conseguiria vê-lo, e outra que obviamente conseguiria.

E o que aconteceu? Para o cenário *frente e verso*, mais de 50% dos macacos apontaram corretamente para a pessoa que os encarava — acima do acaso, portanto. Esta, contudo, foi a única das versões elaboradas em que os macacos tiveram esse desempenho. Nas outras, os chimpanzés se mostraram tão propensos a pedir para um pesquisador com um balde na cabeça, ou com os olhos tapados, como para alguém que podia encará-los diretamente. Para fins de comparação, lembremos que as crianças humanas de 2 e 3 anos de idade se encaminham, quase que invariavelmente, ao pesquisador que as pode ver.

O que isso significa? Por que os chimpanzés pediam aos treinadores que não conseguiam vê-los, sendo que queriam a comida? Povinelli concluiu que, embora os macacos sejam espertos para muitas coisas — capazes, por exemplo, de ir a determinado arbusto ou árvore para colher frutas, ou de pedirem pelo buraco correto da parede acrílica quando havia apenas um treinador sentado —, eles são incapazes de captar um estado mental alheio — nesse caso, a percepção — para resolver um problema.

Um retrato bastante enxuto, de fato.

Para testar melhor sua hipótese, Povinelli e sua equipe voltaram a analisar a comparação de *frente e verso*, único cenário que sugeria qualquer ligação dos chimpanzés à percepção dos treinadores. Novamente, havia dois treinadores; dessa vez, no entanto, os dois estavam virados de costas, sendo que um deles tinha a cabeça voltada para a frente. Resultado: os chimpanzés pediram aos dois, igualmente, e de maneira um tanto aleatória, embora a solução seja bastante óbvia para a compreensão humana. Os macacos pareciam ter entendido que a posição do corpo era uma deixa para serem alimentados, mas não reconheceram o fator determinante — a visão.

Os pesquisadores também testaram os chimpanzés para ver se podiam aprender, por meio da prática, a utilizarem a percepção de um treinador. Eles foram submetidos a inúmeras tentativas com diferentes cenários (*cabeça voltada para a frente; baldes; mãos; vendas*); em cada um deles, eles só conseguiam a comida se pedissem ao treinador que conseguisse vê-los, um pouco como o reforço de comida dos ratos em uma caixa de Skinner (também conhecida como "câmara de condicionamento operante"). Em alguns desses cenários, como o dos *baldes*, os chimpanzés realmente acabaram aprendendo a recorrer ao treinador correto, mas foi um aprendizado lento e trabalhoso, com centenas de tentativas. Crianças humanas, nesses mesmos casos, acertavam de primeira.

Nos outros cenários, os chimpanzés nunca atingiram um desempenho acima da sorte. Em um deles, os chimpanzés olhavam para um treinador com uma venda preta amarrada sobre os olhos e para outro com a mesma venda amarrada na boca — um contraste entre *olho* e *boca*. Mesmo assim, após muitas provas em que tinham sido recompensados por pedirem "boca" ao treinador, os chimpanzés não entendiam a diferença, recorrendo aleatoriamente a ambos. Estudos posteriores definiriam o seguinte: desde que parcelas equivalentes dos rostos estivessem cobertas, os macacos escolheriam de forma aleatória. Ou seja, não importava tanto para eles se a pessoa podia vê-los ou não.

Ao longo dos anos 1990, tanto Povinelli quanto Tomasello[4] — em pesquisas independentes — confirmaram que os chimpanzés são aprendizes hábeis em diversas áreas importantes. Se os testes envolvessem as estruturas físicas e sociais de seu mundo, por exemplo, eles aprendiam com muita rapidez. Questões como quais chimpanzés eram dominadores em termos de comida e sexo ou quais deviam ser escolhidos como aliados; o fato de que as fêmeas costumam migrar para outros grupos quando atingem a maturidade sexual, de forma que os machos aprendem que, no longo prazo, irmãos são aliados melhores do que irmãs. Ou, ainda, como aprendem a se proteger: machos de outros grupos podem matar chimpanzés do seu grupo; então eles costumam postar sentinelas nas fronteiras de seu território. Segundo os pesquisadores, contudo, todos esses aprendizados têm uma limitação decisiva em comparação com os nossos — o fato de que os chimpanzés podem aprender pouco ou quase nada sobre aquilo que orienta as ações, os interesses ou as expressões emocionais de outro indivíduo. Esta é uma diferença absoluta e decisiva entre os humanos e outros primatas.

Enriquecendo

Avancemos dez anos. Estou visitando Mike Tomasello em seu laboratório de cognição primata no zoológico de Leipzig, na Alemanha. Por quê? É que, desde os anos 1990, as pesquisas se voltaram para uma visão mais rica, na qual os chimpanzés voltaram a ser mais parecidos conosco do que pensávamos. Um experimento em particular levou a uma alteração radical em nosso ponto de vista e surgiu dos esforços contínuos de Tomasello e seus colegas.[5]

Superficialmente, a configuração e a abordagem experimental de Tomasello eram muito parecidas com as de Povinelli. Os treinadores dos animais, em sua maioria mulheres de jaleco cirúrgico com cores suaves, levavam os chimpanzés para dentro e para fora de gaiolas de pesquisa, onde lidavam com contextos cuidadosamente construídos e um pouco menos artificiais. O que foi acrescentado: nessas experiências, os chimpanzés interagiam competitivamente com outros chimpanzés, em vez de lidarem com humanos. Isso produziu resultados totalmente diversos.

Os chimpanzés são seres hierárquicos por natureza; existe uma ordem de prioridade bem delineada entre machos e fêmeas, machos e machos, fêmeas e fêmeas. No estudo de Tomasello, dois chimpanzés, um dominador e um dominado, foram colocados atrás de portas separadas, em frente a uma sala central coberta. A comida foi colocada na sala central, e as portas podiam ser quebradas, para que os chimpanzés conseguissem ver a comida, mas não pegá-la. Pequenos painéis retangulares foram colocados nas paredes, para a tapar a visão de alguns chimpanzés.

Na natureza selvagem, quando um chimpanzé dominador e um dominado competem por comida, o segundo sabe que perderá e, então, deixa o outro ir primeiro. Nessa configuração de laboratório, contudo, a competição podia ser controlada. Em alguns testes, ambos podiam ver a comida; em outros, o dominado a via, enquanto o dominante não.

Tomasello queria saber se um chimpanzé dominado poderia entender suficientemente as percepções do outro chimpanzé para ir atrás da comida que não conseguia ver. De fato, quando os dominados viam dois pedaços de comida e sabiam que o dominador tinha visto apenas um, eles sempre iam atrás do outro.

Isso significa, então, que os chimpanzés podem ajustar seu comportamento com base no que os outros veem? Será que eles conseguem reconhecer as percepções e a atenção de outros chimpanzés?

Observar esse comportamento em primeira mão foi um tanto convincente para determinar uma resposta afirmativa, e as pesquisas reforçaram essa perspectiva mais "rica", como assinalamos. Nos experimentos em Leipzig, desde o início e em diversos cenários, os dominados foram capazes de identificar a habilidade perceptiva do dominador: se ele via ou não a comida. Tomasello e sua equipe também analisaram outras possibilidades, como mostrar comida para um chimpanzé dominador, escondê-la e, então, proibi-la para os dominados, sinalizando-a como "apenas para dominadores". Nesse caso, os chimpanzés operariam com base em algo como um tabu da comida, em vez de uma compreensão da habilidade do dominador. Em uma variação, um dominador via a comida escondida, mas era rapidamente substituído por outro dominador, que nunca a tinha visto. Nesses casos, os dominados rapidamente pegavam a comida para si; ou seja, eles estavam monitorando a visão dos dominadores, e não se abstendo de um tabu alimentar.

Esses estudos confirmaram que os chimpanzés entendem que há alguma relação entre ver e saber — afinal, se o chimpanzé dominador visse, ele saberia.

Limitações dos Chimpanzés

Em uma situação competitiva, os chimpanzés conseguem entender o que outro macaco (ou um humano, como também se pôde observar) vê ou sabe. Eles entendem, também, algumas ações intencionais, como quando o pesquisador pretende lhes dar uma uva (Barra Lateral 10.1). Por outro lado, algo que os chimpanzés não conseguem entender são as crenças (falsas ou não) dos outros, mesmo em uma situação competitiva. Além disso, eles praticamente nunca ensinam nada uns aos outros, nem sequer tentam, já que ensinar é uma atividade que requer algum entendimento sobre a teoria da mente. Mesmo os bebês humanos com 2 anos de idade que tentam ensinar algo aos outros costumam ser bem-sucedidos, enquanto as mamães chimpanzés não ensinam aos filhos nem sequer habilidades básicas para obter alimento.

O entendimento dos chimpanzés fica, enfim, muito aquém daquele das crianças humanas — é o que estamos tentando delinear. Além disso, as ações destas parecem brotar de um ímpeto diferente, um que é propriamente humano.

Barra Lateral 10.1 Mais Compreensões Primatas

Tomasello e seus colegas forneceram outras informações a respeito de como os chimpanzés entendem a si mesmos e aos outros. Note, por exemplo, que, nos estudos de competição por alimentos, os chimpanzés estavam monitorando os outros de maneira não egocêntrica. Eles demonstraram um entendimento de que "eu vejo, e você não", ou "eu vi isso escondido, e você não". Quando humanos fazem isso, desde o primeiro ano de vida, os cientistas afirmam que eles estão adotando as perspectivas alheias, sejam elas visuais ou cognitivas. Nossos primos primatas fazem o mesmo.

Os resultados da competição por comida também levantam novas questões: quão bem os primatas conseguem entender os estados mentais como intenções? Uma visão mais rica poderia ser sustentada?

Os resultados de experimentos que envolvem participantes *de má vontade* e participantes *inábeis,* como veremos a seguir, demonstram que os primatas conseguem compreender algumas distinções significativas e sutis.[12]

Na versão com primatas de um experimento *"má-vontade-inábil"*, Josep Call, juntamente com Tomasello, colocou chimpanzés do zoológico de Leipzig em um procedimento no qual uma treinadora humana lhes oferecia um pouco de comida por meio das barras da gaiola. Para alguns, a treinadora tentava dar uma uva, mas não conseguia: repetidamente a deixava cair e rolar de volta para ela (caso da "inabilidade"). Para outros chimpanzés, ela oferecia uma uva, mas logo desistia. Do ponto de vista humano, ela não parecia muito disposta a compartir a fruta (caso da "má vontade"). Nesses casos de evidente indisposição, os chimpanzés, além de pedirem mais vezes, saíam mais depressa da sala de testes, enquanto, na situação desastrada, eles eram mais tolerantes. Isso ocorria de fato, embora o comportamento da treinadora (segurar algo, mas não passar adiante) e os resultados decorrentes (os chimpanzés não conseguirem uma uva) fossem semelhantes nos dois casos.

Embora o comportamento fosse semelhante, ambos os chimpanzés, e, em outros estudos, os bebês humanos, reconheciam a diferença nas intenções implícitas dos examinadores e reagiam de acordo com elas.

Humanos *versus* Chimpanzés: Compartilhar, Ajudar e Adquirir

Partilha e Cooperação

Os chimpanzés raramente compartilham comida. Tanto em experimentos controlados quanto na natureza, eles não indicam para outros onde pode haver comida nem dão comida só por serem solicitados. Mães, às vezes, compartilham comida com os próprios filhos, mas até isso é algo incomum; já entre mães e filhos humanos é a coisa mais normal do mundo.

Alguma cooperação entre chimpanzés pode ser engendrada em situações de laboratório: dois chimpanzés trabalharão em paralelo para puxar cordas presas em extremidades diferentes de uma bandeja ou suporte, se essa for a única maneira de fazer com que consigam a guloseima ali depositada. No entanto, uma vez que tenham conseguido e a menos que a comida esteja dividida ou separada de alguma forma, a cooperação é prontamente desfeita, e o chimpanzé dominador leva tudo. Isso é diferente no caso dos seres humanos, em que mesmo as crianças muito pequenas cooperam e, se as coisas não estiverem divididas igualmente, elas mesmas tentam fazê-lo.[6]

Comunicações Úteis

Uma cooperação contínua requer confiança em um parceiro útil e prestativo ("Você vai compartilhar a comida comigo"), além de exigir comunicação ("Você faz isso, e eu faço aquilo"). Os estudos de Povinelli foram baseados nesses requisitos. Porém foram exatamente esses componentes cooperativo-prestativos que dificultaram as tarefas para os chimpanzés.

Outras pesquisas mostraram que a principal diferença entre os estudos iniciais de Povinelli e os mais recentes de Tomasello não era que o interagente fosse um humano, em vez de um chimpanzé. Era, na verdade, o fato de ter que se decifrar mentes em uma situação solícita e cooperativa. Em experimentos competitivos, como aqueles realizados por Tomasello, os primatas não humanos mostraram uma boa compreensão tanto das percepções e dos entendimentos dos seres humanos quanto dos outros primatas.

Mesmo crianças humanas pequenas utilizam gestos, apontamentos e, posteriormente, palavras para comunicar algo aos outros. Sammie, com 18 meses, aponta o dedo para seu bicho de pelúcia favorito fora de alcance, para que a mamãe o pegue para ele: pura comunicação imperativa. Sammie também pode apontar para um caminhão que passa na rua, para que a mãe o perceba: comunicação declarativa.

Boa parte da comunicação humana é declarativa. Estudos demonstraram que, aos 2 anos de idade, 80% ou mais das comunicações são declarativas: basicamente, a vontade de compartilhar um evento ou uma visão interessante com alguém. Por outro lado, praticamente todas as comunicações dos macacos são imperativas e interesseiras. Em 95% das vezes que um chimpanzé gesticula para humanos, é para tentar fazer com que lhe deem alguma coisa; ou seja, eles estão quase sempre rogando por algo.

Se você assistiu aos documentários de Jane Goodall, pode até pensar naquela exceção de quando os chimpanzés gritam alto, fazendo chamados para compartilhar alimentos. Um Chimpanzé X encontra um monte de mangas silvestres e chama animadamente os outros, que vêm correndo para comer. Na verdade, as pesquisas contemporâneas apontam que esses "chamados" podem ser realizados exclusivamente por interesse próprio; afinal, o chimpanzé gritaria mesmo se o grupo inteiro estivesse ao lado da mangueira, sem necessitar de informações extras, apenas para ter companhia enquanto come e, provavelmente, como uma proteção a mais contra predadores ou, ainda, por pura excitação — mas certamente não pela alegria de compartilhar.

Atitudes Úteis

Em contraste com o que acabei de afirmar, um colega meu chamado Felix Warneken mostrou, em Michigan, com que frequência e facilidade as crianças pequenas ajudam outras pessoas. A partir dos 14 meses, elas já interagem com um adulto em situações como estas:

1. O adulto derrubou um objeto da mesa e não conseguiu alcançá-lo.
2. O adulto, carregando diversos livros, acabou ficando preso em uma porta do armário que ele não conseguia abrir.
3. O adulto não conseguiu reaver um objeto de uma caixa fechada, mas que, na verdade, tinha uma abertura no lado da criança (sem que ele soubesse).

Em cada uma dessas situações, as crianças demonstraram um entendimento cristalino das intenções (falhas) do adulto *e* quiseram, consistentemente, ajudar: respectivamente, pegaram o objeto, abriram a porta do armário e apontaram para a parte aberta e escondida da caixa. Elas o faziam mesmo quando não eram elogiadas e, também, quando precisavam interromper as próprias atividades.

Crianças de 6 meses sabem distinguir muito bem alguém que ajuda de alguém que atrapalha, conforme demonstrado nos experimentos que envolveram violações de expectativa. Os bebês encararam por muito mais tempo quando uma pessoa atrapalhou em vez de ajudar — isso porque esperaram a ajuda. Crianças um pouco mais velhas recompensaram aqueles que ajudaram, com um abraço ou um presente, mas não o fizeram com quem atravancou a situação.[7]

Como Warneken afirmou: "Desde tenra idade, bebês e crianças humanos são naturalmente empáticos, prestativos, generosos e instrutivos." Para mostrar essas qualidades, uma criança deve, antes, entender o conhecimento, as intenções, as ações e os desejos de outra pessoa, o que não é pouco.

Porém toda essa compreensão é muito diferente no caso de nossos parentes primatas. Os chimpanzés até conseguem entender parcialmente os estados intencionais, comportamentais e informativos dos outros, especialmente em uma situação de competição por alimento. No entanto, muito raramente se ajudam, e sua comunicação é quase totalmente imperativa; além disso, eles normalmente tentam adquirir para si, em vez de instruir ou cooperar com os outros. Assim, a teoria da mente, no caso dos primatas, volta a exigir uma interpretação mais enxuta, principalmente quando se trata de sua habilidade de decifrar mentes para fins de cooperação ou comunicação. Comunicar, compartilhar e ajudar seguem sendo, portanto, características primárias dos seres humanos.* Será?

Meu Cachorro Consegue Decifrar Minha Mente

Sempre que dou palestras ou aulas a respeito de teoria da mente, algum dono de cachorro afirma: "Meu cachorro decifra minha mente." Eu costumava ser cético a respeito disso; provavelmente, o cachorro se sintoniza com os sinais de seu dono porque é ele quem lhe fornece comida, carinho e oportunidades de se relacionar. A verdade, no entanto, acabou se revelando muito mais interessante.

Pesquisas apontam que os cães são magníficos na leitura de sinais sociais e comunicativos tanto de seres humanos quanto de outros cães. Em estudos controlados, por exemplo, eles seguem com facilidade a direção para a qual uma pessoa aponta ou olha e compreendem o significado de diversas palavras e gestos, como *senta, aqui, bolinha* e *Fido*. Além disso, evitarão comer alimentos que lhe são vetados, pelo menos enquanto os olhos do observador estiverem abertos, e sabem distinguir entre um olhar focado em um objeto e um olhar focado no espaço acima desse objeto.

Os cães conseguem ler corretamente as intenções e as interações sociocomunicativas na primeira tentativa e já mostram muitas dessas habilidades quando filhotes. Da mesma forma como os bebês humanos de 1 ano de idade — e diferentemente dos chimpanzés adultos —, os cachorrinhos conseguem entender indicações, gestos e olhares; também conseguem se engajar em comunicações e decifrar as intenções

---

*Não podemos ignorar que as habilidades refinadas da teoria da mente humana não estão aí apenas a serviço de interações úteis e cooperativas. Como nossos parentes primatas, também somos animais competitivos e egoístas; além disso, como bem observou Jane Goodall, somos políticos. As biografias de Josef Stalin, por exemplo, frequentemente o descrevem como alguém excepcionalmente bom em decifrar mentes, o que pode explicar seu sucesso inquestionável no mundo social das intrigas políticas. E, apesar de todos os seus crimes e das permanentes vicissitudes políticas da URSS (União das Repúblicas Socialistas Soviéticas), ele ainda conseguiu morrer de causas naturais em sua cama.

CHIMPANZÉS, CACHORROS E NÓS MESMOS 113

alheias. Portanto, eles deram alguns passos em direção à socialização prestativo-comunicativa que nossos primos primatas não conseguiram.

É claro que essas habilidades sociocognitivas também têm suas limitações. Enquanto eles prestam atenção aos seres humanos e a seus gestos da mesma maneira que bebês de 1 ano, por outro lado, não desenvolvem as habilidades da teoria da mente de uma criança de 2 anos. Ainda assim, podemos afirmar que estão sintonizados com os seres humanos como poucos outros animais. Como isso aconteceu?

A hipótese mais aceita é de que os cães desenvolveram suas proezas sociais por meio de uma longa história de domesticação. Nesse processo, eles teriam se tornado menos agressivos, menos competitivos e menos temerosos com relação aos humanos.

Brian Hare, pesquisador de canídeos da Universidade de Duke e ex-aluno de Mike Tomasello, arriscou a hipótese de uma "reatividade socioemocional", que postula que os caninos selvagens (lobos) menos receosos e agressivos com seres humanos foram domesticados ao longo de gerações.[8] Possivelmente, isso aconteceu quando os humanos passaram a aceitar os lobos nos lugares em que jogavam fora restos de alimentos, de forma que o aumento no fornecimento de comida lhes conferiu uma vantagem adaptativa. Assim, com o tempo e o contato contínuo, esses caninos teriam desenvolvido habilidades de comunicação social com os humanos. Além disso, como eles começam a se reproduzirem com cerca de 1 a 2 anos de idade, quinhentos anos de convivência com seres humanos englobaram algo entre duzentas e trezentas gerações, um número de ciclos suficiente para selecionar um temperamento menos agressivo e medroso, conforme deduziu Hare.

Um estudo especial de reprodução de animais, realizado em uma fazenda de peles de raposa siberiana, reforçou essa convicção. As raposas selvagens podem ser agressivas (podem morder um criador de peles) ou receosas (encolhidas em suas gaiolas sem se alimentarem bem, não desenvolvendo peles saudáveis para produzir bons casacos). Para corrigir esses problemas, uma fazenda de peles iniciou um programa de reprodução controlada. O estudo foi realizado de forma clandestina na década de 1950, já que as pesquisas genéticas e evolutivas eram proibidas na URSS stalinista. Dmitri Belyaev e Lyudmila Trut conseguiram aprovar o experimento com a desculpa de criarem raposas que produziriam casacos mais luxuosos, o que favoreceria a economia russa.

Cada geração de filhotes era dividida em duas. Aqueles que eram menos medrosos e menos agressivos para com seus tratadores humanos se reproduziam entre si. Seus filhotes, então, eram testados e, novamente, os menos temerosos e agressivos dessa geração cruzavam e assim em diante. As outras raposas, as controladas, se reproduziam de forma aleatória.

114   DECIFRANDO MENTES

Após apenas algumas gerações, a população-alvo já demonstrou pouco medo ou agressividade com relação a seres humanos e, inesperadamente, também apresentaram outros sinais de domesticação canina. Quando os filhotes dessa população de raposas foram testados por Hare em quesitos como responder a apontamentos ou observações, eles apresentaram um desempenho parecido com os filhotes de cachorro da mesma idade. Já as raposas controladas tiveram um mau desempenho nesses testes, embora tenham desempenhado tão bem quanto as domesticadas em outros relacionados a resoluções de problemas não sociais.

Diferentemente das raposas controladas, as experimentais que eram menos receosas e agressivas gostaram, inclusive, de serem seguradas e acariciadas, podendo, até mesmo, viver em uma casa. É de surpreender o fato de que elas chegaram a desenvolver orelhas moles e narizes parecidos com os da raça pug, além de balançarem suas caudas — parecendo em nada com as raposas selvagens. Você pode encontrar vídeos sobre esse estudo no YouTube (ao pesquisar por "Domesticação de raposas").

Os cães provavelmente foram domesticados entre 20 e 35 mil anos atrás. Esse processo resultou em um temperamento menos agressivo e receoso, o que lhes permitiu um melhor acesso à proteção e aos recursos humanos, o que, por sua vez, lhes conferiu utilidades adaptativas. Também facilitou sua comunicação, cooperação e suas habilidades sociocognitivas, características que os fazem parecer, ainda que apenas um pouco, distintamente humanos. Ao longo do processo de domesticação, os cães também foram muito úteis ao estabelecer uma relação de proveito mútuo: trouxeram alimento para os humanos, pastorearam animais e se tornaram cães-guia.[9]

Poderiam nossos ancestrais primatas terem evoluído por meios parecidos, à medida que domesticamos a nós mesmos? Poderia algo assim explicar como as manipulações competitivas e interesseiras dos primatas deram lugar a uma teoria da mente tão útil e comunicativa, que se tornou nossa marca registrada? Uma seleção contra a agressão e o medo de seres humanos permitiu aos cães e às raposas coexistirem conosco de maneira cooperativa e, também, levou a um aprimoramento de suas habilidades em teoria da mente. Talvez o mesmo tenha acontecido com os humanos. Afinal, essa mudança no temperamento e nas habilidades sociais certamente permitiu aos proto-humanos usufruírem das diversas vantagens da vida cooperativa: comida compartilhada, aproveitamento mútuo das descobertas e invenções, segurança grupal, entre outras.

Humanos Temperamentais

Seríamos nós, então, os "macacos domesticados", que não apenas começaram a se erguer sobre duas pernas e a usar ferramentas, mas também alteraram o temperamento incessantemente competitivo dos primatas? A virada de uma experiência social altamente competitiva para uma mais cooperativa e ajuizada foi tão fundamental assim para nossa evolução e sobrevivência?

Não podemos realmente saber o que provocou nossa diferenciação evolutiva. No entanto, inspirados por leituras sobre a cognição canina, meus colegas e eu percebemos que um paralelo humano poderia ser testado. Será, então, que as crianças com um temperamento mais "domesticado" — ou seja, menos agressivo, mais prestativo e não tão receoso diante de outras pessoas — desenvolvem uma melhor compreensão e habilidade social do que aquelas com temperamento menos "domesticado"?

Desde a infância, todos mostramos certas diferenças de temperamento. Algumas crianças são mais ativas e inquietas, enquanto outras são mais calmas; algumas são atentas socialmente, enquanto outras contemplam outros elementos. Umas são agressivas, outras "tímidas", e outras, ainda, mais cooperativas. O temperamento das crianças na primeira infância foi particularmente bem estudado, e sabemos que ele influencia suas interações e adaptações sociais, que, por sua vez, podem moldar seus entendimentos e sua aquisição da teoria da mente. Mas qual temperamento seria o mais benéfico? Uma criança mais agressiva pode vir a participar mais ativamente de interações sociais, adquirindo, assim, experiências que a ajudem a desenvolver discernimentos da teoria da mente mais cedo na vida. Por outro lado, sua agressividade pode interferir em um entendimento mais sofisticado dessa teoria, de modo que uma criança tímida, porém observadora, pode compreender melhor aos outros e a si mesma.

Nós decidimos descobrir isso.[10] Após a pesquisa sobre a domesticação canina, levantamos a hipótese de que a agressividade interferiria negativamente no desenvolvimento da teoria da mente de uma criança, enquanto um temperamento mais observador, porém não receoso, a ajudaria a aprimorá-la.

Foram avaliadas em torno de 150 crianças no período da primeira infância, com cerca de 3 anos e meio de idade. Suas respectivas mães preencheram uma série de questionários sobre o temperamento dos filhos. Aquelas com 3 anos e meio e 5 anos e meio fizeram alguns testes de mentalização, que eram essencialmente testes-padrão de crenças falsas para a idade pré-escolar. Além disso, para fins de monitoração, as crianças receberam testes de QI e de habilidades linguísticas.

O temperamento aos 3 anos e meio claramente antecipou as conquistas relacionadas à teoria da mente realizadas aos 5 anos e meio, mesmo quando monitoramos os aspectos extensivamente. Um temperamento agressivo, particularmente, antecipou um desenvolvimento relativamente *pior* da mentalização nos dois anos seguintes, enquanto um temperamento tímido, porém socialmente observador, já previa um desenvolvimento *melhor* e mais apurado.

Esse tipo de temperamento tímido e observador que descobrimos estar relacionado positivamente à conquista de uma teoria da mente não era de uma timidez evasiva e temerosa. Essas crianças não tinham medo de outras pessoas. Elas eram socialmente empenhadas, apenas mais observadoras e quietas, como foi revelado em várias perguntas — se preferiam "assistir à brincadeira primeiro, antes de se juntar às outras crianças" ou se demoravam "para se enturmar com novas pessoas".

Em outra de nossas pesquisas, esta liderada por Jonathan Lane, elaboramos medidas para distinguir os dois tipos de timidez principais que pensávamos estarem frequentemente agrupados na maioria das avaliações de temperamento. Um grupo incluiu crianças que se afastavam socialmente, em um sentido mais receoso e reativo; o outro incluiu aquelas relutantes, porém sem tanto medo ou reatividade. O segundo grupo de crianças gostava de olhar em silêncio e a distância antes de ingressar em uma situação social, mas não eram avessos às outras crianças. Foram essas crianças tímidas, mais observadoras e caladas que demonstraram as melhores habilidades de mentalização, tanto nos Estados Unidos quanto na China. Aparentemente, uma imersão aproximada demais do burburinho de atividades e emoções pode sobrecarregar a compreensão social de uma criança, enquanto uma observação mais audaciosa e não reativa dos outros pode estimulá-la.

Esses dados, juntamente às descobertas sobre cães e chimpanzés, me convenceram de que as bases para nossa inteligência expressiva são sociais. Os recursos cognitivos que criaram gravuras, aviões e iPhones não tiveram origem no mundo dos objetos. A inteligência usada para criar essas e tantas outras coisas teve sua origem em uma inteligência anterior, utilizada para entender o mundo social. De fato, gravuras, iPhones, aviões e muitos outros objetos foram desenvolvidos para entendermos e interagirmos no mundo das pessoas. Creio, portanto, que nossa inteligência seja — e tenha começado como — algo especificamente social.

Inteligência Social

Nicholas Humphrey, o psicólogo evolucionista britânico mencionado no Capítulo 2, disse: "A habilidade de se fazer psicologia, por mais que exista em todo homem e toda mulher comum, não é de modo algum uma habilidade comum."

Humphrey acredita que nossa psicologia cotidiana, habitual, é a base de nossa inteligência comum. O aumento da capacidade mental dos seres humanos se deveria, portanto, à nossa crescente capacidade de pensar sobre o mundo social.

Lembremos o que postula sua hipótese de uma "inteligência social": a inteligência humana teria surgido, primeiramente, porque os proto-humanos viviam em um ambiente social cada vez mais complexo. Aqueles que tinham o melhor desempenho nessa arena, a exemplo de saberem identificar aliados e rivais, tinham maiores chances de sobrevivência. Gradualmente, então, as espécies foram se adaptando para favorecer essa habilidade; seres humanos se tornaram cada vez mais sociais e, portanto, de forma análoga, suas relações e seus raciocínios sociais também se expandiram. Ao longo do tempo, isso levou a acréscimos no desenvolvimento da inteligência comum.

Essa hipótese da inteligência social também ficou conhecida como a hipótese do "cérebro social"[11], dado que as evidências a seu favor vieram, em grande parte, de estudos sobre o tamanho do neocórtex nos cérebros de diferentes animais. O neocórtex é a parte externa mais emaranhada do cérebro e também a que fica mais próxima do crânio. Ela é particularmente grande nos humanos da atualidade; porém, nos primeiros hominídeos, era mais ou menos do tamanho da dos outros primatas. O cérebro do *Australopithecus*, por exemplo, tinha cerca de 35% do tamanho do cérebro humano moderno, estando muito mais próximo do de um chimpanzé, e quase toda essa diferença existe por causa do neocórtex.

Os cientistas, então, compararam o tamanho dos neocórtices de diferentes espécies com suas inteligências gerais. Concluiu-se que um neocórtex maior está correlacionado a uma maior inteligência e capacidade de aprendizagem — apesar de essa não ser uma correlação perfeita. Várias espécies de aves, por exemplo, especialmente corvos e papagaios, são animais pequenos com cérebros pequenos, mas têm uma inteligência elevada. E todos os mamíferos são eficazes em alguma forma específica de aprendizado, a despeito do tamanho de seus cérebros; B. F. Skinner mostrou que os ratos têm uma alta capacidade de aprender por meio de um condicionamento operante, que usa reforços. Todavia, as conclusões geralmente são bastante sólidas: um neocórtex maior significa mais inteligência, principalmente mais inteligência social.

O neocórtex humano é o maior entre todos os mamíferos;* de acordo com a hipótese do cérebro social, isso também indica uma maior inteligência social. De fato, até as crianças mostram traços que podemos associar a um neocórtex maior, como suas teorias da mente em plena ascensão. Nossos parentes mais próximos, os chimpanzés, mostram muito pouco disso; não à toa, eles têm um neocórtex muito menor.

O antropólogo evolucionista Robin Dunbar esclareceu quanto essa hipótese da inteligência social não se refere apenas à inteligência em si, mas também à capacidade de aprendizado. Viver em grupos sociais complexos e unidos já traria, afinal, uma vantagem para aqueles que soubessem monitorar como os outros poderiam ajudá-los ou prejudicá-los, mas isso também exige aprender sobre um ambiente em constante mutação. Como vimos, parentes fêmeas, que protegem e ajudam os chimpanzés mais jovens, devem deixar, em sua puberdade, o grupo natal para acasalarem e viverem em outro lugar. Os chimpanzés machos, por outro lado, são geograficamente mais constantes, porém formam e reformam alianças e hierarquias o tempo todo, as quais variam com a idade e com as lutas por dominância.

---

* Ao menos em termos de tamanho total em relação à massa corpórea: nós temos a maior proporção entre o tamanho relativo do cérebro e a massa corporal.

Conforme insistiu Dunbar: "Se você vive em um mundo social em que as alianças são cruciais para sua sobrevivência ou capacidade de se reproduzir, então deve utilizar as experiências adquiridas como um guia para seu comportamento; e isso envolve, diretamente, a aprendizagem."

Nossa teoria da mente humana reflete princípios que devemos aos nossos ancestrais não humanos. No entanto, ela também é bastante característica: é vasta e impacta quase toda a cognição e a interação social. Além disso, é, em sua essência, desenvolvimental, exigindo percepções cada vez mais aguçadas na decifração de mentes ao longo de toda a vida. E, é claro, nunca deixa de ser útil, participativa ou comunicativa. Até mesmo os bebês desenvolvem ideias sociocognitivas para ajudar, se comunicar com os outros e aprender a respeito deles. Enquanto nossa origem remete a ancestrais animais, é nossa compreensão social que nos torna unicamente humanos.

11

O Cérebro Social

Em um artigo de 2006 do *The New York Times*,[1] denominado "Cells That Read Minds" [Células que Leem Mentes, tem tradução livre], Sandra Blakeslee escreveu:

> Em um dia quente de verão na Itália, um macaco estava sentado em uma cadeira especial de um laboratório, esperando que os pesquisadores retornassem do almoço. Cabos muito finos foram implantados na região de seu cérebro relacionada a planejamentos e execuções de movimentos. Toda vez que o macaco pegava ou mexia um objeto, as células dessa região cerebral se agitavam e um monitor registrava um som: bip, bip, bip.
>
> Eis que um estudante de graduação entrou no laboratório com uma casquinha de sorvete na mão. O macaco começou a observá-lo. Então, algo surpreendente aconteceu: quando o rapaz levou a casquinha à boca, o monitor apitou — bip, bip, bip, bip, bip —, ainda que o macaco estivesse apenas observando, sem se mexer.

A pesquisa, na verdade, foi iniciada com amendoins. Giacomo Rizzolatti, um neurocientista da Universidade de Parma, percebeu algo estranho: algumas das células cerebrais que dispararam quando o macaco colocava um amendoim na boca também dispararam quando ele apenas observou humanos ou outros macacos fazerem a mesma coisa, como no caso mencionado acima.

Pesquisadores italianos passaram, então, a documentar o fenômeno. Os cabos finíssimos aos quais se referira Blakeslee eram tão pequenos que podiam registrar a atividade de um único neurônio no cérebro do macaco. Eles registraram o que os pesquisadores chamaram de "neurônios-espelho", que compõem cerca de 20% da quantidade das células de uma pequena região do córtex motor do cérebro dos macacos e têm uma função especializada — elas se agitam apenas quando o macaco observa um movimento corporal direcionado a uma meta específica: nem olhar para um amendoim, nem para uma boca se abrindo, mas o próprio ato de pegar um amendoim. Os neurônios-espelho dos macacos, curiosamente, registraram essa ação em seus cérebros como se eles mesmos a tivessem feito. Esses neurônios permitiam, portanto, que o macaco observador apreendesse a ação "imediatamente" e, também, automaticamente. No mesmo artigo do *The New York Times*, o Dr. Rizzollati afirmou: "Os neurônios-espelho nos permitem apreender as mentes alheias, não por meio do raciocínio conceitual, mas por uma simulação direta e imediata. Por sentir, e não por pensar".

Células que Leem Mentes?

Essa afirmação de que os cérebros dos macacos podiam ler — decifrar — mentes automaticamente, "por sentir, e não por pensar", despertou um interesse enorme na comunidade científica. Inclusive a reivindicação foi prontamente divulgada como um modelo que abrangia, também, os seres humanos. Um exemplo disso seria a interpretação, daí decorrente, que entende o autismo por meio do prisma de um "espelho quebrado" (ideia que, todavia, não circulou por muito tempo). A realização de testes para determinar se os seres humanos, de fato, têm neurônios-espelho era um pouco mais complicada de se realizar, já que, por razões éticas, os pesquisadores não podem simplesmente implantar fios no cérebro humano para medir células isoladas, exceto em casos médicos raros. Em vez disso, a maioria dos estudos com humanos procura utilizar procedimentos não invasivos para coleta de dados, como imagens por ressonância magnética funcional (RMF), ou os chamados potenciais relacionados a eventos (PREs). A Barra Lateral 11.1 descreve essas técnicas e, também, como elas medem o estímulo de milhares, ou milhões, de neurônios extremamente compactados.

Os estudos com ressonância magnética em humanos mostram evidências de regiões variadas do cérebro que sofrem estímulos especificamente na compreensão de ações intencionais. Ou seja, ao contrário da área única de espelhamento em um macaco, o cérebro humano parece ter uma rede extensa de locais que desempenham essa função. Portanto, um estudo objetivo desse processo de espelhamento em humanos requer análises de regiões inteiras do cérebro, coordenadas de maneira complexa e que envolvem muitas, mas muitas células, em vez de células únicas e especializadas.

A constatação desses resultados de RMF veio do Dr. Roy Mukamel, que, hoje, atua na Universidade Hebraica de Israel e teve a rara oportunidade de estudar registros de células especializadas em seres humanos.[2] Vinte e um pacientes em tratamento para convulsões na Escola de Medicina da Universidade da Califórnia, em Los Angeles (UCLA), foram implantados com eletrodos intracranianos para ajudar a controlar seus ataques, que eram intensos e muito prejudiciais. Esses pequenos fios de metal foram parafusados no crânio e colocados em algumas células corticais específicas. Seus estudos corroboraram as pesquisas com RMF: algumas das células pareciam se agitar de forma idêntica quando as ações eram observadas e executadas, assim como acontecia com os macacos. Nos humanos, contudo, essas células se espalharam por várias redes neurais, fazendo parte de um sistema vasto e abrangente.[3]

Barra Lateral 11.1 Descrições Curtas de Métodos Neurocientíficos Cognitivos e Não Invasivos

Imagens por Ressonância Magnética Funcional (RMF)

- Descrição geral: utiliza pulsos magnéticos ao redor da cabeça para detectar alterações no fluxo sanguíneo do cérebro (um indicador de atividade neurológica, já que o cérebro utiliza oxigênio para trabalhar mais).

- Como na RMI (ressonância magnética), que você talvez já tenha feito em um hospital, o participante se deita e é cercado por grandes bobinas magnéticas, que, por sua vez, geram campos magnéticos. Ao contrário de uma RMI (que detecta apenas a anatomia estática — razão pela qual a pessoa deve se manter parada), a RMF detecta estímulos dinâmicos enquanto o cérebro está trabalhando. Ou, mais especificamente, detecta alterações nas concentrações de oxigênio e hemoglobinas no fluxo sanguíneo do cérebro.

- Essa alteração neurodependente do fluxo sanguíneo é denominada *função de resposta hemodinâmica* e atinge seu pico cerca de cinco segundos após um evento neurológico.

- A função de resposta hemodinâmica é utilizada para expressar a variabilidade do efeito BOLD (*Blood Oxygenation Level Dependent effect*), que se baseia no nível de oxigenação do sangue e pode ser comparado entre funções e indivíduos diferentes como um indicador da atividade neural.

Eletrofisiologia (EEF/PRE)

- Descrição geral: utiliza sensores elétricos colocados no couro cabeludo de um participante, para detectar as pequenas correntes elétricas produzidas pelos neurônios no cérebro, quando estes se agitam por meio de seus próprios processos eletroquímicos (chamados potenciais elétricos). Esses registros, que resultam diretamente das atividades neurológicas subjacentes, são denominados dados *eletroencefalográficos* (EEG).

- Os participantes se sentam em uma cadeira comum com uma "touca" especial colocada em sua cabeça; essa touca contém uma gama de sensores (32, 64, 128 sensores, dependendo da densidade do alcance desejado). Normalmente, os sensores são espaçados de maneira uniforme ao redor de toda a parte em que o cabelo cresce (em indivíduos que não são calvos).

- Um método eletrofisiológico comum envolve medir os potenciais relacionados a eventos (PREs). Os *métodos PRE* detectam a atividade neurológica associada ao processamento de um evento específico. São utilizados, portanto, para avaliar padrões de detecção em relação a diferentes estímulos, como visuais ou auditivos.

Imagens por Ressonância Magnética Funcional (RMF)	Eletrofisiologia (EEF/PRE)
- A RMF tem uma resolução espacial de cerca de 1 a 3mm (dado que o campo magnético penetra a fundo no cérebro para detectar alterações no fluxo sanguíneo, que ocorrem muito próximo da zona de atividades neurais). - A resolução temporal é de cerca de dois a cinco segundos (dado o intervalo entre os eventos neurológicos e suas respostas hemodinâmicas correspondentes). É, portanto, muito mais grosseira do que nos métodos PRE.	- A resolução espacial dos dados de EEF está associada ao número de sensores colocados na cabeça. Assim, ela é da ordem de centímetros e, portanto, acaba sendo sempre algo ambíguo (dado que vários sensores do couro cabeludo podem medir a atividade de uma única fonte neural). Métodos de localização de fontes, que avaliam estatisticamente a posição das fontes neurais subjacentes (via análise de padrões de atividade por meio dos sensores do couro cabeludo e de cálculos da condutividade elétrica do sangue, dos ossos e dos tecidos), geralmente permitem estimativas mais precisas da fonte das atividades elétricas cerebrais analisadas. De qualquer maneira, a resolução espacial é muito mais grosseira do que na RMF. - Em compensação, a resolução temporal dos métodos PRE é da ordem de milissegundos (dada a rapidez com que os potenciais elétricos se propagam da fonte neural para a superfície do couro cabeludo).

Como Funciona

Estudos comportamentais também estão sendo utilizados para esclarecer melhor a questão do espelhamento. A imitação é um comportamento humano bastante comum: a pessoa A bate com a mão na mesa; a pessoa B observa essa ação e, então, acaba fazendo a mesma coisa. Em adultos humanos, a imitação é um reflexo tão súbito e automático que muitos acreditam utilizarmos os neurônios-espelho para realizá-la. Uma demonstração interessante disso envolve o que os pesquisadores chamaram de efeito de *imitação automática*.

Em um estudo de imitação automática, os participantes tinham que bater levemente sua mão direita ou esquerda, de acordo com o movimento das mãos do modelo. Este usava luvas vermelhas ou azuis, que eram a única coisa que os outros podiam ver. As coordenadas eram: se o modelo usando a luva azul batesse a mão direita, os imitadores também deveriam bater mão direita — essa era a demonstração *compatível*. Se, por outro lado, o modelo usando a luva vermelha batesse com a mesma mão direita, os imitadores deveriam bater a mão *esquerda* — a demonstração *incompatível*.

Claro que os acertos eram muito mais comuns nas demonstrações compatíveis do que nas incompatíveis. Esse é o efeito da imitação automática: de tão automática, o fato de ter que trocar de mão para uma demonstração incompatível a inviabiliza, o que acaba retardando a resposta ou levando ao erro.

Esse efeito indica um mapeamento automático e direto entre a visualização de uma ação e sua execução — uma noção central por trás do raciocínio dos neurônios-espelho. Não é de se surpreender que pesquisadores italianos como Rizzollati o tenham citado como uma validação da presença de neurônios-espelho em seres humanos.

Mas será que isso é verdadeiro? Além disso, esse sistema de espelhamento funcionaria desde o nascimento, o que significa que as células espelhadas são inatas? Ou essas células requerem um aprendizado e desenvolvimento substanciais para operar, indicando um sistema de espelhamento mais amplo, em vez de neurônios-espelho específicos? Como todos os nossos dados cerebrais modernos provêm de macacos e humanos adultos, ambos os argumentos podem ser verdadeiros, até onde sabemos.

Cientistas em Israel conseguiram aproveitar um experimento natural para descobrirem mais.[4] Eles estudaram um grupo de crianças que tiveram um caso grave de catarata. Essas crianças, com cerca de 12 anos de idade, eram imigrantes vindos recentemente da Etiópia, e sua catarata não havia sido corrigida cirurgicamente até receberem uma assistência médica completa em seu novo país. A catarata permitia uma entrada suficiente de luz na retina para que enxergassem o contraste entre claro e escuro*, mas era tão severa que as crianças não conseguiam sequer definir formas e contornos. Elas não conseguiam, por exemplo, enxergar a mão batendo na mesa, pelo menos até que a catarata tivesse sido removida. .

Após a cirurgia, as crianças foram testadas no efeito de imitação automática; para elas, esse feito foi bastante retardado.** Esse experimento indicou duas coisas: primeiramente, a imitação automática não resulta de neurônios-espelho supostamente inatos, mas é apreendida ao longo do desenvolvimento visual e comportamental de uma pessoa. Se a percepção for prejudicada no início do desenvolvimento, portanto, o efeito de imitação pode estar ausente. Em segundo lugar, como a automatização é apreendida, a imitação automática pode se desenvolver após uma intervenção cirúrgica positiva. A prova disso é que a maioria dessas crianças estava começando a aprender a imitar automaticamente, mesmo já tendo certa idade.

---

*Isso foi suficiente para que suas retinas e seu sistema visual geral se desenvolvessem normalmente e de tal forma que, após as cirurgias, elas adquiriram uma visão quase normal, podendo reconhecer visualmente as mãos e as cores no teste.
** Muitas das crianças foram encontradas e testadas cerca de dezoito meses depois de passarem pela cirurgia; isso foi tempo suficiente para que parte de suas imitações automáticas se desenvolvessem. Portanto, o efeito automático de interferência não estava totalmente ausente, mas havia sido claramente retardado.

Bocejar É Contagiante

Curiosamente, pesquisas sobre o bocejo sustentam uma interpretação muito semelhante. Você vê alguém bocejar e, um instante depois, percebe que também está bocejando. "É contagioso", você diz. E é mesmo: é um fato comprovado. O bocejo contagioso, que ativa o sistema de espelhamento, evoluiu recentemente em humanos e macacos (rhesus, babuínos, chimpanzés), mas em poucas outras espécies. Além disso, também é algo desenvolvido: afinal, ele não aparece de forma contagiosa (em oposição ao bocejo espontâneo, por conta própria) em bebês humanos até o segundo ano de vida. Ele se desenvolve com a experiência.

Nas pesquisas com RMF, o bocejo contagioso — que surge, inclusive, ao se exibir vídeos de bocejos alheios — ativa partes específicas do sistema, amplamente distribuído, da imitação humana, além de áreas do cérebro ligadas à percepção facial. No entanto, também ocorre além delas.[5]

Os cães, com suas habilidades sociocognitivas que permitem decifrar gestos e comportamentos humanos, também são contagiados por bocejos de *humanos*. Inclusive, eles bocejam especificamente quando veem seus donos bocejando, e não quando estes apenas abrem a boca. Além disso, curiosamente, eles bocejam mais frequentemente em reação aos donos do que a pessoas desconhecidas.

Em resumo, dados de desenvolvimento sobre como pessoas e animais desenvolvem comportamentos imitativos, como os bocejos contagiosos e as imitações automáticas, não sustentam hipóteses sobre neurônios-espelho inatos. Na verdade, sustentam a presença de sistemas neurológicos complexos, vastos e espelhados, que, por sua vez, se desenvolvem lentamente com o tempo e a experiência.

RTM: A Rede da Teoria da Mente

A teoria da mente inclui o espelhamento — mas vai muito além dele. Que papel, então, o cérebro físico, incluindo aí algum tipo de sistema amplo de espelhos, desempenha em nossa capacidade humana de decifrar mentes? E como os desenvolvimentos influenciam nesse processo? Temos um conhecimento razoável sobre o cérebro e a mente adulta: afinal, a maioria das pesquisas neurocientíficas sobre a teoria da mente envolve esses elementos. No entanto, nossas respostas em relação ao desenvolvimento dessa habilidade são bastante incompletas e limitadas.

Pesquisas emergentes com adultos mostram que o raciocínio da teoria da mente envolve toda uma rede de regiões neurais,[6] conforme mostra a Figura 11.1. Essas regiões são estimuladas quando nos envolvemos em tarefas de raciocínio mental, como as que descreverei adiante. As regiões que são estimuladas de maneira mais consistente são: a medial (ou seja, a porção média) do córtex pré-frontal (CPF) e a junção temporoparietal direita e esquerda (JTP). Vale lembrar que esses estímulos são prejudicados em adultos autistas.

Em uma tarefa de raciocínio mental, os adultos tentaram inferir estados mentais com base em fotografias de olhos (uma tarefa de teoria da mente), enquanto a ressonância magnética monitorava o fluxo sanguíneo, que, como vimos, sofre um acréscimo nas partes do cérebro que estão trabalhando mais — tal é o efeito BOLD, que depende do nível de oxigênio no sangue. Nessa tentativa de decifrar uma mente por meio de um olhar, os adultos mostraram um aumento de atividade no CPF medial e em uma porção do lobo temporal (Barra Lateral 11.1). Quando esses mesmos adultos foram solicitados a determinar o sexo de uma pessoa com base nas fotos de seus olhos, no entanto, nenhum desses complexos neurais foi estimulado.

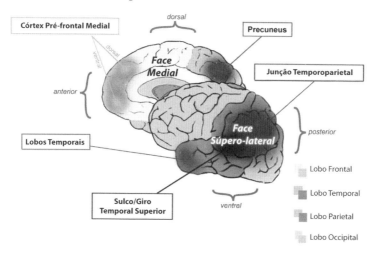

Figura 11.1 Regiões neurais que compõem a rede da teoria da mente. Embora a figura mostre apenas um hemisfério, as pesquisas demonstram que, no raciocínio de uma teoria da mente, boa parte dessas regiões são ativadas bilateralmente em crianças e adultos.

Disponível em: BOWMAN, L. C. & WELLMAN, H. M. Neuroscience contributions to childhood theory-of- mind development. In: SARACHO, O. N. (ed.). *Contemporary perspectives on research in theories of mind in early childhood education*. Charlotte, NC: Information Age, 2014. p. 195-223.

Quando essa tarefa foi adaptada aos métodos de PRE (outra maneira de averiguar a atividade cerebral, conforme descrito na Barra Lateral 11.1), os resultados foram semelhantes. Os adultos apresentaram um aumento de atividades nas partes frontais do couro cabeludo, correspondendo aproximadamente ao CPF, e, também, nas partes laterais adjacentes ao córtex temporal (acima da JTP).[7]

Essas mesmas regiões neurais da teoria da mente são utilizadas quando adultos processam descrições de cenas ou interações sociais mais complexas. Em um estudo, eles tiveram respostas elevadas em efeito BOLD (por RMFs) — portanto, houve um aumento no nível de oxigenação do sangue — ao lerem descrições de estados mentais como esta:

Rob amarrou seu cachorro a um poste de luz e entrou em uma loja para tomar um café. Quando ele saiu, viu que o cachorro tinha atravessado a rua e imaginou que a guia tivesse sido desamarrada.

No entanto, essas regiões não eram estimuladas quando eles liam descrições humanas não mentais:

Sheila pulou o café da manhã porque estava atrasada para pegar o trem rumo à casa de sua mãe. Quando saiu do trem, estava morrendo de fome. Seu estômago roncava, e ela sentia cheiro de comida por toda parte.

Esse tipo de dado cerebral, proveniente de ressonância magnética (RMF) e de PREs (potenciais relacionados a eventos), ajuda a mapear regiões nas redes neurais da teoria da mente.

Além disso, raciocinar sobre crenças estimula essas redes:[8]

Nicky colocou os sapatos para o baile daquela noite embaixo do vestido que estendeu por cima da cama. Enquanto ela estava fora, sua irmã experimentou os sapatos e acabou deixando-os embaixo da cama. Quando Nicky voltou e começou a se preparar para o baile, pensou que os sapatos ainda estavam sob o vestido.

Ao processar histórias baseadas em crenças, os adultos mostram a resposta BOLD no CPF e na JTP. Eles também mostram esse estímulo quando atribuem crenças verdadeiras e falsas a personagens de desenhos animados, casos em que o estímulo é maior na atribuição de crenças falsas.

Em um estudo de PRE, David Liu, Andy Meltzoff e eu descobrimos que, quando os adultos raciocinaram especificamente sobre crenças falsas, eles apresentaram estímulos nas regiões do couro cabeludo que correspondiam ao CPF medial e aos locais corretos da JTP.

Esses e outros estudos estão levando a um novo consenso: de que existe uma rede neural da teoria da mente adulta, e que esta inclui múltiplas regiões, especialmente no CPF e na JTP.

Cérebros Infantis

Mesmo se as descobertas dos estudos com adultos fossem cristalinas — e não são —, elas não nos ajudariam a compreender muito bem o cérebro das crianças, pois esse órgão se desenvolve ao longo de nossas vidas, assim como o pensamento e a musculatura. É absolutamente possível que os dados provenientes de adultos revelem uma rede de teoria da mente, enquanto os dados das crianças, especialmente das pequenas, não o façam. Ou ainda que as crianças nos revelem uma rede inteiramente diversa da teoria da mente, já que seu cérebro se desenvolve em paralelo a suas compreensões sobre a própria teoria. O fato é que precisamos estudar mais a fundo as funções neurocognitivas em crianças, especialmente nas de 2 a 7 anos de idade, período em que se acentuam muitas mudanças na teoria da mente. Essa pesquisa está apenas no início.[9] Por enquanto, três coisas podem ser ditas:

1. Muitos dos mesmos complexos e das regiões ativados em um raciocínio da teoria da mente adulta *também o são* em crianças. David Lui, Andy Meltzoff e eu repetimos nosso estudo de crenças falsas e PRE, realizado em adultos, com crianças de 4 a 6 anos de idade. As mais velhas, que costumavam responder corretamente aos testes de crenças falsas, exibiram estímulos elétricos no cérebro muito parecidos com os de adultos. Esses estímulos levaram mais tempo para surgir (mais de 1 segundo para crianças e cerca de 3/4 de segundo para adultos), porém ocorreram nos complexos de ativação que correspondiam, bastante aproximadamente, ao CPF medial e aos locais corretos da JTP. Portanto, duas das principais regiões neurais da teoria da mente adulta — CPF e JTP — também são ativadas no raciocínio sociocognitivo das crianças.

2. No entanto, as pesquisas também revelaram algumas diferenças marcantes. As regiões utilizadas para os raciocínios de teoria da mente mudam ao longo de seu desenvolvimento: os estímulos são mais difusos no início da vida e se deslocam à medida que o desenvolvimento avança. Por exemplo, em nossa pesquisa com PRE, as crianças com menos de 4 anos, se comparadas às mais velhas, ativaram uma porção muito maior de regiões frontais quando argumentaram sobre crenças falsas, além de usarem as partes do couro cabeludo que correspondiam, aproximadamente, à JTP esquerda e direita.

Vamos aproveitar a ocasião para lembrar que a tecnologia RMF não é muito amigável para crianças; afinal, exige a manipulação do campo magnético ao redor da cabeça, e isso acaba limitando as pesquisas com a primeira infância. O processo se desenrola da seguinte maneira: a pessoa é inserida em um tubo longo, apertado e cercado por grandes eletroímãs, que até os adultos podem achar claustrofóbico. É tudo muito barulhento; os ímãs sacodem e fazem um barulho alto. Além disso, durante o exame, é preciso se manter estático, ou o resultado ficará embaçado e pouco informativo. Pode ser que você tenha experimentado isso em virtude de uma lesão no joelho ou de um possível ataque de apendicite; então, pode imaginar que crianças mais novas não conseguem lidar muito bem com a situação. Assim, para acessar suas informações cerebrais — em uma idade em que ocorrem tantas mudanças na teoria da mente —, é muito comum depender, principalmente, dos métodos PRE.

Mesmo o uso de ressonância magnética (RMF) com crianças mais velhas requer certos cuidados, muita habilidade e preparação. Os pesquisadores costumam fazer sessões extras para acostumá-las ao tubo; eles mostram previamente os sons da ressonância, para que saibam o que esperar e, também, encorajam a mãe a estar presente, tocando o pé da criança enquanto ela está dentro do *scanner*. Tudo isso tem sido feito, e a RMF vem gerando informações importantes a respeito do cérebro social das crianças mais velhas.

1. A rede da teoria da mente se altera significativamente nos períodos seguinte ao pré-escolar e anterior à adolescência. Com o tempo, as ativações da teoria se tornam menos difusas e mais especializadas. A JTP direita, particularmente, se torna cada vez mais especializada em processar informações sobre as crenças das pessoas.

O CPF medial sofre muitos estímulos durante estudos que analisam raciocínios de crianças pequenas a respeito de estados mentais, assim como as regiões do cérebro que correspondem às áreas das JTP direita e esquerda. Porém, à medida que as crianças se desenvolvem, vemos tanto um acréscimo de estímulos da JTP direita para raciocinar sobre crenças quanto uma diminuição do CPF medial para o mesmo fim; esta última região, no caso, passa a ser mais utilizada para raciocinar sobre estados mentais gerais.

Mudanças desenvolvimentais como essas, mesmo que ainda não tenham sido totalmente mapeadas ou compreendidas, são importantes, pois revelam as alterações neurais. Essas alterações seriam improváveis se a rede da teoria da mente estivesse amadurecida desde o início, ou se as mudanças na teoria da mente após a infância meramente refletissem seu exercício. Afinal, o desenvolvimento emerge uma rede da teoria da mente, além de mudanças neurológicas fundamentais nessa rede.

Cérebros Plásticos

A neurociência sugere, portanto, que as crianças têm uma rede neural da teoria da mente que usa algumas das mesmas regiões neurais que os adultos, *mas* que demonstra alterações consideráveis ao longo do tempo. Uma tarefa importante para pesquisas futuras será separar adequadamente os papéis dos fatores maturacionais e a experiência das alterações neurológicas da teoria da mente.

Mark Sabbagh, que ajudou a conduzir minhas primeiras investigações em neurociência do desenvolvimento, situou bem as pesquisas neurológicas atuais: "Estamos começando a traçar os correlatos neurológicos que 'acompanham' o desenvolvimento da teoria da mente". Para ilustrar, tomemos os termos de uma corrida de cavalos: se o Cavalo A acompanhar o Cavalo B, ele poderá definir a marcha pela frente (puxando o Cavalo B), pelo lado (no mesmo compasso), ou seguindo rapidamente no encalço do cavalo B, pressionando-o. Considerando apenas informações referentes a adultos, tem sido tentador assumir que a maturação cerebral biologicamente determinada "puxa", pela frente, as respectivas melhorias de compreensão e funcionamento. No entanto, pode ser igualmente verdadeiro que os entendimentos emergentes estejam puxando, em seu despertar, as ativações cerebrais.

A teoria da mente é uma conquista profundamente desenvolvimental. É impulsionada por experiências e aprendizados. E, como o cérebro é plástico, esses dois fatores também moldam sua estrutura e seu funcionamento. Nós experimentamos e aprendemos coisas novas — rostos de pessoas queridas, matemática, leituras —, e o cérebro muda em resposta a isso.

A neurociência do *desenvolvimento* enfatiza cada vez mais as variadas maneiras pelas quais o desenvolvimento do cérebro é maleável e depende diretamente das experiências. O mesmo ocorre com o desenvolvimento da teoria da mente. As experiências sociais e cognitivas moldam os conhecimentos e o próprio cérebro, enquanto os conhecimentos a respeito da teoria da mente e suas respectivas ativações cerebrais se alteram, juntos, ao longo da infância. A questão aqui não é simplesmente cerebral; não podemos dizer que "neurônios-espelho se agitam, e nós automaticamente deciframos as mentes de outras pessoas" ou que "o cérebro amadurece, e a teoria da mente aparece". Decifrar mentes é uma habilidade aprendida, e o cérebro social também é, portanto, um produto da aprendizagem.

12

Oi, Robô

Gloria, de 8 anos, tem um robô como babá: Robbie a protege, brinca com ela e garante seus cuidados. O pai, George Weston, é um engenheiro de robótica e trouxe Robbie para casa há dois anos. Ele explicou, na época, que o robô foi designado para ser fiel, amoroso e gentil.

Nos últimos dois anos, Gloria e Robbie se tornaram inseparáveis. Ela conversa com ele, conta histórias, segura sua mão de metal e compartilha com ele segredos e lágrimas. Ela acredita que Robbie tem interesses e sentimentos próprios, da mesma forma que um ser humano, e prefere brincar com ele mais do que com qualquer outra pessoa. Ela passou a amar o robô.

Sua mãe, Grace, no entanto, está apreensiva. "É Gloria e aquela máquina terrível. Ouça o que eu digo, George. Não vou confiar minha filha a uma máquina — não interessa quão esperta ela seja. Ela não tem alma e ninguém sabe o que pode estar pensando." Além disso, Gloria não vai aprender as habilidades sociais necessárias para interagir com outros seres humanos com "uma confusão feita de aço e cobre". Robbie acabou sendo enviado de volta à fábrica.

Esse é *Robbie*, o primeiro conto da coleção de Isaac Asimov, *Eu, Robô*[1]. O livro "revolucionou a ficção científica e tornou os robôs muito mais interessantes do que jamais haviam sido", segundo o *Saturday Evening Post*. Quando o livro foi publicado pela primeira vez, em 1950, os robôs humanoides ainda não existiam. Atualmente, podemos vê-los em todos os lugares: shoppings, hotéis, linhas de montagem, hospitais, escolas e laboratórios de pesquisa. A Iniciativa Robótica Nacional de 2017 previu um futuro em que os robôs serão ainda mais difundidos, "tão comuns quanto os automóveis, computadores e telefones celulares da atualidade. Estarão no ar, na terra, debaixo d'água e no espaço".[2] O fato é que alguns desses robôs deixam os adultos apreensivos, e isso foi previsto por Asimov, lá atrás.

O Vale da Estranheza

Décadas de pesquisa revelaram que os adultos passaram a gostar mais de robôs à medida em que estes se tornaram mais parecidos com os humanos. Isso, no entanto, só se aplica até certo ponto.[3] Afinal, quando essa semelhança é exagerada em termos de aparência, voz, emoções e, até mesmo, pensamentos, é como se adquirisse algo de bizarro, que passa a nos repelir de alguma forma. Essa queda vertiginosa de simpatia que experimentamos foi denominada de *vale da estranheza*. A Figura 12.1, por exemplo, mostra dois robôs pequenos que muitos adultos consideram estranhos ou assustadores.

Você pode ter sentido esse estranhamento quando viu ou ouviu robôs em filmes, propagandas e no YouTube. No filme *Ela*, o escritor profissional Theodore (Joaquin Phoenix) pede ajuda a uma personalidade dentro de um computador, chamada Samantha. Então Samantha começa a conversar com Theodore; ela tem voz, pensamentos e sentimentos. Aos poucos, antes que possa se conter, um Theodore estressado e solitário acaba se apaixonando por ela — e, ao que parece, o sentimento é recíproco. Embora Samantha não tenha características físicas, os espectadores ouvem sua voz e analisam suas emoções; por isso, muitos a consideram perturbadora. Isso quer dizer que caímos no vale da estranheza.

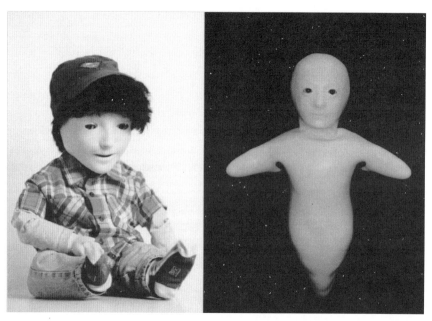

Figura 12.1 À esquerda, a imagem de Kaspar, o robô social projetado na Universidade de Hertfordshire (acesse: https://www.roboticstoday.com/institutions/u-of-hertfordshire).

À direita, o androide Telenoid R1, da Universidade de Osaka. Ambos os robôs têm características humanas, as quais muitos adultos consideram perturbadoras e estranhas, de acordo com pesquisas empíricas.

Em contrapartida, no filme *A Garota Ideal*, Lars é um rapaz que vive em uma comunidade rural isolada, onde não há mulheres solteiras da sua idade. Sua namorada é uma boneca sexual de plástico em tamanho real. Ele a carrega para situações sociais, apresenta-a aos amigos e parece ter criado com ela uma vida conjunta, embora ela não tenha pensamentos, emoções ou voz. Muitos espectadores descreveram o filme como "totalmente encantador", "comovente" e que "demonstra a ternura humana mais essencial". Ora, por que a namorada de Lars é aceitável para nós (e para seus amigos, no filme)? Simples. Embora tenha algumas características aproximadas, ela não é tão demasiadamente humana quanto Samantha, do filme *Ela*.

Alguns cientistas acreditam que achamos assustadores os robôs demasiadamente humanos porque temos medo de doenças, e eles se parecem ou soam como pessoas enfermas. Outros argumentam que robôs parecidos conosco dão a impressão de que podem pensar e sentir, e nós, como adultos, não acreditamos que máquinas devam fazer essas coisas — por isso, ficamos inquietos quando elas parecem fazê-lo.

O retrato de Grace Weston traçado por Asimov já prenunciava um desconforto com relação a robôs que os cientistas somente descobririam décadas depois. Terá sido o retrato do amor de Gloria por Robbie igualmente assertivo?

Estranheza à Espreita

Os robôs que se dizem apelar, brincar, ensinar e tutelar crianças têm inundado o mercado nos últimos doze anos. A Figura 12.2 mostra cinco entre as novidades recentes.

Nenhuma pesquisa, no entanto, demonstrou se esses robôs realmente fazem o que prometem fazer. Minha colega Kimberly Brink e eu queríamos descobrir o que atraía ou repelia e o que funcionava ou não com as crianças para quem esses robôs eram designados.[4] Ao longo de dois anos, entrevistamos quase 250 crianças, de 3 a 18 anos de idade, a respeito de suas crenças e sentimentos em relação a alguns robôs diferentes: um robô com semblante humano (à esquerda na Figura 12.3), a parte desse robô que mostra seus mecanismos (à direita na mesma Figura), e o robô NAO, mostrado no canto superior esquerdo da Figura 12.2.

Nessa pesquisa, as crianças com menos de 9 anos, como Gloria e diferentemente dos adultos, não achavam os robôs humanoides nem um pouco assustadores (elas inclusive adoraram o NAO). Isso significa que é bastante improvável que o motivo de os adultos acharem robôs humanoides assustadores envolva uma aversão a seres humanos enfermos. Se isso fosse verdade, as crianças pequenas compartilhariam dessa opinião.

As crianças com cerca de 9 anos, no entanto, reagiram de forma diferente aos robôs: o vale da estranheza emergiu, e as crianças passaram a achar robôs humanoides muito mais assustadores do que robôs semelhantes a máquinas.

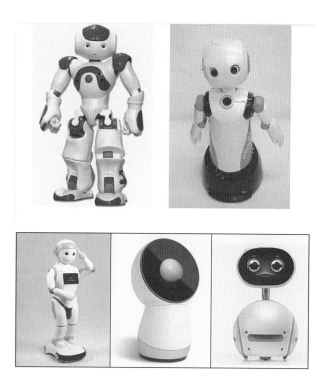

Figura 12.2 O robô NAO no canto superior esquerdo (imagem: SoftBank Robotic); Robovie (no topo, à direita; imagem: Vstone and Advanced Telecommunications Research Institute International [ATR]); iPal (canto inferior esquerdo; imagem: Nanjing AvatarMind Robot Technology); Jibo (parte inferior central; imagem: Jibo, Inc); e Zenbo.

(Canto inferior direito — imagem: Asus) Todos esses robôs têm características e comportamentos destinados especificamente à interação com crianças.

Isso acontece, aparentemente, porque a noção das crianças a respeito do que uma mente é ou pode fazer e, igualmente, do que uma máquina é ou pode fazer muda. Gloria, que tem 8 anos, e seus pares ficaram muito satisfeitos em acreditar que os robôs podem ver, ouvir, pensar, brincar e chorar. Eles *preferem* um robô que faça essas coisas, pois isso lhes parece reconfortantemente familiar e, também, porque esse tipo de robô pode ser um amigo e pode protegê-los. Para crianças pequenas, quanto mais consciência, melhor. Para crianças mais velhas e para adultos, por outro lado, quanto mais consciência um robô parece ter — e especialmente se essa consciência gerar sentimentos e pensamentos semelhantes aos dos humanos —, mais *assustador* ele se torna.

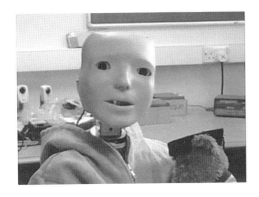 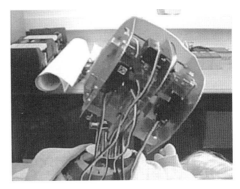

Figura 12.3 Robô com semblante humano, à esquerda, e sua contrapartida, que apresenta os mecanismos de uma máquina, à direita. Vídeos de cada um mostram os robôs mexendo a cabeça para os lados.

Também disponível em: BRINK, K. A.; GRAY, K.; WELLMAN, H. M. Creepiness creeps in: Uncanny valley feelings are acquired in childhood. *Child Development*, 90, p. 1202-1214, 2017. [Epub disponível antes da versão impressa] doi:10.1111/cdev.12999.

O que muda, afinal, dos 9 para os 10 anos de idade? A explicação mais provável é que as crianças começam a entender e a separar os conceitos de mente, cérebro e corpo. Conforme descrevi no Capítulo 8, elas começam a ver a mente como algo propriamente "mental" e o cérebro biológico como parte do corpo que abriga essa mente. Máquinas e robôs, não sendo seres biológicos, não devem, portanto, abrigar mentes humanas; quando parecem fazê-lo, o vale da estranheza é o resultado.

Dessa forma, o retrato de Gloria, cujo caráter e cujas reações conduziram a história escrita por Asimov, tinha algo de premonitório. Ficção, mas não pura fantasia.

Oi, Robô.

Aprendendo com os Robôs

Jim e Kerry Kelly vivem em Pleasantville, uma pequena cidade no meio-oeste rural. Seus filhos Ben, de 5 anos, e Ryan, de 12 anos, frequentam a escola pública local. No distrito escolar sempre faltam profissionais, já que a cidade mais próxima fica a um pouco mais de sessenta quilômetros de distância, e o pagamento dos professores é péssimo. Até mesmo os melhores distritos têm lutado para conseguir professores. Nacionalmente, nos últimos dez anos, os programas de treinamento de professores têm diminuído cada vez mais seu número de matrículas, e 50% dos novos professores abandonam a profissão nos primeiros cinco anos. Nada disso colaborou muito para a situação de Pleasantville.

No último ano, o recrutamento de pessoal do distrito atingiu um nível crítico: cada turma terá um número grande de alunos, e há pouquíssimo dinheiro para auxiliares que possam ajudar com a carga de ensino, o que também desencorajará ainda mais possíveis novas inscrições. O conselho escolar começou a considerar empregar professores subqualificados. Os pais estão revoltados; professores e diretores, estressados. A situação chegou ao limite em uma reunião do conselho que se arrastou até a meia-noite, entre gritos, frustrações, ameaças e raiva generalizados. No entanto, é importante saber recuar: o futuro das crianças está em jogo.

Então, na semana seguinte, o superintendente propôs uma solução. O estado tem dinheiro disponível para ajudar os conselhos escolares a implementarem tecnologias em distritos qualificados. Pleasantville foi aprovada. Agora, eles estão aptos a receberem fundos para comprar robôs que atendam às salas de aula; eles podem, inclusive, assumir parte da carga de ensino, melhorar a qualidade deste e amenizar um pouco a situação de superlotação de alunos.

Dez anos atrás, nada disso nem sequer seria considerado. Máquinas sem alma educando nossos filhos? Não, obrigado. Mas as soluções estavam escassas, e o superintendente ouviu relatos de sucesso em outras escolas. Por que não tentar? Então, ele apresentou seu plano de maneira convincente e, contra todas as probabilidades, o conselho escolar concordou. No outono seguinte, as crianças da família Kelly, como todas as outras do distrito, tinham um robô em sua sala de aula.

Passado o primeiro semestre, o conselho escolar resolveu avaliar a decisão tomada. Na sala de Ben Kelly, com 6 anos, os resultados foram excelentes. As crianças aprendem rapidamente tanto com os robôs quanto com os professores humanos. Além disso, elas gostaram de interagir com as máquinas. O professor conseguiu realizar mais tarefas e, de quebra, se estressar menos ao longo do processo. Todos ficaram satisfeitos.

Por outro lado, na turma de Ryan, com 11 anos de idade, a experiência foi outra. O robô inserido em sua sala era idêntico ao da turma de Ben — demasiado humano. Em meados de janeiro, as crianças já o odiavam, xingavam-no, batiam nele; mal aprenderam com o robô, e ele acabou sendo largado em um canto, desprezado tanto pelos alunos quanto pelos professores.

Como no caso de Asimov, esse cenário é fictício, mas reflete o mundo real. Muitos distritos escolares estão sofrendo com a falta de funcionários e, por isso, os robôs acabam adentrando as salas de aula. Na Coreia, é o Robosem quem ensina inglês para as crianças; nos Estados Unidos, RUBI ensina finlandês. Robôs infantis, incluindo o NAO, estão ajudando crianças autistas a praticarem suas interações sociais por meio de jogos de imitação, tomadas de turno e conversações. Ursus, um grande urso robótico, administra fisioterapia para crianças com distúrbios motores, como paralisia cerebral.

Testemunhos Confiáveis

Utilizar robôs como professores faz algum sentido. As crianças aprendem muitos de seus conhecimentos com os outros, sejam pais, professores ou colegas. Elas confiam que $8 \times 8 = 64$, que a Terra é redonda e que os dinossauros foram extintos não porque descobriram esses fatos, mas porque fontes confiáveis deram essa informação. Pesquisas apontam que as crianças são adaptadas para aprender conhecimentos gerais por meio da comunicação humana; o fenômeno é conhecido como "confiança no testemunho".

Mas será que as crianças confiam no testemunho dos robôs? Faz alguma diferença se o robô se comporta, parece ou responde como um humano? E se elas aprendem com um robô, o fazem da mesma maneira que com um humano? Excelentes perguntas.

Algumas pesquisas apontam que, quando crianças em idade pré-escolar aprendem com outras pessoas, elas monitoram o conhecimento, a experiência e a confiança de seus informantes. Elas lembram se uma pessoa já forneceu informações precisas no passado, além de monitorarem seu acesso a essas pessoas: será que ela viu isso que está me contando? Elas atentam para as qualificações da pessoa: é um adulto experiente ou uma criança ingênua? Além disso, estão atentas à confiança ou à hesitação de uma pessoa sobre as próprias afirmações: ela disse que *sabe* ou só *acha*?

Curiosamente, sabemos muito pouco sobre como, e se, as crianças realmente aprendem com robôs. Como estes são máquinas, elas poderiam muito bem enxergá-los como seres infalíveis — calculadoras ou dicionários eletrônicos ambulantes. Nesse caso, também poderiam aceitar quaisquer informações concedidas por um robô, sem ponderar muito. Ou talvez as crianças os enxerguem como máquinas falíveis: uma torradeira que queima a torrada, a Siri que dá respostas erradas ou um despertador que dispara no meio da noite. Se for esse o caso, poderiam, então, resistir aos ensinamentos de um robô.

Kim Brink e eu pesquisamos mais a fundo essas questões.[5] Primeiramente, analisamos crianças de 3 anos, idade em que, segundo pesquisas-padrão sobre confiança em testemunhos, já aprendem bem e criteriosamente com os professores humanos. Você pode ver a configuração dessa pesquisa na Figura 12.4.

Na primeira fase do estudo, Kim solicitou a dois robôs NAO de cores diferentes que nomeassem quatro objetos familiares. Os robôs olharam e apontaram para objetos como um ursinho de pelúcia ou uma bola. Um robô nomeou corretamente todos os quatro, enquanto o outro os nomeou de maneira incorreta (por exemplo, chamando o ursinho de pelúcia de "árvore"). Em seguida, Kim fez às crianças uma pergunta de "verificação": qual é o pior robô para responder às perguntas corretamente?

Depois disso, apresentou quatro objetos novos e diferenciados (por exemplo, um espremedor de alho) e perguntou às crianças qual robô elas gostariam que indicasse seus respectivos nomes — a pergunta de "interrogação".

Cada robô, em seguida, inventou um nome para cada objeto. Para o espremedor de alho, um disse que era "um modi", e outro que era "uma toma". Kim perguntou, então, qual dos dois as crianças julgavam ser o nome correto do objeto: um modi ou uma toma. Essa era a pergunta de "aprovação", que pretendia investigar se as crianças confiavam ou desconfiavam das informações dadas por cada robô.

Figura 12.4 Imagem tirada do registro audiovisual de um estudo inicial que investigou se as crianças confiam (e desconfiam) adequadamente do testemunho de robôs sociais. O robô NAO à esquerda é de plástico branco com manchas laranjas; o NAO à direita é branco com manchas roxas.

Na verdade, as crianças já haviam detectado qual robô estava correto e qual não estava na pergunta de verificação (a primeira). Além disso, confiaram no testemunho do robô que acertava mais. Nas perguntas de interrogação, e em sua grande maioria, elas quiseram perguntar ao robô correto o nome de cada objeto; nas de aprovação, a maioria também concordou que os nomes corretos foram aqueles fornecidos pelo mesmo robô. As crianças pequenas, inclusive, aprenderam com exatidão as novas palavras inventadas pelos robôs — ou melhor, aprenderam com o robô mais assertivo no mesmo ritmo do que com um humano.

Também perguntamos às crianças sobre suas crenças a respeito da mente dos robôs NAO. Poderiam eles "pensar por si mesmos", "decidir o que fazer" ou "sentir medo"? Elas geralmente respondiam que "sim" a pelo menos uma dessas perguntas.

Algumas disseram que os robôs NAO podiam fazer tudo isso; outras, que podiam fazer apenas uma ou duas dessas coisas.

Ao serem questionadas a respeito dos nomes, as crianças que enxergaram os robôs como dotados de consciência (também aquelas que responderam "sim" mais vezes) tinham uma probabilidade maior de escolherem o robô assertivo do que o impreciso. Essas mesmas crianças ficaram, ainda, mais suscetíveis a aprender os nomes dos objetos fornecidos pelo robô assertivo.

Crianças pequenas podem, portanto, aprender com os robôs e, de fato, o fazem; além disso, são bastante exigentes quanto ao tipo de professor robótico que aceitam.

Desenvolvendo Ideias sobre Robôs

A maior parte das pesquisas sobre robôs e crianças costuma envolver uma única faixa etária, um único estudo e com um único tipo de robô, de tal maneira que os resultados não foram muito abrangentes até aqui. Contudo, se coletarmos os dados desses estudos separadamente, podemos formar uma ideia aproximada do quadro mais amplo de seu desenvolvimento.[6]

Como as Crianças Pequenas Aprendem com Robôs

Os robôs interativos parecem ser professores mais eficazes para crianças de 3 a 6 anos do que aqueles mais didáticos e automatizados. Sabe-se bem disso porque as crianças nessa faixa etária se mostraram mais propensas a perguntar e a concordar com um robô que reagisse a elas do que a um que apenas relatasse informações. De forma análoga, no caso de aprenderem novos vocabulários, as crianças foram mais propensas a ouvir as instruções de um robô interativo que lembrasse um ser humano do que a um alto-falante inanimado. Crianças japonesas de 4 a 6 anos de idade tiveram melhor desempenho quando um robô utilizou um método de ensino interativo, que exigia delas que o tratassem como membro da turma.

As crianças dessa idade também aprenderam melhor com um robô cuja voz, aparência ou comportamento se assemelharam aos de um ser humano. Por exemplo: em uma tarefa em que deviam arrumar uma mesa, um robô os ensinou as funções e os locais corretos de diferentes utensílios; nos testes adjacentes, as crianças que aprenderam com o robô com voz humana lembraram a posição correta de mais objetos do que aquelas que aprenderam com o mesmo robô, porém com voz de máquina.

Outro exemplo: as crianças coreanas mais novas aprenderam melhor o inglês com um robô interativo que aparentava se emocionar e podia cantar, conversar e dançar do que com um computador ou livro didático não interativo, mesmo que os ensinamentos tenham sido os mesmos.

140 DECIFRANDO MENTES

E quanto às crianças mais velhas?

Crianças Mais Novas *versus* Crianças Mais Velhas e os Robôs

Na tarefa em que tinham que arrumar uma mesa, conforme vimos, crianças de 4 a 6 anos melhoraram drasticamente quando foram ensinadas por um robô com voz humana. Após o treinamento, elas tiveram um desempenho muito parecido com o de crianças de 7 a 10 anos. No entanto, quando estas últimas receberam o mesmo treinamento com o mesmo robô, apresentaram apenas uma pequena melhoria; para elas, na verdade, tanto fazia se a voz do robô fosse robótica ou humana.

Em outras pesquisas, crianças de várias idades se envolveram em tarefas de sala de aula com um robô que parecia bastante consciente, que tinha capacidade, por exemplo, de aprender o nome das crianças e, às vezes, parecia parar para refletir sobre algumas questões. As crianças mais novas, novamente, aprenderam mais com esse robô do que aquelas que se envolveram com um robô informativo, porém menos consciente e interativo. No caso das crianças mais velhas, por outro lado, o robô "consciente" em nada aprimorou seus aprendizados.

Em um estudo japonês, o robô Robovie (mostrado na Figura 12.2) circulou por uma escola no Japão para falar em inglês com alunos do 1º (de 6 a 7 anos de idade) e do 6º anos (de 11 a 12 anos). Esse robô também se comportava de forma interativa e consciente, abraçando, apertando mãos, jogando "pedra papel e tesoura", cantando, puxando conversa e apontando para objetos próximos. Os alunos do 1º ano passaram muito mais tempo interagindo com ele do que os do 6º.

Em nossa pesquisa sobre o vale da estranheza, as crianças mais jovens atribuíram uma miríade de qualidades humanas aos robôs; elas acreditavam que estes poderiam ter habilidades emocionais, sociais e perceptivas, como observar e tocar. Isso também apareceu em outras pesquisas, como uma em que crianças de 3 e 5 anos alegaram que um cão robô, muito parecido com o AIBO (mostrado na Figura 12.5), podia enxergar e sentir cócegas, além de pensar e ficar contente.

Como você já deve ter adivinhado, as expectativas das crianças sobre as habilidades emocionais e as perceptivas de um robô *diminuem* à medida que elas envelhecem. As crianças de 8 anos relatam que um Robovie interativo de quase 1 metro de altura pode ser inteligente, ter interesses próprios e experimentar emoções; já os jovens de 15 anos não pensam assim.

Quando os pesquisadores japoneses perguntaram às crianças sobre robôs, aquelas com menos de 7 anos falaram deles em termos humanos; falaram, por exemplo, "ele" ou "ela", e não "isso". Aparentemente, eles também tinham comportamentos e desejos autônomos. Acima dos 7 anos, no entanto, elas já passaram a usar com maior frequência os mesmos pronomes para robôs que usavam para máquinas inertes, criadas pelo homem.

Figura 12.5 Robôs semelhantes a máquinas, porém com tipos de corpo diferentes: um canguru, um cachorro e outro com aparência quase humana. Da esquerda para a direita: BionicKangaroo (imagem: Festo); AIBO ERS-7 (imagem: Sony); e Robovie Nano, que deve ser montado com base no kit (imagem: Vstone, https://www.japantrendshop.com/robovie-nano-robot-kit-p-3945.htm).

Crianças pequenas, como Gloria no conto de Asimov, aceitam alguns robôs com o mesmo entusiasmo e destemor que demonstram em relação a animais domésticos. Quando eu estava começando a pesquisa sobre crianças e robôs, uma assistente levou seu filho de 4 anos, Alex, para visitar meu laboratório. Alex pôde ver partes de dois estudos: em uma sala do laboratório, havia uma pequena cadela amigável, Fiona, que interagia com as crianças; em outra, havia um robô NAO.

Alex foi imediatamente conquistado por Fiona, aproximou-se dela sem medo e a acariciou. Curiosamente, ele teve uma reação parecida com o robô NAO: de início, ficou um pouco intrigado, mas depois interagiu com ele quando este olhou para seu rosto com os olhos iluminados e aprendeu a falar seu nome.

Conforme dissemos, à medida que as crianças envelhecem, elas começam a achar que os robôs estão mais próximos de máquinas do que de pessoas. As crianças mais velhas esperam, inclusive, que eles só sejam capazes de algumas formas de pensamento e tomadas de decisão e já não acreditam que possam sentir cócegas ou medo. Nós, adultos, também não.

Sentimentos por Robôs

Antes que a estranheza do vale da estranheza se estabeleça definitivamente, os robôs podem oferecer muitos benefícios para as crianças. As mais jovens entre elas disseram aos pesquisadores que alguns robôs domésticos, como AIBO, o cão, podiam fazê-las se sentirem mais seguras, caso estivessem sozinhas em casa. Outras disseram que mesmo um robô totalmente metálico, como o Robovie, da Figura 12.5, podia ser um bom amigo para compartilhar segredos. As crianças de 3 a 9 anos que acreditaram que este último podia ter interesses e experimentar emoções acreditaram também que ele poderia ser seu amigo e confortá-las caso estivessem tristes. Ao receberem injeções em um hospital, crianças que sofriam de ansiedade aguda se sentiram mais confortáveis com um robô NAO brincalhão do que com uma enfermeira humana.

Tal como ocorreu com Gloria no conto de Asimov: essas crianças pequenas desenvolveram sentimentos positivos em relação aos robôs com certa facilidade. As mais velhas, por outro lado, guardaram sentimentos mais negativos.

Moral e Robôs?

O livro de Asimov, *Eu, Robô*, trata principalmente de moralidade e robótica: como os robôs interagem com seres humanos, para o bem ou para o mal. A maioria dos contos gira em torno dos esforços da Dra. Susan Calvin, roboticista-chefe da fictícia U.S Robots & Mechanical, a principal produtora de robôs humanoides do mundo. Ela se preocupa com o comportamento irregular dos robôs mais avançados e, então, desenvolve um novo campo de pesquisa, a *robopsicologia*, para ajudar a descobrir o que está acontecendo em seus cérebros elétricos (ou cérebros "positrônicos").

Todos os robôs produzidos pela U.S Robots & Mechanical devem ser programados sob as "Três Leis da Robótica":

1. Um robô não pode ferir um ser humano ou, por inação, permitir que um ser humano sofra algum mal.

2. Um robô deve obedecer às ordens dadas por seres humanos, exceto nos casos em que essas ordens entrem em conflito com a Primeira Lei.

3. Um robô deve proteger a própria existência, desde que essa proteção não entre em conflito com a Primeira ou a Segunda Lei.

Ao longo dos contos de Asimov, no entanto, algumas falhas são encontradas nos robôs e em seus protótipos. Isso os leva a implodir, a prejudicar pessoas e, em um caso específico, a matar um homem.

Esses contos geraram inúmeros subprodutos, continuações e comentários. Um episódio de 2004 do programa *Os Simpsons* (intitulado "Eu, Robô" no Brasil), por exemplo, contou com um robô boxeador chamado Smashius Clay. Smashius, um derrotista, seguiu todas as três leis de Asimov e perdeu para todos os humanos com quem lutou.

O filme da 20th Century Fox, *Eu, Robô*, lançado em 2004, estrelou Will Smith como o detetive Dell Spooner, do departamento de polícia de Chicago, em 2035. Dell investiga o assassinato do roboticista Dr. Alfred Lanning, que pode ter sido ocasionado por um robô. O filme tomou as Três Leis da Robótica de Asimov como parte central de sua trama.

Atualmente, robôs como NAO, Robovie e Kaspar não têm códigos morais pré-programados; todavia, também não têm nada que lembre uma inteligência positrônica. Do outro lado, nós, humanos, não temos leis ou códigos a respeito de como lidar com robôs. Será que um robô que se parece muito com um humano deveria ter direitos próprios? Em novembro de 2017, o Reino da Arábia Saudita concedeu cidadania a um robô, Sophia (à esquerda na Figura 12.6). Isso provocou um alvoroço pelos direitos das mulheres na Arábia Saudita, já que elas têm que esconder o rosto quando estão em público, enquanto Sophia pôde aparecer, tanto em público quanto na TV, sem véu.

Pesquisadores, planejadores de robôs, pais e professores se preocupam com o fato de que as interações com robôs possam alavancar comportamentos cada vez mais antissociais, inclusive com os próprios robôs.[7] Um robô caroneiro viajou com sucesso pela Alemanha, Canadá e Holanda, tirando fotos e conversando com outros viajantes; após várias semanas nos Estados Unidos, no entanto, foi vandalizado e destruído. Um robô de segurança de um shopping, projetado para dar informações aos clientes, foi abusado rotineiramente por crianças longe da vista dos pais; elas o chutavam, empurravam, vandalizavam. É até fácil imaginar um mundo "pós-humano", em que robôs tiram os empregos de seres humanos e são, então, atacados e sabotados por aqueles que prejudicaram — este já é, inclusive, um tema recorrente em romances e filmes de ficção científica. Aqui, no mundo não fictício, o *New York Times* chegou a publicar recentemente um artigo com o tópico: "Como tornar seu filho à prova de robôs."[8]

Dois robôs humanoides e uma pessoa

Figura 12.6 Dois robôs humanoides e uma pessoa. Sophia, à esquerda, ganhou cidadania na Arábia Saudita (imagem: HansonRobotics.com); Actroid, ao centro, é um robô humanoide muito conhecido no Japão (imagem: Kokoro Company Ltd); à direita, um ser humano de verdade (foto da Dra. Brink).

Pesquisas empíricas sugerem que comportamentos antissociais para com os robôs podem ser reduzidos, em parte, adaptando os próprios robôs.[9] Crianças pequenas em uma sala de aula consolaram um robô com um abraço, além de o protegerem de agressões, quando este começou a "chorar" por ter sido danificado em brincadeiras

144 DECIFRANDO MENTES

muito rudes. Além disso, pelo menos um estudo mostrou que as crianças mais jovens, após conversarem e brincarem com um robô por cerca de quinze minutos, disseram que eles deveriam ser tratados de maneira justa e que nunca deveriam ser danificados psicologicamente.

No Futuro

A cada ano que passa, os robôs se tornam mais presentes em nossas vidas e nas de nossos filhos. Olhe novamente a Figura 12.2 para ver robôs que parecem ter saído diretamente de um filme da Pixar e que foram fabricados nos últimos anos. Eles são projetados para jogar, responder a perguntas, ler histórias e, até mesmo, cuidar de crianças quando não estão acompanhadas pelos pais. Pesquisas atuais sugerem, cada vez mais, que os robôs até podem ser eficazes assumindo esses papéis com crianças mais novas, mas que, com as mais velhas, já não funciona tão bem assim. E, como os robôs desempenham um papel crescente na vida das crianças, precisamos de um programa de pesquisas válido para entendermos suas interações mútuas nas mais variadas faixas etárias em que começaram a acontecer.

Também são necessários estudos adicionais para examinar a qualidade da aprendizagem das crianças com robôs, juntamente às relações complexas entre suas percepções sobre eles, seus tratamentos com relação a eles e como essas interações podem, afinal, impactar o desenvolvimento social e moral.

Tudo isso não constitui pesquisas a serem feitas hoje e com resultados garantidos para amanhã. Na verdade, precisamos descobrir como as crianças do futuro, que poderão crescer em meio a robôs, pensam e interagem com eles hoje. As crianças nascidas durante a Grande Depressão, por exemplo, desenvolveram perspectivas diferentes daquelas nascidas durante a Segunda Guerra Mundial ou logo depois, nos anos 1950. As crianças pequenas nascidas hoje, então, provavelmente olharão para os robôs de uma maneira muito diferente da dos adultos, basicamente porque suas experiências são tão radicalmente diversas.

É bastante plausível pensar que, um dia, o vale da estranheza possa desaparecer. À medida que robôs humanizados se tornam mais comuns e presentes, as crianças mais velhas e os adultos podem esperar que eles, embora sejam máquinas, se *pareçam* cada vez mais surpreendentemente com os humanos, podendo, inclusive, *adquirir tipos de consciência* que abranjam experiências outrora exclusivamente nossas. Um dia, talvez, os robôs humanoides nos pareçam familiares — *ou não*. Veremos. Da mesma forma, veremos como esse contato crescente com eles repercutirá na nossa teoria da mente cotidiana e em seu desenvolvimento.

13

Teoria da Mente em Ação

A teoria da mente age por toda parte e constitui a base para nossa forma humana de observar o mundo e pensar sobre ele. Portanto, mesmo sendo falsa ou verdadeira, direcionada a nós mesmos ou aos outros, ela colore nossos pensamentos, nossas instituições e crenças mais básicas.

Em Ação de Acordo com a Lei

Em 22 de março de 1960, teve início um julgamento por homicídio no tribunal do condado de Finney, em Garden City, Kansas. Dois homens foram acusados de assassinar um fazendeiro local, sua esposa e os dois filhos em um assalto que rendeu 25 dólares para cada um. O julgamento durou apenas sete dias, e o júri deliberou por apenas 45 minutos antes de declará-los culpados. Ambos foram condenados à morte, como era mandatório para homicídios de primeiro grau no Kansas naquela época.

Os assassinos Richard Hickock e Perry Smith tinham recebido liberdade condicional da Penitenciária Estadual do Kansas havia tempo. Suas vítimas foram Herb Clutter, sua esposa Bonnie e seus dois filhos, Nancy (15 anos) e Kenyon (14 anos). Os assassinatos ocorreram em uma manhã de domingo, 15 de novembro de 1959, na próspera fazenda dos Clutter, e os responsáveis foram presos pouco tempo depois.

Floyd Webber, um ex-colega de cela de Hickock que já havia trabalhado na fazenda dos Clutters, à época entrou em contato com o diretor da prisão para lhe dizer que Hickock planejava roubar os Clutter e "não deixar testemunhas". Com essa informação disponível, Hickock e Smith puderam ser capturados apenas seis semanas depois de terem cometido os assassinatos, em Las Vegas. Eles confessaram e foram levados de volta ao Kansas para o julgamento. O plano deles foi baseado em uma crença falsa: Hickock acreditava que Clutter tinha US$10 mil escondidos em um cofre em sua casa, o que não era verdade.

O julgamento de Hickock e Smith passou despercebido pela maioria dos norte-americanos fora do Kansas, e os dois foram executados por enforcamento em 14 de abril de 1965, depois de quase cinco anos, no corredor da morte. Passados apenas alguns meses, no entanto, eles já haviam se tornado dois dos assassinos mais famosos dos Estados Unidos do século XX. O crime deles foi tema de *A Sangue Frio*, livro de Truman Capote publicado na primavera de 1966.[1] *A Sangue Frio* foi, possivelmente, o primeiro livro a ser publicado sobre um crime real; tornou-se um sucesso instantâneo e é, atualmente, o segundo livro sobre crimes reais mais vendido da história, ficando atrás apenas de *Helter Skelter* ["Fora de Controle", em tradução livre], de Vincent Bugliosi, referente aos assassinatos da família Manson. Foi, também, adaptado para o cinema e utilizado como ponto de partida para uma minissérie de TV.

Na tradição judaico-cristã, um dos Dez Mandamentos dados por Deus a Moisés é "Não matarás". O Alcorão declara o homicídio um pecado. Proibições contra assassinatos fazem parte de quase todos os sistemas morais e legais das mais diferentes sociedades. Ao mesmo tempo, estudiosos de direito e diversos debates morais envolvem o argumento de que, embora os infratores devam ser culpados por seus crimes, eles não devem ser punidos além do que merecem. No caso de um homicídio, isso envolve a separação de alguns fatores.

As leis sobre assassinatos nos Estados Unidos, Canadá, Austrália e Nova Zelândia têm raízes históricas no direito comum inglês. Este afirma que, para alguém ser culpado de um crime, *actus reus non facit reum nisi mens sit rea* — ou seja, "não haverá responsabilidade criminal sem que se conjuguem a conduta externa e o estado mental". Assim, a culpabilidade se encontra não apenas no ato físico em si (alguém morre nas mãos de outro), mas também, essencialmente, no estado mental correspondente da pessoa (se o assassino age consciente das próprias vontades). *Actus reus* implica *mens rea*.

Hickock e Smith foram enforcados por assassinato premeditado em primeiro grau. Hickock planejou o roubo enquanto ainda estava na prisão, e parte do seu plano era não deixar testemunhas. Em termos básicos da teoria da mente do pensar-querer, Hickock se envolveu em um *ato* que ele *pensou* que resultaria no que ele *queria*. Como podemos observar, *Mens rea* está saturado de psicologia do pensar-querer.

A maioria dos países divide os homicídios em diversas modalidades de voluntários e involuntários. Para ajudar a sistematizar essas distinções, que diferiam bastante de acordo com o estado e a localidade, o American Law Institute publicou o Model Penal Code (MPC) [Código Penal dos EUA] em 1962.[*2]

O MPC estabelece graus de culpabilidade, todos diretamente vinculados ao estado de espírito do autor. O mais rigoroso entre eles envolve os homicídios *dolosos*, nos quais a vontade consciente do agressor causa uma morte. Pelos depoimentos de três médicos, o juiz decidiu que Smith e Hickock eram mentalmente capacitados: eles *sabiam* o que estavam fazendo, que era ilegal, e agiram a despeito disso, porque não *queriam* deixar testemunhas — psicologia da relação entre pensar e querer.

---

*O MPC, atualizado pela última vez em 1981, é consultivo; serve para orientar as legislaturas estaduais na atualização de seus códigos penais, mas não tem vigor de lei por si só. A maioria dos estados adotou parcialmente, mas não inteiramente, suas práticas e definições.

O código penal também define crimes menores, como o *homicídio privilegiado*: o autor pode não ter a intenção específica de causar a morte, mas, sob domínio de violenta emoção, inflige um nível de dano que possivelmente a causaria. John Doe, por exemplo, pretende espancar Jane até que ela caia inconsciente, mas ela morre como resultado do espancamento. O *dolo eventual* é menos intencional: o autor age de forma imprudente, desconsiderando a lei e assumindo o risco de haver crime. John dispara uma arma no meio da multidão e acaba matando alguém, mesmo que aparentemente sem querer. O *homicídio culposo*, por sua vez, é o menos proposital, quando a morte ocorre absolutamente sem intenção: Jane está viajando dentro do limite de velocidade; alguém passa correndo na frente do carro, é atropelado e morre.

A análise da teoria da mente também nos fornece distinções como essas.

Os termos "premeditação", "dúvida razoável", "intenção consciente" e "estado de espírito" têm significados legais específicos, mas nós os compreendemos com facilidade porque emanam de uma psicologia do senso comum. São todas noções intrínsecas ao nosso raciocínio mais amplo da relação entre pensar e querer. Nosso raciocínio moral, inclusive, também se desenvolve com base nesse mesmo fundamento de *mens rea*. As ações são categorizadas como boas ou ruins de acordo com as intenções por detrás delas. Prejudicar o canteiro de flores de seu vizinho é algo desagradável, não importa como, mas apenas é condenável se você o fizer de propósito.

Quando a Mente Vem à Tona

Sabe aqueles super-heróis que estrearam nos quadrinhos, como o Super-Homem, o Homem de Ferro, a Mulher-Maravilha e o Wolverine? Nas HQs, eles nos direcionam suas falas sobre si mesmos por meio de balões de pensamento. Esse é um recurso curioso se pararmos para observar: pensamentos tornados pictóricos. No entanto, nós os entendemos perfeitamente, uma vez que nossa teoria da mente segue operante e funcional; nesse caso, como em muitos outros, ela naturaliza um recurso potencialmente estranho.

A leitura também parece algo bastante natural para quem já amadureceu sua prática; no entanto, está longe de ser isso. Enquanto a linguagem verbal é algo muito natural para os seres humanos, a leitura é produto de um árduo aprendizado. A impressão, que representa sons passageiros representados por sinais permanentes em uma página levou milênios e muitas gerações para ser inventada, surgiu de forma independente em apenas alguns lugares na história: mais especificamente, no Oriente Médio, na China e na América Central. A leitura, inicialmente, deixa as crianças zonzas, perdidas e pode levar muitos anos para ser devidamente dominada.

As convenções pictóricas, que podem parecer mais universais, também exigiram muito esforço e treino desde sempre, sendo aprimoradas ao longo de muitas gerações.

148 DECIFRANDO MENTES

A maneira pela qual uma cultura registra ações dinâmicas em uma superfície estática fornece exemplos reveladores, que variam amplamente nas mais diferentes culturas ao longo da história. Os egípcios antigos, por exemplo, eram retratados andando com a parte superior do corpo voltada para o observador, enquanto os quadris e as pernas se inclinavam a 90 graus, para que seguissem seus rumos. As pinturas rupestres criavam posturas especiais (e, às vezes, curiosas) para retratar animais correndo. Desenhos dos antigos havaianos retratando o surf também tinham suas particularidades. Muitas convenções foram necessárias, enfim, para produzir, interpretar e aperfeiçoar essas representações.

Os artistas de HQs desenvolveram os próprios recursos e conjuntos de convenções — e tomaram emprestados alguns outros. Linhas indicando uma movimentação fluem atrás de um personagem aparentemente estático, porém inclinado para a frente, para mostrar que ele está correndo; determinadas marcas saem da boca de alguém para representar som ou fala. Pesquisas que testaram a compreensão das crianças no que refere a convenções pictóricas de HQs mostraram que elas não entendem essas representações de ação ou ruído até cerca de 6 a 9 anos de idade.

Isso quer dizer que os balões de pensamento de nossos super-heróis são convenções devidamente compreendidas somente após algum treinamento ou enculturação? De fato, sim. Até porque, lembrem-se: mesmo crianças de 3 anos afirmam que os pensamentos são invisíveis e imateriais, enquanto esses balões representam os pensamentos em termos tangíveis e obviamente visíveis — uma imagem na superfície do papel.

Por isso, aparentemente, os balões de pensamento são um recurso raramente utilizado nos livros ilustrados para crianças em idade pré-escolar, ao passo que são muito comuns nos quadrinhos escritos para seus irmãos mais velhos. Quando meus colegas e eu pesquisamos mais de duzentos livros infantis ilustrados nos Estados Unidos, na Espanha, na Inglaterra e no Japão, percebemos que menos de 3% deles continham balões. Isso sugere que os escritores infantis concordam que as crianças pequenas precisam de algum treinamento para entenderem esse recurso, da mesma forma que precisam dele para entender as figuras impressas.

Mas e se, ao contrário, os balões de pensamento forem óbvios para essas crianças? Afinal, é plausível pensar que, uma vez que elas passam a compreender a mente, os pensamentos e as ideias, elas também podem compreender que seu funcionamento venha a ser representado de alguma forma. Se for esse o caso, teríamos uma nova maneira, previamente desconhecida, pela qual a teoria da mente opera em nosso mundo, e, ainda, já em uma idade precoce.

Em nossa pesquisa,[3] descobrimos que crianças de 3 anos compreendem perfeitamente os balões de pensamento. Nós lhe mostramos uma imagem como a da Figura 13.1, apontando para o balão e dizendo: "Isso mostra o que o menino está pensando." As crianças, então, responderam, tranquilamente, a perguntas como: "No que ele está pensando?" (ao dizer "carrinho", e não "cachorro", ainda que o menino esteja igualmente ligado aos dois). Mais de 85% das crianças com 3 anos de idade responderam corretamente nas primeiras figuras apresentadas e também nas subsequentes, nas quais já não falamos nada sobre o balão de pensamento, mas simplesmente perguntamos em que o personagem estava pensando.

Figura 13.1 Balão de pensamento: o menino pensa em um carrinho.

As crianças pequenas, portanto, "decifram" os balões de pensamento rapidamente. Mas será que elas podem ir além? Será que podem, por exemplo, entender que esses balões representam experiências alheias subjetivas? Novamente, sim.

Mostramos às crianças pequenas dois bonecos de papelão, um menino e uma menina, que olhavam para dentro de uma caixa escura. Quando o menino de papelão era virado, a criança podia ver que ele tinha um balão de pensamento que continha uma boneca dentro; quando a garota de papelão era virada, tinha um que continha um ursinho. As crianças, então, responderam facilmente a estas perguntas: "O que o garoto acha que tem na caixa?" (boneca); e "O que a garota acha que tem na caixa?" (ursinho). Por meio dos balões de pensamento, elas compreenderam que cada boneco tinha um pensamento diferente; mesmo as crianças de 3 anos acertaram 90% das vezes.

Essas crianças de 3 a 4 anos, aliás, também passaram facilmente em outros testes relacionados, afirmando, por exemplo, que fotos mostravam algo que uma pessoa pode ver e tocar, enquanto os balões de pensamento mostravam algo que ninguém pode ver ou tocar — observe que ambas as fotos são imagens em um papel. As crianças, assim como os adultos, acreditam que os balões são uma maneira fácil e clara de representar pensamentos subjetivos e invisíveis como se fossem naturais.

De fato, algumas formas de pensar e aprender são naturais, intuitivas e vêm facilmente, enquanto outras são antinaturais, contraintuitivas e difíceis. É aqui que a teoria da mente entra em ação, naturalizando partes surpreendentes de nossas vidas e, até mesmo, algumas que só foram inventadas recentemente — como os balões de pensamento. São processos mentais vindo à tona a pleno vapor.

Os Mistérios da Mente

Mistérios são fascinantes para nós desde a infância. Em um de nossos estudos, um adulto mostrou para crianças pequenas dois tipos de blocos diferentes que podiam acender caixas especiais de luz quando colocados em cima delas.[4] Cubos azuis as iluminavam quase sempre ("É um ativador"); já as pirâmides vermelhas, quase nunca o faziam ("Ela não faz nada").

Para o teste, duas caixas de luz foram colocadas lado a lado, e o adulto depositou um cubo azul em uma e, simultaneamente, uma pirâmide vermelha em outra. *Ambas*, no entanto, se iluminaram. O adulto apontou vagamente na direção das caixas e perguntou: "Por que isso aconteceu?"

As crianças tinham duas escolhas: explicar o fenômeno mais fácil, que envolvia o ativador acendendo sua caixa ("Esses sempre funcionam"), ou a explicação mais difícil, que envolvia a pirâmide vermelha funcionando. Em sua grande maioria, elas tentaram explicar por que a pirâmide resolveu funcionar; esse era, afinal, um mistério para tentarem decifrar. "Talvez ela apenas pareça inútil, sendo que, na verdade, é um ativador"; "Antes você não tinha colocado direito, mas aposto que todas as pirâmides funcionam se colocar."

Os produtores de TV e podcasts conhecem bem o poder do mistério. Os gêneros mais assistidos, depois dos esportes, são os policiais e de investigação. E quem fez o que e por que, é claro, são questões de teoria da mente.

O público infantil encontra os próprios mistérios igualmente fascinantes. *As Pistas de Blue* é um ótimo exemplo: o programa acompanha uma cadela azul (Blue) enquanto esta deixa um conjunto de pistas para os humanos Steve (ou Donovan) e as crianças que assistem ao programa.[5] Geralmente, cada um guarda cerca de quatro a oito mistérios: é o aniversário de Blue; o que será que Steve dará para ela? A cadela desaparece e deixa uma única pegada. Steve coloca seu presente em uma caixa embrulhada, mas depois o perde no meio de várias caixas semelhantes. A cada momento, mais pistas se acumulam, e Steve faz algumas perguntas-chave ("Do que Blue realmente gosta?"; "Qual é a caixa com meu presente?"). Então, ele espera. Depois de uma longa pausa, dá uma ou duas dicas.

Durante essas pausas, as crianças gritam suas respostas — ou pelo menos o fazem no final da semana. A explicação é: o mesmo episódio de *As Pistas de Blue* é transmitido todos os dias, durante uma semana. No início da semana, as crianças pequenas precisam de todas as dicas, além de ver Steve decodificando-as; no final da semana, depois de terem assistido ao programa várias vezes, elas podem gritar alegremente as respostas corretas. A cada semana que passa, o programa mostra novos mistérios e, então, resolve-os seguindo as pistas e assim por diante — de novo, de novo e de novo.

Todo mistério orbita uma ignorância, e sua resolução transforma essa ignorância em conhecimento — isso também constitui o pensamento da teoria da mente. *As Pistas de Blue* se baseia em pesquisas sobre teoria da mente infantil, incluindo como as crianças leem e observam as intenções, os pensamentos, os sentimentos, os enganos, os erros e as ignorâncias das outras pessoas. Além disso, o programa inspirou pesquisas a respeito de quão eficaz ele mesmo pode ser como ferramenta de aprendizagem (e não é pouco).

Teoria da Mente em Ação para Adultos Cuja Criança Interior Ainda Vive

Práticas meditativas em todo o mundo nos encorajam a viver o instante e a cultivar uma mente, digamos, como a das crianças, repleta de reverência e compaixão. Isso não é algo simples; na verdade, requer um esforço enorme. Afinal, somos distraídos a todo momento por preocupações, planejamentos, horários, compromissos. Essa mentalidade "infantil" é uma das muitas maneiras pelas quais a teoria da mente pode funcionar para nós, ao fornecer um canal que nos permite explorar uma fonte primordial de alegria e fascínio e ao poder vincular nosso ser atual com a criança que fomos um dia.

A Teoria da Mente Agindo Contra Nós

A teoria da mente está agindo quando adultos entendem leis, quando crianças entendem balões de pensamento e quando todos nós perseguimos os mistérios da vida. Sem sombra de dúvida, ela é uma das ferramentas mais poderosas para nossos entendimentos em nosso trabalho e nossas vidas. No entanto, pode, da mesma forma, nos levar a tropeçar, a cometer deslizes e a falsas abordagens, mesmo em áreas em que jurávamos ser especialistas.

Previsão de Sentimentos

Imagine que você tenha ganhado na loteria. Você se sentiria feliz ou triste? Quão feliz você acha que se sentiria em uma escala em que: 1 representa infelicidade; e 7, felicidade extrema? Quão feliz você se sentiria no dia em que seu prêmio fosse anunciado? E quão feliz, por fim, você se sentiria seis meses depois?

Ao mesmo tempo em que os adultos são bons para prever corretamente quando se sentirão felizes, eles, com frequência, superestimam essa felicidade. Para o dia da vitória, costumam prever corretamente; depois disso, no entanto, sua precisão decai. A felicidade de quem ganha na loteria, por exemplo, se apazigua rápido. Um mês depois, essas pessoas geralmente não são mais felizes do que antes; muitas vezes, inclusive, o são muito *menos*. Poucas pessoas anteveem isso.[6]

Essas previsões afetivas ruins acontecem o tempo todo. Adultos de todas as idades superestimam quão infelizes ficarão três meses após o término de um relacionamento; professores acadêmicos subestimam como se sentirão alguns anos depois de terem perdido seu cargo; mulheres ansiosas pela maternidade exageram a respeito de quão infelizes estarão uma semana depois que um teste de gravidez der negativo.

Todos nós superestimamos e subestimamos nossos sentimentos futuros.

Uma das principais razões para fazermos isso é nossa sempre atuante e impetuosa teoria da mente, que busca explicar, o tempo todo, os eventos humanos. Quando ocorre algo incomum, por exemplo, passamos muito tempo tentando encontrar um sentido para isso: "Pensei que estava apaixonado; por que será que não me sinto tão mal agora que acabou?"; "Tinha certeza de que, se ganhasse na loteria, ficaria no topo do mundo. Por que isso não está acontecendo?".

Nossos raciocínios de mentalização, é claro, nos ajudam a arrumar explicações sensatas: "Foi apenas uma paixão momentânea"; "Ganhar na loteria não é nada de tão fantástico quanto fazem parecer; o IRS acaba tributando uma boa parte, e o valor total se escoa aos pouquinhos ao longo dos anos". Extrair um sentido das coisas acaba por normalizá-las um pouco mais. Até suas próprias reações parecem normais e mesmo inevitáveis depois que você as desvenda; assim, elas também acabam se tornando menos inquietantes, no sentido emocional. Mas ninguém prevê nada disso antes do tempo.

Previsões afetivas incorretas refletem as próprias falhas em nossas teorias da mente cotidianas a respeito das emoções e dos momentos em que estas se manifestam. Portanto, embora experimentemos emoções o tempo inteiro, estamos muito longe de sermos especialistas no assunto.*

---

*Os pensamentos de mentalização sugerem algumas coisas a se fazer. Primeiro, não diminua seus sentimentos positivos quando eles ocorrerem. Saboreie-os em toda sua efemeridade — eles podem não durar tanto tempo assim. Ao mesmo tempo, não exagere quando for a vez dos sentimentos negativos; você se sentirá melhor com o tempo e, frequentemente, em menos tempo do que temia a princípio. Além disso, não subestime o normal e o comum em prol de entusiasmos maiores e mais constantes. Ser equilibradamente feliz com frequência, em vez de muito feliz ocasionalmente, é o mais recomendado. Felizmente, a maioria dos adultos afirma ser equilibradamente feliz com frequência. Aproveitem!

Surpresa: Não é Só a Lembrança que Conta

A busca pelo presente surpresa perfeito é muito valorizada, e todos os anúncios de Natal, Dia dos Namorados e Dia das Mães retratam as recompensas desse ato. A verdade, no entanto, é outra: não somos tão bons assim em prever o que alguém deseja, e se esforçar para fazer uma grande surpresa geralmente resulta em fracasso. Às vezes, você compra um presente que a pessoa jamais escolheria. Em outras, mesmo quando o presente gera uma ótima reação inicial, o apelo se esgota em longo prazo, e a surpresa acaba esquecida em um armário ou gaveta, empoeirada por falta de uso. A pesquisa de Jeff Galak, da Universidade Carnegie Mellon, mostrou isso de maneira incontestável.[7]

Felizmente, segundo Galak, existe uma solução bastante simples: "A melhor coisa que os presenteadores de plantão podem fazer é perguntar aos destinatários o que eles querem [...] O problema é que, em nossa cultura, isso é quase um tabu. De alguma forma, perguntar a alguém o que ele ou ela quer faz com que você, que vai presenteá-lo(a), pareça menos atencioso. E isso simplesmente não é verdade. Afinal, quem ganhará o presente costuma preferir *ser consultado antes*, para poder ganhar aquilo que realmente deseja."

Podemos entrar em apuros aqui porque, apesar de decifrarmos mentes alheias o tempo inteiro, é bastante difícil obter os detalhes a respeito dos pensamentos pessoas corretamente, especialmente no que se refere a seus desejos. Você, *consigo mesmo*, talvez saiba bem o que deseja e como se valer disso, mais do que qualquer outra pessoa — só que o mesmo também se aplica a quase todas elas. Diversos estudos, como os de Galak ou de outros pesquisadores, mostram que o melhor a se fazer é perguntar: presentes solicitados previamente são fontes de um prazer mais profundo e duradouro quando recebidos. Prefira dar uma pergunta prévia como presente.

O Conhecimento Fácil É Nocivo para Você

Não custa repetir: nossas crenças habituais sobre os processos de aprendizagem e lembranças podem nos induzir ao erro. Isso é verdadeiro até mesmo para estudantes universitários, que precisam ter habilidades de aprendizagem adequadas, já que ingressaram em um período de muitas cobranças e esforços.

O problema que subjaz a questão é o seguinte: quando se trata de aprender, preferimos acreditar que quanto mais fácil melhor. E a verdade é inteiramente outra: quanto mais difícil melhor. Robert Bjork, um conhecido pesquisador na área da aprendizagem adulta, captou isso há mais de 25 anos, com sua noção de "dificuldades desejáveis."[8] Ele afirma que a introdução de algumas dificuldades no processo de aprendizagem melhora e muito a retenção do conteúdo em longo prazo.

Talvez isso possa parecer contraintuitivo. Afinal, nossa teoria da mente geralmente nos diz que, se você pratica algo até que se torne fácil, você sabe mais e melhor — você aprendeu. Mas isso não significa que o *processo* de aprendizagem em si funcione melhor ao correr de maneira fácil. De fato, você aprende mais e melhor se processar as questões profundamente, e isso requer mais, e não menos, trabalho.

Os estudantes certamente sabem disso, pois também sabem que é melhor ler o conteúdo duas vezes, em vez de uma — ler e sublinhar, aliás —, e também estudar antes da prova, em vez de contar apenas com o conteúdo das aulas. Só que eles têm algumas crenças falsas a respeito do aprendizado, como estas:

1. **Fazer anotações:** exigir que os alunos façam anotações à mão, em vez de usarem seus notebooks, leva, em longo prazo, a um melhor aprendizado, melhor desempenho nas provas e melhor retenção de informações. Mas por quê? Os alunos, atualmente, são tão bons e rápidos em digitar nos teclados que isso já não requer muita reflexão; tornou-se automático.

No entanto, aprender exige uma atenção consciente, e é realmente melhor para o aprendizado dos alunos anotarem com caneta e papel, à moda antiga, já que isso requer um processamento maior e mais lento das informações, além de uma atenção mais plena. E, como bônus, tira o notebook de cena — um dispositivo muito prático para verificar e-mails, ver qual filme novo entrou em cartaz no cinema ou verificar a pontuação do jogo, tudo isso durante uma única aula.

2. **Sublinhar:** sublinhar o que você lê exige mais esforço do que apenas ler, porém nem tanto. É um processamento bastante irracional. Além disso, analisar aquilo que foi sublinhado anteriormente estimula a impressão de que você está realmente estudando para a prova. No entanto e em geral, reler as palavras de outra pessoa é uma péssima estratégia de aprendizagem.[9]

Uma estratégia melhor, porém mais difícil, envolve colocar o que foi lido em suas próprias palavras: escrever nas margens, colar suas ideias e perguntas em um Post-it e cobrar explicações de si próprio. Essas atitudes surtem efeito porque, basicamente, tentar explicar requer um processamento mais profundo.

3. **Materiais dos professores:** você deve se lembrar de ter reclamado quando um professor escreveu no quadro com uma letra muito pequena ou com um garrancho terrível. Embora pareça extremamente óbvio que conteúdos educativos bem delineados promovam um aprendizado melhor, os estudos apontam que, na verdade, você aprende melhor com letras mais difíceis de entender. É claro que existem limites; afinal, um texto ilegível não transmite absolutamente nada. Mas, se você tiver que se esforçar mais para processar os materiais transmitidos, poderá aumentar seu aprendizado e a retenção do conteúdo.

O segredo, novamente, é que requer mais atenção, além de alguma sensibilidade para preencher as lacunas, o que promove um tratamento mais lento e profundo das questões — e o ponto central é esse mesmo. Até dificuldades aparentemente triviais podem ajudar. Por exemplo: aprendemos melhor se a fonte estiver um pouco tremida (mas ainda legível) ou se o material for escrito à mão (com todas as suas irregularidades) do que se for impresso por uma máquina precisa e completamente regular.[10]

Acrescento, pois, como corolário para os professores, que todo trabalho que vocês dedicam à produção de slides perfeitos no PowerPoint pode funcionar contra o aprendizado de seus alunos. Embora achem que esse material é necessário, ele deve ser usado com moderação. Escrever e desenhar no quadro e solicitar aos alunos que façam as próprias anotações é melhor para um processamento mais profundo do conteúdo. Por mais que isso contrarie nossa intuição, o fato é que tornar os materiais de aprendizagem um pouco *menos* claros e *menos* perfeitamente organizados pode promover, e não prejudicar, um melhor aprendizado.

4. **Testes:** os alunos odeiam testes surpresa, mas as pesquisas apontam que eles funcionam, pois sua frequência ajuda a manter afiada a capacidade de aprendizagem. Os autotestes — quando os alunos elaboram e realizam os próprios testes — também são extremamente benéficos. O ponto importante aqui (novamente) é que fazer um teste requer mais reflexão e um processamento mais denso do que apenas ler ou ouvir as informações. Requer esforço. Os testes passados ao longo do semestre induzem os alunos a estudarem e a se prepararem passo a passo, e não de uma vez só. E, claro, isso ajuda nos aprendizados.

Os alunos mostram muita relutância (quando não se recusam) a empregar as dificuldades desejáveis, já que elas exigem um esforço maior desde o início. Mas é por isso mesmo que elas funcionam. Um esforço maior leva a um melhor processamento, retenção e aprendizado. É mais difícil, de fato. Mas aprender a aprender é, em si, uma dificuldade desejável.

Como Ficar Mais Inteligente

Estamos convencidos de que o aprendizado exige inteligência e esperteza. Porém adultos e crianças geralmente não entendem o que isso quer dizer, pois abrigam teorias da inteligência habituais e inúteis. Carol Dweck, psicóloga da Universidade de Stanford, passou mais de trinta anos apontando alguns de nossos erros a respeito disso e revelando seus poderes.

Dweck e seus alunos traçaram duas diferentes teorias habituais da inteligência, as quais ela denominou *mindsets*.[11] Por meio dessa lógica, muitas crianças e adultos teriam um *mindset fixo* (também chamada de *teoria da entidade*). Para estes, a inteligência é uma entidade, da qual pessoas diferentes armazenam quantidades diferentes. Se você é esperto, tem uma quantidade elevada; se você não é tão esperto, tem menos. Sua quantidade de inteligência não se altera, mas ela pode ser revelada ou ocultada em tarefas variadas, como resolver problemas e trabalhar em projetos. Revelar sua inteligência (fixa) é o que ocorre quando você faz um teste ou quando se aproxima da aprendizagem em um ambiente pedagógico, como uma sala de aula ou uma oficina.

Por outro lado, algumas crianças e adultos teriam uma mentalidade mais maleável, denominada *mindset de crescimento* (ou uma *teoria incremental* da inteligência). Estes compreendem que, qualquer que seja sua inteligência inicial, ela sempre pode ser alterada: pode se expandir, e você pode, sim, ficar mais esperto — inclusive, essa é a meta na solução dos problemas. Desafios, contratempos e um esforço dedicado são partes importantes do aprendizado, pois eles o ajudam a afiar sua inteligência. Quando Dweck começou a estudar a habilidade das crianças na resolução de problemas, ela ficou surpresa quando alguns alunos do ensino fundamental que enfrentavam dificuldades diziam coisas como "adoro um desafio"; "achei que isso fosse ser mais difícil"; ou "os erros são nossos aliados".*

---

* Essa é uma valorização juvenil e primária de algumas das vantagens derivadas das dificuldades desejáveis.

Barra Lateral 13.1. Inspirando uma Mentalidade de Crescimento

Obviamente, suas ideias atuais podem estar bastante enraizadas, sendo difícil reajustá-las e reformulá-las. Em seu livro *Mindset: A nova psicologia do sucesso*, Dweck dá algumas sugestões sobre como lidar com isso.

Tanto pais quanto professores ouvem muito sobre a importância da autoestima para os filhos e são aconselhados, diversas vezes, a elogiarem suas habilidades e sua inteligência. Faça com frequência e consistência, deem esses conselhos, pois isso reforçará e aumentará a autoconfiança, a estima e a vontade de esforço das crianças.

A pesquisa de Dweck, no entanto, revela que esse tipo contínuo de elogio costuma sair pela culatra: enaltecer a inteligência exageradamente pode estabelecer uma mentalidade fixa e uma aversão a desafios. Em suas pesquisas, as crianças ficaram encantadas quando recebiam esses elogios; todavia, quando atingiam um obstáculo, suas crenças em habilidades fixas próprias as convenciam de que não eram inteligentes o suficiente para enfrentá-lo. O desempenho delas, então, despencava. De outro lado, estavam as crianças elogiadas apenas por seus *processos*, como o trabalho duro ou uma boa estratégia. Aquelas que conseguiam ver nisso a razão de seu bom desempenho tinham um mindset de crescimento, além de uma reação orientada para enfrentar e dominar as dificuldades.

Pesquisas apontam que mesmo pais e professores que também têm um mindset de crescimento podem não conseguir passá-lo adiante; isso ocorre, na verdade, porque suas palavras e ações não estão alinhadas com seus mindsets. A pesquisa mais recente de Dweck mostrou, por exemplo, que, enquanto muitos deles apoiaram um mindset de crescimento, não conseguiram, todavia, elogiar os processos adjacentes das crianças. Além disso, também reagiram com demasiada preocupação ou ansiedade a respeito delas e de suas habilidades, no caso de falharem. Uma reação mais aproximadamente orientada para o crescimento seria passar a mensagem de que as dificuldades, os fracassos e as confusões são coisas positivas — pois elas pavimentam o caminho para novos progressos.

No entanto, para aqueles com mindset fixo, os desafios, contratempos e até mesmo um esforço maior são questões de risco. Eles podem, afinal, resultar em um julgamento, tanto de si quanto dos outros, de que sua inteligência fixa anda deficiente ou em falta.

Muitas crianças e adultos têm uma mentalidade assim, mas as pesquisas mostram que um mindset de crescimento é mais apurado e rigoroso. Isso quer dizer que você pode — e deve — aprender mais (Barra Lateral 13.1).

Sempre Agindo, Sempre Trabalhando

A teoria da mente entra em ação das mais diversas maneiras, grandes ou pequenas, ocultas ou evidentes. Socialmente falando, é ela que molda nossos códigos legais e morais, nossas convenções escritas e pictóricas e nossos meios de comunicação. Sozinha, ela traça os contornos de nossos sentimentos, dos presentes que escolhemos dar, dos ensinamentos e aprendizados e, também, das respectivas falhas. Ela age em adultos e crianças e nos meios pelos quais podemos juntar e reconciliar essas partes de nós mesmos. É, por fim, um componente fundamental de quem fomos, de quem somos, de quem seremos e, ainda, de como todas essas etapas podem se integrar, formando um grande mosaico.

14

Histórias, Teorias e Mentes

Cinderela é uma história clássica de dignidade ante a opressão, em que a virtude e a beleza são recompensadas no final. O que poucos norte-americanos sabem é que essa história é ainda mais clássica do que pensam. É mais provável que nos lembremos da história dos Irmãos Grimm ou do filme de animação da Disney dos anos 1950. Mas o fato é que os gregos de antigamente já contavam a história de *Rhodopis*, uma escrava grega cuja sandália foi parar no colo de um faraó egípcio, o qual, então, enviou homens por toda a região para encontrar sua dona. Quando localizada, enfim, Rhodopis foi levada diante do faraó, que se encantou com sua beleza e, assim, se casaram.

Os folcloristas argumentam que essa história simples é quase universal. Existem versões chinesas que datam do século IX, outras árabes e centenas de variações conhecidas ao redor do mundo. Estas incluem, mais recentemente, filmes (*Mentira Perfeita; Elle: Um Conto de Fadas Moderno*), musicais, óperas (*Cendrillon; La Cenerentola*) e romances tanto para adultos (*Confessions of an Ugly Stepsister* ["Confissões da Irmã Feia", em tradução livre]) como para crianças (*Bella at Midnight* ["A Bella da Meia-Noite", em tradução livre]).

Ao longo do livro *Decifrando Mentes*, utilizei diversas histórias — tomadas de Shakespeare, da revista *People*, dos quadrinhos, das histórias infantis etc. — para ajudar a esclarecer nossos usos cotidianos da teoria da mente. Afinal, as histórias expressam nossas vidas e desenvolvem as pessoas e seus comportamentos por meio de personagens. Não há dúvidas de que o poder e o apelo das narrativas (histórias, fofocas, dramas) são indiscutivelmente universais. Mas esse universo é bastante complexo.

A história de *Cinderela* repousa nos papéis representados por essa personagem título (enteada e arrumadeira), em suas ações (limpar e esfregar, ir ao baile) e nas de outras pessoas (a madrasta, a fada madrinha). Implicitamente, a história também depende dos desejos de Cinderela (ir ao baile) e de seus pensamentos (duvidar de que conseguirá ir ao baile), bem como dos obstáculos enfrentados (completar uma montanha de tarefas antes), sendo que todos esses fatores moldam suas ações e emoções à medida que os eventos se desenrolam. Essa é uma história que utiliza conceitos como segredos, mentiras, mistérios, pistas, crenças falsas e mentes extraordinárias, que também são abundantes neste livro, e, é claro, no ato de decifrar mentes. Cinderela mantém sua identidade secreta no baile; a única pista é o sapatinho de cristal. Suas meias-irmãs, ao experimentarem o sapatinho trazido pelos homens do príncipe,

160 DECIFRANDO MENTES

alegam falsamente ser delas. Enfim, as ideias e os artifícios de uma fada madrinha amarram o restante da história.

Essa narrativa — todas as narrativas, na verdade — envolvem situações e atitudes interligadas por *mentes*. Personagens de ficção, sejam arquétipos simplificados como Cinderela ou personalidades mais complexas como Elizabeth Bennett, costumam traçar caminhos complicados e tecer redes de pensamentos variados. No entanto, nós conseguimos compreender tudo isso facilmente, e até mesmo nos identificar com elas. A teoria da mente nos permite fazer isso.

Sem os alicerces mentais, os autores nem sequer poderiam escrever livros de ficção, muito menos os leitores seriam capazes de compreendê-los. Afinal, os autores criam personagens fictícios extremamente críveis ao fabricar para eles desejos, pensamentos, sentimentos, esperanças, preferências e planos de ação que satisfazem ou frustram suas intenções — todas características intrínsecas à estrutura comum da teoria da mente. Assim, os personagens só se tornam bem fundamentados quando seus detalhes correspondem às nossas explicações psicológicas cotidianas e mais comumente aceitas. E é por isso que as histórias nunca são puramente fictícias: elas estão baseadas em uma psicologia cotidiana que o leitor consegue compreender. Do contrário, não existe qualquer identificação possível.

Astrônomos, como aqueles que trabalham no *Search for Extraterrestrial Intelligence* (SETI), enfrentam esse mesmo problema ao procurar sinais de vida extraterrestre em outras partes do Universo. Façamos um experimento mental: tente pensar em um extraterrestre tão, mas tão distante de nossa realidade que já não tem qualquer semelhança com a vida humana. É realmente possível que os alienígenas sejam tão estranhos que venhamos a não reconhecê-los nem seus sinais, nem sua bioquímica, nem seus vestígios. Eles poderiam muito bem escapar à nossa vista, insondáveis e obscuros, sem nenhuma ancoragem nas nossas teorias humanas cotidianas. O contato e a comunicação com uma forma de vida assim poderiam, inclusive, ser impossíveis. O que garante, afinal, que você ou qualquer pessoa os reconheceria? Como já vimos, a elasticidade de nossas teorias da mente só pode se estender até determinado ponto antes de se romper completamente.

Os escritores de ficção científica também precisam lidar com esse problema. Afinal, seus alienígenas extraordinários são — e só podem ser — criados dentro dos limites da teoria da mente; do contrário, eles não fariam sentido para o autor ou para o leitor. Aliás, não haveria sequer uma história. Pelas mesmas razões, as pessoas que relatam abduções por alienígenas em OVNIs costumam afirmar que estes queriam algo (sexo, informação, recursos), tinham pensamentos próprios (até mesmo telepatia) ou praticavam malícias.

As Histórias com as Quais Nos Identificamos

Cinderela é uma história arquetípica, que algumas pessoas identificam com suas histórias de vida. Mais especificamente, o que se passa é que elas traçam paralelos entre uma narrativa popular e as próprias narrativas individuais. Cada história de vida, é claro, constitui uma autobiografia ligada diretamente à nossa identidade pessoal, compreendendo nossas consistências e inconsistências próprias. O título do livro de Dan McAdams, *The Stories We Live By* ["As Histórias Pelas Quais Vivemos", em tradução livre], publicado em 1993, captura bem a maneira por meio da qual estruturamos nossas vidas narrativamente.[1]

David Copperfield, reconhecido como o mais autobiográfico dos romances de Charles Dickens, oferece um ótimo exemplo. No prefácio, lê-se: "Serei o herói de minha própria existência ou esse papel terá sido desempenhado por outro? Estas páginas o dirão."[2] Esse livro explora uma história de vida pessoal para criar ficção. Outros grandes escritores também exploraram histórias de vida alheias, como quando Sófocles nos relatou a tragédia de Édipo. Os psicólogos, inclusive, adoram investigar essas vidas "ficcionais": Freud, por exemplo, argumentou que todos nós, invariavelmente, vivemos uma história edipiana na infância. Isso quer dizer que algumas histórias captam com tanta precisão nossos entendimentos habituais que podem se tornar modelos para compreensões posteriores.

Leigos até Dickens e cientistas cognitivos já chamaram as lembranças pessoais de "memórias autobiográficas". Estas, que reconhecem o vínculo entre narrativa, história e o "si mesmo" — fazendo dessas partes um todo —, surgem inicialmente no período pré-escolar, baseadas em histórias prévias contadas pelos pais e por outros parentes. Na adolescência, essas histórias de vida são ampliadas, tornando-se mais coerentes e propriamente narrativas, além de mais autodefinidas. É muito comum que os adolescentes tentem encontrar um fio narrativo para suas vidas, que pode incluir lições aprendidas e confrontamentos, ser repleto de potência e acaso, de harmonia pessoal ou mudanças radicais, de heroísmo ou vitimização. Cada vez mais é possível observar uma necessidade em adolescentes e jovens adultos de criarem narrativas para suas vidas, detalhando como eles se tornaram o que são.

Um tipo de narrativa cuja identidade é particularmente norte-americana seria aquela que McAdams denominou como história *redentora*: a de um(a) herói/heroína que enfrenta um mundo perigoso com coragem e determinação, superando todos os sofrimentos e contratempos possíveis para alcançar a vitória ou o bem-estar no final. Além disso, o herói não apenas determina um curso de vida positivo, como também impacta positivamente a vida dos outros. McAdams afirma que "os norte-americanos parecem adorar histórias de vida redentoras, cujas variações incluem narrativas de expiação religiosa, movimentos ascendentes variados, emancipação pessoal e regeneração". Vemos e aprendemos sobre essas qualidades em histórias como as de Abraham Lincoln, Rosa Parks, Barack Obama, Eleanor Roosevelt e Cinderela.

As autobiografias — *nossas* histórias — não consistem em uma sequência aleatória de eventos. Elas retratam, antes, nossas mentes e suas ações correspondentes ao longo da vida. Além disso, funcionam como todas as outras histórias, reunindo os recursos da teoria da mente para caracterizar um indivíduo — no caso, você mesmo. Elas incluem pensamentos, desejos, esperanças, atitudes, planos e sentimentos que integramos por meio de nossa teoria da mente habitual, que, por sua vez, nos permite entender a nós mesmos e a criar as histórias com as quais nos identificamos.

Assim, podemos afirmar que as histórias estão por toda parte[3] e que seu principal suporte é uma teoria da mente que impacta diretamente nossas concepções sobre fato e ficção, certo e errado, pensamento e emoção, amigos e inimigos, aprendizado e fracasso.

Autoengano e Erros

Errar é humano, e esses erros são pelo menos tão ubíquos quanto as histórias, além de serem igualmente dependentes da teoria da mente. Se você chegou até aqui, sabe que nossas teorias da mente fazem hora extra e que nem sempre é possível confiar em suas elaborações. Nossas histórias de vida podem e costumam ser insufladas: provações e tribulações enfeitadas, deslizes e erros ocultados (como em uma história de vida redentora), entre outros excessos (histórias de vida expiatórias). Autonarrativas podem incluir falhas que enganam até a nós mesmos, transformando-se em autoenganos. Nossa decifração cotidiana de mentes é muito propensa a falhas, pois as teorias da mente são sempre *interpretativas*, e não factuais. Já falamos sobre isso e, agora, vamos esclarecer melhor ao abordar as emoções.

Entender — ou Entender Mal — as Emoções

Em certo sentido, somos experientes no que se refere às emoções. Podemos observá-las nas outras pessoas e tomamos decisões com base naquelas que esperamos despertar: buscamos algo por pensarmos que isso nos satisfará de alguma forma ou evitamos algo por nos preocuparmos que possa enfurecer alguém.

Apesar disso — de vivermos intimamente com as emoções —, há muito que ainda não sabemos. Às vezes, ficamos abismados com nossas respostas emocionais ou com as de outras pessoas; às vezes, também, desejamos poder mudar uma emoção, somente para, depois, percebermos que somos totalmente incapazes disso. Esses e outros problemas surgem simplesmente das restrições de nossas teorias habituais.

William James é considerado o pai da psicologia norte-americana. Nascido em uma família de alta escolaridade, ele é o irmão mais velho do famoso escritor

Henry James e se associou a figuras como Ralph Waldo Emerson (seu padrinho), Mark Twain, Bertrand Russell, Walter Lippmann, entre outros. Escreveu ampla e intuitivamente sobre religião, educação, pragmatismo e, é claro, psicologia; além disso, lecionou na primeira turma de psicologia em Harvard, e seu livro, *Princípios de Psicologia*, é um texto pioneiro nessa área, influente a ponto de ser citado com frequência até os dias atuais. Ele mesmo acabou se tornando um dos pensadores mais renomados do final do século XIX.

Princípios de Psicologia cobre muitos dos tópicos principais da psicologia moderna: pensamento, aprendizado, consciência, instinto, livre arbítrio e emoção.[4] James começa descrevendo a maneira pela qual o senso comum compreende um fenômeno, depois passa a elaborar uma interpretação mais a fundo. Sobre as emoções, ele afirma: "O senso comum diz que, se perdermos nossa fortuna, lamentaremos profundamente; se encontrarmos um urso, teremos medo e, então, fugiremos; se um rival nos insultar, ficaremos zangados e o atacaremos."

As situações e os objetos concretos do mundo real, que James denominou de "mobiliário do mundo", provocam emoções básicas, como medo, raiva, nojo e alegria. Encontre a cobra e sinta medo; encontre mel e fique feliz; seja empurrado por alguém e sinta raiva; coma um alimento estragado e sinta o estômago se revirar. Nossa teoria cotidiana sobre emoções, incorporada à nossa teoria da mente cotidiana, acaba sendo, portanto, uma teoria "situacionista", na qual as situações — o mobiliário do mundo — geram reações emocionais previsíveis.

Algumas vezes, no entanto, podemos treinar para superar essas reações-padrão; podemos, por exemplo, aprender a ter medo de cachorrinhos ou a comer queijo limburger com satisfação. O que importa é compreendermos que, para isso, é preciso aprendizado e enculturação, o que implica reconhecer, minimamente, o poder das reações emocionais básicas e primárias.

Emoções mais complexas, como vergonha ou culpa, por outro lado, exigem um processamento igualmente complexo. A vergonha não é apenas um medo ou uma preocupação básica; é medo ou preocupação de que alguém ou nosso próprio juiz interior esteja nos julgando pela transgressão de um padrão comportamental bem delineado. Mas, mesmo nesses casos, a perspectiva "situacionista" costuma ser predominante. O influente FACS (Sistema de Codificação de Ação Facial), criado pelo pesquisador de emoções Paul Ekman, também se encaixa nessa perspectiva. Como vimos, o sistema foi desenvolvido para discernir e categorizar "todas as expressões faciais"; no entanto, isso funcionou como base para suas alegações de que pessoas do mundo inteiro — tanto na cultura ocidental quanto na oriental e até mesmo entre os caçadores-coletores — exprimem e reconhecem um conjunto-padrão de expressões emocionais, tais como contentamento, excitação, medo, raiva e nojo.[5] Funcionou também como base para suas alegações a respeito de como detectar artifícios e mentiras.

164 DECIFRANDO MENTES

Para apoiar tais alegações, Ekman utilizou como exemplo algumas situações que acreditava evocarem emoções fortes em qualquer lugar e em qualquer cultura: a chegada dos amigos (felicidade), algum cheiro podre (repulsa) ou um predador perigoso (medo). Sua expectativa por tais reações era baseada em uma teoria situacional e comum das emoções.

Outra perspectiva, no entanto, afirma que a experiência emocional é muito mais saturada com conceitos e noções de teoria da mente do que Ekman ou James jamais puderam imaginar ou sugerir. Essa seria uma espécie de teoria da emoção "cognitivista", que teria como exemplo-chave a terapia cognitivo-comportamental (TCC). A TCC pode até ter suas variações, mas, em sua forma completa, constitui a melhor prática, baseada em evidências, para o tratamento de depressão e ansiedade. Além disso, ela oferece boas diretrizes para um autoconhecimento mais apurado.

Aaron Beck é um pioneiro da TCC, e suas teorias sobre o tratamento da depressão por meio desse método têm sido particularmente influentes.[6] Em sua visão, os acontecimentos, sentimentos, comportamentos *e pensamentos* são fatores que estão sempre em jogo em nossas vidas, influenciando uns aos outros. Além disso, os pensamentos, segundo ele, têm uma influência particularmente poderosa e, muitas vezes, negligenciada tanto em emoções mais básicas, como raiva e medo, quanto em questões mais complexas, como depressão, temor pelo fracasso, enfrentamento desadaptativo, ansiedade, culpa e vício. De acordo com esse tipo de TCC, a interação entre pensamentos distorcidos e comportamentos desadaptativos, sempre mediados por sentimentos, é responsável pela angústia, pelo estresse e por uma saúde mental problemática. Portanto, alterar o pensamento desadaptativo — isto é, as crenças falsas — é necessário para gerar mudanças nos afetos e nos comportamentos. A TCC aborda a *cognição* por meio de uma narrativa cognitivista das emoções.

Uma das principais técnicas da TCC é pedir aos pacientes que tragam à tona suas teorias da mente e da emoção. Em seguida, eles são desafiados (ou desafiam a si mesmos) a reformularem e a revisarem as partes disfuncionais de suas ideias e concepções. Alguns depressivos, por exemplo, procuram decifrar mentes incessantemente, o que acaba gerando diversas reações emocionais negativas. Digamos que, se eles estivessem falando para um público, provavelmente imaginariam que seus ouvintes estão pensando coisas como: "Que ideias idiotas"; "Por que ele está vestido tão formalmente (ou informalmente)?"; ou "E daí para tudo isso que ele está falando". Essas emoções reativas e negativas, muito comuns no depressivo, prejudicariam seu desempenho e estimulariam outros sintomas depressivos mais crônicos no longo prazo.

Na TCC, essas pessoas em questão podem aprender sobre algumas perspectivas diferentes:

1. Seus pensamentos referentes a decifrar mentes são apenas isso — pensamentos. Além disso, eles podem muito bem estar errados.

2. Seus pensamentos não precisam, necessariamente, gerar emoções (um desafio de reenquadramento e que pode ser muito positivo).

3. Uma emoção não valida um pensamento (isso, na verdade, é um vínculo disfuncional entre pensamento e emoção que também precisa ser redefinido e reenquadrado). Se você se sente ansioso ao iniciar uma fala, isso não significa que realmente exista algo a temer; provavelmente são só borboletas no estômago, tão normais quanto previsíveis.

Quando as pessoas têm um discernimento melhor de suas emoções e adotam essa teoria cognitivista, elas também podem aumentar seu controle emocional e, consequentemente, tornarem-se menos deprimidas ou ansiosas.

Há história e escopo para uma tal teoria alternativa das emoções. Os estoicos antigos, por exemplo, acreditavam que a lógica e a atenção deviam ser utilizadas para descartar as crenças falsas que não produzem nada além de emoções destrutivas. Os budistas, por sua vez, acreditam que nossas atrações e repulsões, sentidas profundamente diante das mais variadas situações — diante do mobiliário do mundo —, não passam de ilusões que distorcem nossas percepções, obscurecendo continuamente uma maneira melhor, e mais serena, de viver e pensar.

É Só Mágica

Às vezes, os enganos são provocados deliberadamente. Os mágicos, por exemplo, são pessoas que trabalham exatamente com isso: especialistas por excelência em causar efeitos surpreendentes, mesmo sem qualquer iluminação especial ou reflexos rápidos (aliás, a própria alegação de que a mágica funciona porque "a mão é mais rápida do que o olho" não se aplica à grande maioria delas). Na verdade, esses especialistas conseguem nos enganar por meio do desvio da atenção, despistando-nos, tirando vantagem de nossos hábitos mentais e criando crenças falsas[7] — tudo isso, é claro, dentro da esfera de nossas teorias cotidianas da mente.

Imagine um homem lançando uma bola vermelha no ar, à vista de todos. Ele lança uma primeira vez, fechando a mão logo que a bola dispara e abrindo-a para pegá-la de volta quando cai. Na segunda vez, faz exatamente o mesmo movimento. Já na terceira, quando ele lança, a bola desaparece em pleno ar. O homem, aparentemente incrédulo, olha para sua mão vazia e acena com ela, apontando para onde a bola deveria ter caído. Onde ela foi parar?! As pessoas suspiram, mais incrédulas ainda.

Você pode jurar que viu a bola desaparecer no meio do voo! No entanto, isso não pode acontecer. Como, então? Simples: pelo desvio de sua atenção.

DECIFRANDO MENTES

Nas duas primeiras vezes em que o mágico lançou a bola, ele estava treinando sua percepção para observá-la atentamente em pleno voo: ela sobe e desce, sobe e desce. Uma mão abre, depois fecha e, então, abre novamente para pegá-la, depois fecha; seu olhar acompanha esse percurso. Na terceira vez que levanta a mão, contudo, ele a mantém fechada segurando a bola, mas olha para cima e para baixo, exatamente como fez antes. Então, enquanto baixa os olhos (e você faz o mesmo), ele move clandestinamente a bola para sua outra mão. Finalmente, quando abre a mão de lançamento, esperando que a bola caia de volta, nada acontece. Pronto! Ele encerra o truque, olhando para a mão vazia e acenando com incredulidade.

Às vezes, como truque final, ele estica o outro braço para o ar, exatamente para o lugar em que a bola deveria ter caído e, então, puxa a bola vermelha (aparentemente) do nada. Novamente, suspiros incrédulos.

Descrito dessa forma, parece até difícil de acreditar que esse truque realmente funcione. É tão óbvio... Mas este é justamente o poder daquilo que chamamos de "mentalização forçada": o mágico força sua mente a prever e a ver certas coisas que ele mesmo controla. Ainda que você saiba o segredo do truque, um bom mágico pode forçar o efeito com tanta eficácia que você vê a bola desaparecer de qualquer maneira.

Para essa e muitas outras mágicas, a ação ocorre à plena vista e em uma velocidade normal. Isso, é claro, faz parte do jogo: afinal, as pessoas não acreditam que possam deixar de perceber algo tão óbvio. Mas é inteiramente determinado por nosso pensamento de teoria da mente o fato de acreditarmos que ações à plena vista sejam perfeitamente transparentes e nítidas — e isso nada mais é do que uma crença falsa.

Os mágicos iniciantes, ainda agarrados a crenças de teoria da mente, costumam ser atormentados pela "culpa do mágico": eles temem que os espectadores notem imediatamente como o truque é feito. Aqueles mais experientes treinam seus aprendizes não apenas com conselhos sobre como melhorar suas habilidades técnicas, mas também assegurando-lhes que o medo de serem pegos é, em grande parte, sem fundamento. Com o aumento da prática e da experiência — normalmente adquiridos na própria realização de truques em público, a despeito de qualquer medo culposo —, os mágicos novatos aprendem a superar essas intuições.

Outra coisa que eles aprendem é a não se apresentarem na frente de uma plateia de crianças de 3 anos, que, por não compreenderem crenças falsas, tendem a achar aquilo muito chato. Somente quando elas começam a compreendê-las, por volta dos 4 ou 5 anos de idade, é que ficam ofegantes e aplaudem. Aí sim entendem que as pessoas podem ser enganadas, mesmo à plena vista de todos. "Ei, eu estava assistindo. Onde a bola foi parar? Isso é incrível!"

Não Se Sabe o que Não Se Sabe

Há um velho ditado da Carolina do Norte que diz: "Não é o que você não sabe que vai colocá-lo em apuros, mas o que você acha que sabe." Obviamente, o ditado fala de crenças falsas; de maneira geral, contudo, ele também trata do conhecimento e das ideias falsas sobre esse conhecimento.

A maioria das pessoas pensa que sabe pelo menos um pouco sobre as coisas do dia a dia: como as bicicletas funcionam? Por que temos estações do ano? Por que as temperaturas são mais altas no verão e mais baixas no inverno?

Para essa última pergunta, por exemplo, os adultos costumam responder que o Sol está mais próximo da Terra no verão. Quando indagados um pouco mais a fundo, a maioria deles observa corretamente que a órbita da Terra não é circular, mas elíptica. Às vezes, estamos mais perto do Sol; outras, mais distante dele. Em média, a Terra fica a cerca de 150 milhões de quilômetros do Sol. Quando está em seu ponto mais afastado, o chamado "afélio", fica a cerca de 152,1 milhões, enquanto no ponto mais próximo, o "periélio", ela fica a cerca de 147,1 milhões de quilômetros de distância. Temos, então, verão quando estamos mais próximos e inverno quando estamos mais distantes — ou pelo menos é o que diz a crença comum.

Mas será que isso é verdadeiro? No Hemisfério Norte, por exemplo, estamos mais próximos do Sol no inverno. Mineápolis, no Minnesota, está o mais próximo possível do Sol a 15 de janeiro, ao mesmo tempo em que este é o mês mais frio do ano nessa região. Sei muito bem disso porque fiz meu doutorado na Universidade de Minnesota. Ou seja, a cada inverno na América do Norte, estamos mais próximos do Sol, e a cada verão, mais distantes.

Então, a explicação válida não é que estamos mais ou menos próximos do Sol nesse sentido. Isso porque a Terra tem seu eixo inclinado: quando é inverno em Mineápolis, a Terra está inclinada para mais longe do Sol, enquanto em Santiago, no Chile, onde é verão, ela está inclinada em sua direção. Para a maioria das pessoas, no entanto, mesmo aquelas bem-informadas, o conhecimento para em: mais perto equivale a verão, mais longe equivale a inverno.

Mas espere um pouco: a inclinação da Terra em seu eixo não é tão grande assim — ela gira em torno dos 23,5 graus. Ora, isso praticamente não faz diferença em sua distância total do Sol. Afinal, se Mineápolis está a 150 milhões de quilômetros do Sol no inverno, Santiago está apenas uma pequena fração mais próxima dele — no máximo, uma diferença insignificante.

A verdade é que não se trata da distância, mas do ângulo pelo qual a luz atinge a Terra, criando as diferentes estações do ano. Ocorre mais ou menos assim: a inclinação afeta a refração da luz solar na atmosfera do planeta; essa refração, por sua vez, aquece as coisas como em uma estufa invernal. A inclinação do Hemisfério Sul no verão implica mais raios de luz refratados sendo retidos, o que produz mais calor. Por outro lado, e ao mesmo tempo, no inverno do Minnesota, a inclinação angula os raios solares de tal forma que permite que mais calor escape.

A essa altura, você provavelmente já está pensando: "Ok! Você me convenceu: não sei nada sobre isso. Aliás, é para isso que servem os astrônomos!" Resumindo, sabemos que se trata da influência solar no planeta Terra, mas também que alguém por aí conhece melhor os pormenores — no caso, os próprios astrônomos.

Eis um ponto extremamente significativo e muito pouco valorizado.

Nosso conhecimento e nosso saber não estão apenas em nossas mentes, embora geralmente pensemos que sim — meu cérebro, minha mente, meu conhecimento. Na verdade, "nosso" conhecimento está interconectado a outros, de forma que não vivemos apenas individualmente ou em uma comunidade de corpos simplesmente; vivemos, antes, em uma comunidade de mentes. Não seríamos pensadores tão competentes se, pelo contrário, tivéssemos que confiar no conhecimento limitado armazenado em mentes individuais. Um dos maiores segredos de nosso êxito evolutivo é o fato de vivermos em comunidade; figurativamente, nunca pensamos sozinhos.[8]

Essa verdade, muitas vezes esquecida, torna a decifração de mentes em algo ainda mais crucial. Nós unimos mentalidades, partilhamos saberes, nos comunicamos; nós colaboramos em nossos conhecimentos e em nossas vidas, e o fazemos por meio de teorias da mente. Só que isso não nos agrada tanto; afinal, o que é desconhecido para nós pode ser facilmente acessível aos demais — e isso ocorre justamente porque a teoria da mente está fazendo seu trabalho.

Decifrando Mentes

Todos os dias, ao longo do dia, adentramos as mentes de outras pessoas, observando suas palavras e atitudes exteriores para tirar conclusões sobre seus pensamentos, sentimentos, esperanças, intenções e objetivos análogos. Nós desejamos e somos bem-sucedidos em penetrar seus estados *mentais* internos. Além disso, também deciframos, interpretamos e comunicamos nossos próprios estados — seja para nos explicarmos aos demais, esclarecermos a nós mesmos ou para suscitarmos nossas próprias ações e interações.

Decifrar mentes é algo que, inexoravelmente, molda nossas vidas das mais variadas formas — começando na infância e crescendo a partir daí. Requer, ainda, uma estrutura, para a qual é preciso uma teorização: a teoria da mente.

Todos nós devemos adotar, eventualmente, uma estrutura fundamental, um sistema minimamente coerente de causas e efeitos que nos ajudará a compreender não apenas os acontecimentos mais importantes como também todas as pequenas ações e interações que constituem o dia a dia.[9]

Potencialmente falando, as dinâmicas que nos definem como seres sociais — todas as ideias sobre fato e ficção, magia e realidade, certo e errado, sentir e pensar, ciência e mito, amigos e inimigos ou as interações com humanos, animais e robôs — estão todas saturadas com nossas teorias da mente cotidianas.

Agradecimentos

Tenho uma dívida muito grande com todos aqueles que me ajudaram a me inspirar, a escrever, editar e publicar este livro.

Minha agente Lauren Sharp, da Aevitas Creative Management.

Minha editora, a Oxford University Press, que publicou dois dos meus livros anteriores e que assumiu o risco para este tipo diferente de projeto. Minha editora em Oxford, Joan Bossert.

Um amigo, John Jamison, que leu outra publicação de minha autoria — *Making Minds* ["Criando Mentes", em tradução livre]—, que aborda alguns dos tópicos aqui presentes, escreveu a seguinte resenha na Amazon: "Estou ansioso para ver um livro do mesmo autor, porém direcionado a leigos." Ele pôde ler, então, os esboços e rascunhos deste texto, assim como meus colegas Paul Harris e Alison Gopnik. Deixo um agradecimento especial aos três.

Este livro não poderia ter sido escrito sem Karen Lind, que trabalhou ao meu lado desde o início. Ela esteve presente em cada página e em cada palavra de *Decifrando Mentes*, reescrevendo-as com base na própria experiência literária acumulada ao longo dos anos, tanto em ciências médicas quanto em obras de ficção. Sua contribuição se fez presente em uma escrita clara e acessível — e muito mais.

Os autores sempre encerram agradecendo às suas famílias, e eu não fujo à regra. Sou mais grato a vocês do que jamais poderia expressar aqui: meus pais amorosos, uma irmã, um irmão e muitos primos maravilhosos. Gostaria de agradecer especialmente à minha família mais próxima: a vocês, Ned, Daniel, Chelsea, Chase, AJ, Emma e Karen. Em uma coincidência maravilhosa, Karen Lind não apenas trabalhou neste livro como tem sido minha esposa há mais de quarenta anos.

Notas

Prefácio

1. **Estudo sobre a leitura de pensamentos:** A postagem da NBC News pode ser encontrada no site NBCNews.com, ao pesquisar por: "scientists try to predict intentions".

Capítulo 1

1. **Acidente na mina San José, no Chile:** O relato da revista *People* sobre o desastre na mina chilena e o dramático retorno, em segurança, dos mineradores à superfície pode ser encontrado em: TRESNIOWSKI, A., & MCNEIL, L. Chilean mine drama: Hope & survival. *People*, n. 74, p. 97-107, 2010.
2. **Teoria evolucionária sobre teoria da mente:** Para um exemplo best-seller a respeito, ver o livro de Yuval Noah Harari, publicado em 2014: *Sapiens*: Uma Breve História da Humanidade. São Paulo: L&PM, 2015.
3. **Sacos de pele:** A citação a respeito dos sacos de pele está presente em: GOPNIK, A.; MELTZOFF, A. N. & KUHL, P. K. *The scientist in the crib*. Nova York, NY: HarperCollins, 2001. p. 4–5.
4. **Conversas com pais e filhos sobre pessoas e mentes:** A maior parte das citações sobre o tema, neste e nos capítulos seguintes (exceto aqueles que envolvem meus filhos), vêm de um livro que escrevi em colaboração com Karen Bartsch, em 1995: *Children talk about the mind*. Nova York, NY: Oxford University Press.
5. **Cegueira mental:** Essa expressão foi cunhada por Simon Baron-Cohen em seu livro sobre autismo, escrito em 1995: *Mindblindness*. Cambridge, MA: MIT Press.
6. **Temple Grandin:** Oliver Sacks a respeito de Temple Grandin: *Um antropólogo em Marte: Sete histórias paradoxais*. Companhia das Letras, 1995. Tradução: Bernardo Carvalho. Temple Grandin tem uma breve biografia disponível em seu site (em inglês): http://www.grandin.com/temple.html. Ela também escreveu duas autobiografias: *Uma menina estranha: autobiografia de uma autista*. São Paulo: Companhia das Letras, 1999; e *Thinking in pictures: My life with autism*. Nova York, NY: Vintage Books, 1995.
7. **Uta Frith:** Ver seu livro escrito em 1989: *Autism*: Explaining the enigma. Hoboken, NJ: Blackwell, 1989.

Capítulo 2

1. **Fofocas:** Ver: DUNBAR, R. *Grooming, gossip, and the evolution of language*. Londres: Faber & Faber, 1996.
2. **Temple Grandin:** Relatos de Oliver Sacks sobre Temple Grandin disponíveis em: *Um antropólogo em Marte*: Sete histórias paradoxais. São Paulo: Companhia das Letras, 1995. op. cit.
3. **Revista *People*:** Citação de Eva Longoria na revista *People*, 22 de fevereiro de 2016, p. 36 (grifo nosso).
4. **Colin Powell:** Uma boa referência para a vida e, mais especificamente, o envolvimento de Colin Powell na justificação da Segunda Guerra do Golfo pode ser encontrada no livro escrito por Karen DeYoung: *Soldier*: The life of Colin Powell. Nova York, NY: Knopf, 2006. Para a vida de Powell nas próprias palavras, ver: POWELL, Colin. *It worked for me*: In life and leadership. Nova York, NY: HarperCollins, 2012. Livro escrito com a participação de Tony Koltz.

174 NOTAS

5. **Mentiras:** Para a metanálise sobre detecção de mentiras, ver: BOND, C. & DEPAULO, B. (2006). Accuracy of deception judgments. *Personality and Social Psychology Review*, n. 10, 2006, p. 214-234. Para uma resenha sobre esse artigo, ver: HARTWIG, M. & BOND, C. F. Why do lie-catchers fail? *Psychological Bulletin*, n. 134, 2011, p. 477–492. A citação que menciona um consenso global sobre comportamentos de mentirosos encontra-se na página 644 desse artigo.

6. **Mais mentiras:** Para ler sobre o trabalho de Ekman, de acordo com o próprio, ver seu livro de 2001: *Telling lies* (Nova York, NY: Norton). Pegue a terceira edição (norte-americana), publicada em 2001, que contém várias atualizações e capítulos adicionais não disponíveis na primeira, publicada em 1985. A citação para os estudantes de enfermagem está presente na página 55 da terceira edição; a de Tom Brokaw está nas páginas 90–91.

7. **Inteligência social, cérebros sociais:** A hipótese da inteligência social foi apresentada por Nicholas Humphrey em seu livro: *Consciousness regained*. Nova York, NY: Oxford University Press, 1984. Já a hipótese do cérebro social, que está diretamente relacionada à primeira, foi apresentada por Robin Dunbar em: The social brain hypothesis. *Evolutionary Anthropology: Issues, News, and Reviews*, n. 6, 1998, p. 178–190.

Capítulo 3

1. **Ruby Bridges:** Ruby Bridges fala sobre suas experiências na crise de dessegregação escolar de Nova Orleans em sua autobiografia escrita em 1999: *Through My Eyes*. Nova York, NY: Barnes & Noble, 1999. John Steinbeck fala sobre as suas em 1962, em seu livro *Viagens com o Charley*. Lisboa: Livros do Brasil, 2016.

2. **Falta de amizades:** Um estudo interessante sobre a natureza e os efeitos da falta de amigos encontra-se em: FINK, E.; BEEGER, S.; PETERSON, C.; SLAUGHTER, V.; DE ROSNAY, M. (2015). Friendlessness and theory of mind. *British Journal of Developmental Psychology*, n. 33, 2015, p. 1–17. A citação direta sobre as muitas consequências negativas provenientes da falta de amizades foi retirada desse artigo.

3. **Relações sociais, amigos:** Metanálise sobre a aceitação entre colegas e a popularidade: SLAUGHTER, V.; IMUTA, K.; PETERSON, C.; HENRY, J. Outra metanálise, referente à teoria da mente e popularidade entre colegas nos anos pré-escolares e primeiros anos escolares. *Child Development*, n. 86, 2015, 1159–1174.

4. **Baka:** A pesquisa sobre o desenvolvimento da teoria da mente entre os Baka encontra-se em: AVIS, J. & HARRIS, P. Belief-desire reasoning among Baka children: evidence for a universal conception of mind. *Child Development*, n. 62, 1991, p. 460–67.

5. **Pesquisas sobre crenças falsas:** A metanálsie sintetizada aqui e na Barra Lateral 3.1 encontra-se na íntegra em: WELLMAN, H.; CROSS, D.; WATSON, J. A meta-analysis of theory-of-mind development: the truth about false belief. *Child Development*, n. 72, 2001, p. 655–684; e em: LIU, D.; WELLMAN, H.; TARDIF, T.; SABBAGH, M. Theory of mind development in Chinese children: a meta- analysis of false-belief understanding across cultures and languages. *Developmental Psychology*, n. 44, 2008, p. 523. Para mais informações sobre o desenvolvimento na compreensão infantil das crenças falsas, ver: WELLMAN, H. *Making Minds*. Nova York, NY: Oxford University Press, 2016. Capítulo 3.

6. **Pesquisas sobre mentiras:** Uma síntese dos diversos estudos de Kang Lee sobre mentiras pode ser encontrada em seu artigo: Little liars. *Child Development Perspectives*, n. 7, 2013, p. 91–96. Para mais informações sobre o desenvolvimento na compreensão e no uso de mentiras em crianças, ver: WELLMAN, H. *Making Minds*, anteriormente citado.

7. **Segredos:** A pesquisa sobre guardar segredos foi realizada por Joan Peskin e Vittoria Ardino e está disponível em: Representing the mental world in children's social behavior: playing hide and seek and keeping secrets. *Social Development*, n. 12, 2003, p. 496–512.

8. **Persuasão:** Karen Bartsch tem diversas pesquisas sobre o tema. Seu primeiro estudo relacionando a persuasão às compreensões infantis de crenças falsas foi: BARTSCH, K., LONDON, K.; CAMPBELL,

M. D. Children's attention to beliefs in interactive persuasion tasks. *Developmental Psychology*, 43, 2007, p. 111–120. Virginia Slaughter e seus colegas da Universidade de Queensland, na Australia, demonstraram algo similar e que teve um impacto ainda maior. Em seus estudos, eles solicitaram que crianças de 3 a 8 anos de idade persuadissem um cachorrinho a comer brócolis crus; caso ele se recusasse, deveriam escovar seus dentes — ambas características comuns para persuadir crianças pequenas. A quantidade e a qualidade dos argumentos persuasivos dessas crianças estavam correlacionados diretamente a seu sucesso em testes de teoria da mente. Esse tipo de persuasão também exige, logicamente, uma competência linguística; a teoria da mente, no entanto, comprovou ser um indicador bastante significativo da habilidade persuasiva, mesmo considerando as eventuais limitações na linguagem verbal. Ver: SLAUGHTER, V.; PETERSON, C.; MOORE, C. I can talk you into it: theory of mind and persuasion behavior in young children. *Developmental Psychology*, n. 49, 2013, p. 227.

9. **Metanálise sobre a Teoria da Mente e as amizades**: Ver Nota 3.

10. **Falta de amigos**: Ver Nota 2.

Capítulo 4

1. **Trabalho inicial de Margaret Svendson sobre amigos imaginários**: SVENDSON, M. Children's imaginary companions. *Archives of Neurology and Psychiatry*, n. 2, 1934, p. 985–999.

2. **Trabalhos contemporâneos sobre amigos imaginários**: O livro de Marjorie Taylor é bastante acessível e traz vastas informações e pesquisas sobre amigos imaginários: *Imaginary companions and the children who create them*. Nova York, NY: Oxford University Press, 1999. Paul Harris oferece um panorama de fácil leitura a respeito da compreensão infantil sobre imaginação e fingimento: *The work of the imagination*. Hoboken, NJ: Blackwell, 2000.

3. **Piaget como reformista**: Uma de minhas anedotas favoritas de Piaget, além de um ótimo exemplo dos empurrões desse autor a respeito da necessidade de uma reforma nas ideias gerais a respeito da infância, ocorreu quando ele foi nomeado diretor do Instituto Jean-Jacques Rousseau, na Universidade de Genebra. Ele imediatamente alterou o emblema do instituto — a silhueta de um adulto — para a imagem de uma criança conduzindo um adulto.

4. **Trabalho de Piaget sobre o entendimento ou não entendimento infantil das entidades mentais**: Ver: PIAGET, J. (1967). *The child's conception of the world*. Londres: Routledge & Keegan Paul, 1967 (o original, em francês, foi publicado em 1929).

5. **Pesquisas contemporâneas sobre o entendimento infantil das entidades mentais**: Ver: WELLMAN, D. & ESTES, D. Early understanding of mental entities: A reexamination of childhood realism. *Child Development*, n. 57, 1986, p. 910–923; WELLMAN, D. H. & WOOLLEY, J. Children's understanding of mental phenomena. In: REESE, H. (ed.). *Advances in child development and behavior*. Nova York, NY: Academic Press, 1989. v. 21, p. 41–87; e WATSON, J.; GELMAN, S.; WELLMAN, H. Young children's understanding of the non-physical nature of thoughts and the physical nature of the brain. *British Journal of Developmental Psychology*, n. 16, 1998, p. 321–335.

6. **Benjamin Spock**: Publicado pela primeira vez em 1946, mas o trecho utilizado aqui é da quarta edição (norte-americana) de seu *The Commonsense Book of Baby and Child* Care. Nova York, NY: Pocket Books.

7. **Síntese das pesquisas sobre o tema da distinção infantil entre fantasia e realidade**: WOOLLEY, J. Thinking about fantasy: are children fundamentally different thinkers? *Child Development*, n. 68, 1997, p. 991–1011.

8. **Citação de Enid Blyton**: Página 149 de: TAYLOR, M. *Imaginary companions* (ver Nota 2).

9. ***Orgulho e Preconceito*, antes e agora**: O livro original de Jane Austen foi publicado em 1812, por Egerton. A edição de 1923, de Chapman, tornou-se a mais convencional. Para os "conselhos" sobre Austen: CALDWELL, K. *How to speak like Jane Austen and live like Elizabeth Bennet*. Block Island, RI: Island Bound Press, 2013.

Capítulo 5

1. **Deep Blue:** Descrições da IBM a respeito do desempenho da inteligência artificial do supercomputador Deep Blue em campeonatos de xadrez encontram-se em: http://www-03.ibm.com/ibm/history/ibm100/us/en/icons/deepblue/.

2. **Aprendizagem profunda:** A grande fronteira atual da inteligência artificial é o "aprendizado de máquina" e, mais recentemente, a "aprendizagem profunda". O aprendizado de máquina vai muito além do Deep Blue. Esses programas de computador não apenas executam inúmeras correlações extremamente rápidas — eles aprendem. O aprendizado de máquina é o que opera o Watson, da própria IBM. Watson, para quem não sabe, é o supercomputador (ou "plataforma de serviços cognitivos") que competiu no programa de televisão *Jeopardy* algumas vezes, muitas delas vencendo os melhores campeões humanos. O Watson, é claro, não foi pré-programado com todo o conhecimento e as trivialidades possíveis do mundo, mas para aprendizados estatísticos; somente depois seria deixado à solta com enciclopédias, jornais e perguntas e respostas do jogo de tabuleiro Trivial Pursuit. A primeira vez que participou do *Jeopardy* foi contra seus programadores, depois contra outros seres humanos, aprendendo cada vez mais sobre fatos e curiosidades. E ele ainda está aprendendo. No entanto, o aprendizado estatístico do Watson ainda não é um aprendizado teórico: não se baseia em significados, explicações e interações entre teorias e dados. Pelo contrário, seu aprendizado estatístico baseia-se em acumular (por si só, temos que admitir) reservas cada vez maiores de correlações entre perguntas e respostas. Não é assim que nós, humanos, operamos e aprendemos ao utilizar nossas teorias habituais nem como funcionam e são revisadas as teorias científicas.

3. **Temple Grandin, pensando em imagens:** Em 1995, Grandin descreveu suas impressões a respeito de sua maneira de pensar em: *Thinking in pictures*: my life with autism. Nova York, NY: Vintage Books, 2006. Suas explicações para Oliver Sacks aparecem no livro dele: *Um Antropólogo em Marte*: sete histórias paradoxais. São Paulo: Companhia das Letras, 1995, op. cit.

4. **A ciência é simples:** Hawking apresenta uma versão de fácil leitura de suas ideias sobre a física e a vida em: HAWKING, S. *Uma Breve História do Tempo*. 1ª ed. São Paulo: Intrínseca, 1988. (22 de janeiro de 2015). Existem muitas listas com citações suas disponíveis na internet.

5. **Teoria ou não? Crianças grandes ou pequenos cientistas?** Para uma discussão mais aprofundada sobre por que as crianças não são pequenos cientistas, ao elaborar teorias para as quais os cientistas adultos apenas darão continuidade, ver o capítulo 12 de: WELLMAN, H. *Making minds*. Nova York, NY: Oxford University Press, 2014. Para uma discussão ampliada sobre ciência (e teorização científica) como uma metáfora ruim para o conhecimento infantil, ver a página 206 em: HARRIS, P. *Trusting what you're told*. Cambridge, MA: Harvard University Press, 2012.

Capítulo 6

1. **Como pais ouvintes interagem com seus filhos surdos:** Marc Marschark, especialista em crianças surdas, descreve essas interações em: VACCARI, C. & MARSCHARK, M. Communication between parents and deaf children: implications for social-emotional development. *Journal of Child Psychology and Psychiatry*, n. 38, 1997, 793–801. Para um tratamento mais compreensível de suas ideias a respeito, ver: MARSCHARK, M. *Raising and educating a deaf child*. Nova York, NY: Oxford University Press, 2007.

2. **Estudos de perspectiva com brócolis e biscoitos Goldfish:** Ver: REPACHOLI, B. M. & GOPNIK, A. Early reasoning about desires: Evidence from 14-and 18-month-olds. *Developmental Psychology*, n. 33, 1997, p. 12–21. Vídeo de Alison Gopnik demonstrando seu estudo disponível em: https://www.youtube.com/watch?v=GkYQg0l5bMY.

3. **Escala da Teoria da Mente:** Um bom panorama dessa pesquisa, bastante relevante atualmente, com crianças de países diferentes — tanto ouvintes quanto surdas — encontra-se em: WELLMAN, H. M. *Making minds*. Nova York, NY: Oxford University Press, 2014. p. 93–107.

NOTAS 177

4. **Pesquisas sobre a língua de sinais nicaraguense:** Uma boa e breve descrição sobre a criação e as transformações sucessivas da Língua de Sinais Nicaraguense encontra-se em: SENGHAS, A.; KITA, S.; OZYÜREK, A. Children creating core properties of language: Evidence from an emerging sign language in Nicaragua. *Science*, n. 305, 2004, p. 1779-1782. Um relatório a respeito de como isso influencia a compreensão da teoria da mente encontra-se em: PYERS, J. E. & SENGHAS, A. Language promotes false- belief understanding: evidence from learners of a new sign language. *Psychological Science*, n. 20, 2009, p. 805-812.

5. **Reforçando a teoria da mente:** Nossa pesquisa, que aponta para o fato de que as crianças que explicam comportamentos guiados por crenças falsas reforçam sua compreensão destas, aparece em: AMSTERLAW, J. & WELLMAN, H. M. Theories of mind in transition: A microgenetic study of the development of false belief understanding. *Journal of Cognition and Development*, n. 7, 2006, p. 139-172.; e RHODES, M. & WELLMAN, H. M. Constructing a new theory from old ideas and new evidence. *Cognitive Science*, n. 37, 2006, p. 592-604.

6. **China e Irã:** Apesar das diferenças profundas entre as tradições e crenças muçulmanas do Irã e as confucionistas/comunistas da China, ambos os países compartilham valores familiares coletivistas, com ênfase no aprendizado consensual, na aquisição de conhecimentos e uma baixa tolerância a manifestações infantis de desacordo ou crenças independentes. Esses fatores ajudam a explicar suas semelhanças na compreensão inicial na Escala da Teoria da Mente, além de suas diferenças em relação às crianças que crescem em países ocidentais mais individualistas, como os Estados Unidos e a Austrália.

Capítulo 7

1. **Os diários de Piaget:** Os relatos sobre os três filhos de Piaget, na forma de diários, constituem três de seus livros extremamente inovadores, originalmente publicados na década de 1920: *The Origins of Intelligence*. Nova York, NY: International Universities Press, 1952; *The Construction of Reality in the Child*. Nova York, NY: Basic Books, 1954; e *Play, dreams, and imitation in childhood*. Nova York, NY: Norton, 1962.

2. **Robert Fantz:** Ver seu trabalho: The origin of form perception. *Scientific American*, n. 204, 1961, p. 66-72.

3. **Sobre crianças muito jovens preferirem a voz da mamãe:** Mesmo recém-nascidos com 2 ou 3 dias de vida preferem (e se esforçarão para) escutar a voz de suas mães. Isso é avaliado cientificamente por chupetas especiais que registram o ritmo no qual ele sugam mais ou menos. Uma demonstração clássica disso encontra-se em: DECASPER, A. & FIFER, W. Of human bonding: Newborns prefer their mothers' voices. *Science*, n. 208, 1908, p. 1174-1176.

4. **Pesquisas sobre bebês de Elizabeth Spelke:** Para uma ótima descrição dos trabalhos de Spelke em seu laboratório infantil e de sua influência na área, ver: TALBOT, M. The baby lab: how Elizabeth Spelke peers into the infant mind. *The New Yorker*, 4 de setembro de 2006.

5. **Trabalho de Woodward:** Amanda Woodward iniciou suas pesquisas infantis sistemáticas em 1998, nas quais as crianças decifravam, em uma encenação, qual era o objeto visado por um ator. *Cognition*, n. 69, 1998, p. 1-4. Uma sinopse, escrita em 2013, sobre seus programas de pesquisa: Infant foundations of intentional understanding. In: BANAJI, M. & GELMAN, S. (eds.). *Navigating the social world*. Nova York, NY: Oxford University Press. p. 75-80.

6. **Caixas com patos e sapos de brinquedo:** Para a pesquisa com crianças de 10 meses, ver: WELLMAN, H. M.; KUSHNIR, T.,; XU, F.; BRINK, K. Infants use statistical sampling to understand the psychological world. *Infancy*, n. 21, 2016, p. 668-676. Para pesquisa com crianças um pouco mais velhas, ver: KUSHNIR, T.; XU, F.; WELLMAN, H. M. Young children use statistical sampling to infer the preferences of others. *Psychological Science*, n. 21, 2010, p. 1134-1140.

7. **Crianças entendem crenças falsas?** O estudo de Onishi e Baillargeon, primeiro sobre o tema, encontra-se em: ONISHI, R. & BAILLARGEON, R. Do 15-month-old infants understand false beliefs?

178 Notas

Science, n. 308, 2005, p. 255-258. Em sua revisão de estudos mais recentes, Hannes Rackoczy demonstrou que os resultados variam e que muitos não corroboram os resultados do estudo original (além disso, as repetições deste revelaram-se desimportantes). Ver: KULKE, H. & RAKOCZY, H. Implicit theory of mind: an overview of current replications and non-replications. *Data in Brief*, n. 16, 2018, p. 101-104. Um bom exemplo encontra-se em: DORRENBERG, S.; RACKOCZY, H.; LISZKOWSKI, U. How (not) to measure infant theory of mind: testing the replicability and validity of four non-verbal measures. *Cognitive Development*, n. 46, 2018, p. 12–30.

8. **Crianças surdas com pais ouvintes:** A pesquisa que demonstra que crianças surdas filhas com pais ouvintes não apresentam entendimentos de crenças falsas nos métodos de teste-padrão encontra-se em: MERISTO, M.; MORGAN, G.; GERACI, A.; IOZZI, L.; HJELMQUIST, E.; SURIAN, L.; SIEGAL, M. Belief attribution in deaf and hearing infants. *Developmental Science*, n. 15, 2012, p. 633–640.

9. **Citações de Elizabeth Spelke:** Sobre as capacidades inatas das crianças, ver: SPELKE, E. & KINZLER, K. Innateness, learning, and rationality. *Child Development Perspectives*, n. 3, 2009, p. 96–98. Sobre a vontade infantil de "interagir com outras pessoas", ver: ANGIER, N. From the minds of babes. *New York Times*, 1º de maio de 2012.

Capítulo 8

1. **OMG:** Ver Parker, M. *OMG, How children see God*. Deerfield Beach, FL: Health Communications, 2016.

2. **Citações de crianças:** A maior parte delas encontra-se em: BARBOUR, M. & BARBOUR, B. *What kids say about life, love, and God*. Ulrichsville, OH: Promise Press, 2001.

3. **Pesquisa de Barrett e a noção de prontidão:** BARRETT, J.; RICHERT, R.; DRIESENGA, A. (2001). God's beliefs versus mother's: the development of nonhuman agent concepts. *Child Development*, n. 72, 2001, p. 50-65. Escritos de Barrett sobre a noção de "prontidão": BARRETT, J. & RICHERT, R. Anthropomorphism or preparedness? Exploring children's God concepts. *Review of Religious Research*, n. 44, 2003, p. 300-312. Para uma consideração simplificada de suas ideias e interpretações, ler: BARRETT, J. *Born believers: the science of children's religious belief*. Free Press, Nova York, NY, 2012.

4. **Nossa pesquisa sobre os primeiros passos, bastante limitados, da compreensão infantil a respeito de mentes extraordinárias:** LANE, J.; WELLMAN, H.; EVANS, E. (2010). Children's understanding of ordinary and extraordinary minds. *Child Development*, n. 81, 2010, p. 1475-1489. LANE, J.; WELLMAN, H.;& EVANS, M. (2012). Sociocultural input facilitates children's developing understanding of extraordinary minds. *Child Development*, n. 83, 2012, p. 1007-1021.

5. **Sondagem do Pew Research Center sobre religião nos Estados Unidos:** Pew Forum on Religion & Public Life. (2008). U.S. Religious Landscape survey. Religious beliefs and practices: Diverse and politically relevant. Disponível em: http://www.pewforum.org/.

6. **Ciência cognitiva da religião:** Estudos científicos sobre a natureza das crenças em religiões e das ideias religiosas ganharam fôlego nos anos 1990, em diversas pesquisas realizadas por cientistas cognitivos, antropólogos e estudiosos da religião, sob o título de "ciência cognitiva da religião". Para uma revisão rápida e perspicaz do assunto, ver: BARRETT, J. Exploring the natural foundations of religion. *Trends in Cognitive Sciences*, n. 4, 2000, p. 29–34. Para um tratamento mais aprofundado, ver: BOYER, P. *The naturalness of religious ideas: a cognitive theory of religion*. Berkeley, CA: University of California Press, 1994. Veja também: MCCAULEY, R. & WHITEHOUSEe, H. Introduction: New frontiers in the cognitive science of religion. *Journal of Cognition and Culture*, n. 5, 2005, p. 1–13.

7. **Perspectivas teológicas sobre onisciência:** PACKER, J. I. *Concise theology: a guide to historic Christian beliefs*. Carol Stream, IL: Tyndale House. Also Surah Al- Mujadila: Qur'an, 1993. 58:7.

NOTAS 179

8. **Robert Coles:** As diversas citações de Coles ao longo deste capítulo vêm de suas conversas com crianças há mais de trinta anos e de sua hipótese central de 1990: *The spiritual life of children*. Boston, MA: Houghton Mifflin, 1990.

9. Um agradecimento especial a Chad Thornton, da Stadium Cards and Comics, em Ypsilanti, Michigan, por compartilhar de forma generosa seu vasto conhecimento sobre super-heróis e super-heroínas.

10. **Nossa pesquisa sobre a compreensão infantil da onisciência:** LANE, J.; WELLMAN, H.; EVANS, M. Approaching an understanding of omniscience from the preschool years to early adulthood. *Developmental Psychology*, n. 50, 2014, p. 2380–2392.

11. **Adultos têm dificuldades com a onisicência:** BARRETT, J. & KEIL, F. Conceptualizing a non-natural entity: anthropomorphism in God concepts. *Cognitive Psychology*, n. 31, 1996, p. 219–247.

12. **Citação de Carl Johnson:** Retirada de seu livro: The meaning of death: what my young daughter taught me. *UU World: Magazine of the Unitarian Universalist Association*, 2019.

13. **Pesquisa sobre a compreensão infantil a respeito da morte e da vida após a morte:** HARRIS, P. & GIMÉNEZ, M. Children's acceptance of conflicting testimony: The case of death. *Journal of Cognition and Culture*, n. 5, 2005, p. 143–164. GIMÉNEZ-DASÍ, M.; GUERRERO, S.; HARRIS, P. Intimations of immortality and omniscience in early childhood. *European Journal of Developmental Psychology*, n. 2, 2005, p. 285–297. LANE, J.; ZHU, L.; EVANS, M.; WELLMAN, H. Developing concepts of the mind, body, and afterlife: exploring the roles of narrative context and culture. *Journal of Cognition and Culture*, n. 15, 2016, p. 50–82.

14. **Compreensões (e más compreensões) infantis sobre cérebro e mente:** JOHNSON, C. & WELLMAN, H. Children's developing conceptions of the mind and brain. *Child Development*, n. 53, 1982, p. 222–234.

15. **Alma:** RICHERT, R. & HARRIS, P. The ghost in my body: children's developing concept of the soul. *Journal of Cognition and Culture*, n. 6, 2006, p. 409–427.

16. **Pesquisa de Carl Johnson a respeito de transplantes cerebrais:** JOHNSON, C. If you had my brain, where would I be? Children's understanding of the brain and identity. *Child Development*, n. 61, 1990, p. 962–972. Desde esse estudo inaugural, outros vieram a confirmar e acrescentar dados a seus resultados.

Capítulo 9

1. **A respeito dos Baining:** Ver: FAJANS, J. The person in social context: The social character of Baining "Psychology." In: WHITE, G. & KIRKPATRICK, J. (eds.). *Person, self, and experience: exploring pacific ethnopsychologies*. Berkeley, CA: University of California Press, 1985. p. 367–397

2. **Quando Deus responde:** Ver: LUHRMANN, T. *When God talks back: understanding the American evangelical relationship with God*. Nova York, NY: Knopf, 2012.

3. **Budismo Mahayana:** Ver: WILLIAMS, P. (com A. Tribe). *Buddhist thought*: a complete introduction to the Indian tradition. Abingdon, England: Routledge, 2000. O outro braço do budismo — também o mais antigo — se chama Teravada e também é analisado por Williams. Existem outras variações, a exemplo do zen budismo.

4. **Outras psicologias populares:** Para uma resenha antiga e curta, ver: LIILLARD, A. Ethnopsychologies: cultural variations in theories of mind. *Psychological Bulletin*, n. 123, 1998, p. 3–32. Para uma abordagem contemporânea mais longa, compilada por antropólogos estudiosos de diferentes grupos culturais, ver: Luhrmann e os múltiplos autores que contribuíram para a quarta edição (2011), volume 36, de *Toward an anthropological theory of mind*, em: *Suomen Anthropolgi: journal of the Finnish Anthropological Society*.

5. **Contradições:** Em Whitehead, A. N. (1925). Religion and science. *The Atlantic*, agosto.

180 NOTAS

6. **Sentimentos "ideais":** Em adultos chineses e norte-americanos: TSAI, J. Ideal affect: cultural causes and behavioral consequences. *Perspectives on Psychological Science*, n. 2, 2007, p. 242–259. Em crianças chinesas e norte-americanas: TSAI, J. L.; LOUIE, J. Y.; CHEN, E. E.; UCHIDA, Y. (2007). Learning what feelings to desire: socialization of ideal affect through children's storybooks. *Personality and Social Psychology Bulletin*, n. 33, p. 2007, p. 17–30.

Capítulo 10

1. **Jane Goodall:** Goodall apareceu em muitos documentários televisivos, incluindo o da BBC aqui mencionado. Seu livro seminal foi: *In the shadow of man*. Nova York, NY: Collins, 1971.

2. **"Linguagem" de chimpanzés:** Uma boa exposição dos primeiros estudos linguísticos com chimpanzés, incluindo a pesquisa dos Gardner com o primata Washoe e, então, o desmantelamento, passo a passo, das narrativas "ricas" a respeito desse tema encontra-se em: HOFF, E. *Language development*. Belmont, CA: Wadsworth, 2009.

3. **Daniel Povinelli:** Um relatório completo das pesquisas de Povinelli a respeito das más compreensões visuais de chimpanzés encontra-se em: POVINELLI, D. & EDDY, T. What young chimpanzees know about seeing. *Monographs of the Society for Research in Child Development*, v. 61, 1996, n. 24. Um resumo simplificado disso encontra-se em: POVINELLI, D. & PREUSS, T. Theory of mind: Evolutionary history of a cognitive specialization. *Trends in Neurosciences*, n. 18, 1995, p. 418.

4. **Primeiras interpretações "enxutas" de Michael Tomasello:** O tratado "definitivo" a respeito da cognição primata não humana, assim como apontavam algumas pesquisas dos anos 1990: TOMASELLO, M. & CALL, J. *Primate cognition*. Nova York, NY: Oxford University Press, 1997.

5. **Pesquisas tardias de Tomasello a favor de interpretações muito mais "ricas":** A primeira síntese dessas pesquisas posteriores, curta e simples, encontra-se em: TOMASELLO, M., CALL, J.; HARE, B. Chimpanzees understand psychological states: the question is which ones and to what extent. *Trends in Cognitive Sciences*, n. 7, 2003, p. 153–156. Um relatório mais completo (todavia simples, apenas um pouco mais longo) encontra-se em: CALL, J. & TOMASELLO, M. Does the chimpanzee have a theory of mind? 30 years later. *Trends in Cognitive Sciences*, n. 12, 2008, p. 187–192. Uma atualização (1997), revisando as perspectivas anteriores, encontra-se em: SEED, A. & TOMASELLO, M. Primate cognition. *Topics in Cognitive Science*, n. 2, 2010, p. 407–419.

6. **Crianças pequenas oferecem ajuda espontaneamente; chimpanzés, não:** Uma boa exposição das pesquisas sobre ajuda tanto em crianças quanto em macacos é: WERNEKEN, F. & TOMASELLO, M. Varieties of altruism in children and chimpanzees. *Trends in Cognitive Sciences*, n. 13, 2009, p. 397–402. A citação de Felix Warneken também se encontra nesse artigo.

7. **Crianças gostam de quem ajuda, não de quem atrapalha:** HAMLIN, J. K. Moral judgment and action in preverbal infants and toddlers: evidence for an innate moral core. *Current Directions in Psychological Science*, 22(3), 2013, p. 186–193.

8. **Cães e raposas domesticadas:** Teoria da mente em cães e sua relação com o temperamento canino (hipótese da "reatividade socioemocional") em: HARE, B. & TOMASELLO, M. Human-like social skills in dogs? *Trends in Cognitive Sciences*, n. 9, 2005, p. 439–444. Brian Hare minucia sua pesquisa com cães em: *The Genius of Dogs*. A Plume Book, Nova York NY, 2013. Uma "biografia" recente sobre os estudos com raposas siberianas: DUGATKIN, L. & TRUT, L. *How to tame a fox (and build a dog)*. Chicago, IL: University of Chicago Press, 2017.

9. **Timmy caiu no poço:** Muitos donos de cães acreditam que eles os salvariam do perigo (correr para conseguir ajuda), como Lassie salvou Timmy no famoso programa de TV. No entanto, segundo pesquisas recentes, isso é bastante improvável: MACPHERSON, K. & ROBERTS, W. Do dogs (*Canis familiaris*) seek help in an emergency? *Journal of Comparative Psychology*, n. 120, 2006, p. 113–119.

10. **Temperamento e desenvolvimento da teoria da mente em crianças:** Nosso primeiro estudo sobre o tema (com crianças de 3 anos que também foram testadas posteriormente, aos 5 anos) encontra-se

em: WELLMAN, H.; LANE, J.; LABOUNTY, J.; OLSON, S. Observant, nonaggressive temperament predicts theory of mind development. *Developmental Science*, n. 14, 2011, p. 319–326 . O estudo seguinte, com crianças chinesas e norte-americanas, encontra-se em: LANE, J.; WELLMAN, H.; OLSON, S.; MILLER, A.; WANG, L.; TERDIF, T. Relations between temperament and theory of mind development in the United States and China: biological and behavioral correlates of preschoolers' false-belief understanding. *Developmental Psychology*, n. 49, 2013, p. 825–836.

11. **Inteligência social e cérebro social:** Ver: HUMPHREY, N. *Consciousness regained*: chapters in the development of mind. Nova York, NY: Oxford University Press, 1984. Robin Dunbar resenhou a hipótese do cérebro social e as comparações, entre diferentes espécies, do tamanho do cérebro e sua relação com a inteligência em: DUNBAR, R. The social brain hypothesis. *Evolutionary Anthropology: issues, News, and Reviews*, n. 6, 1998, p. 178–190. A citação sobre o aprendizado das cognições sociais encontra-se em: DUNBAR, R. An evolutionary basis for social cognition. In: LEGERSTEE, M.; HALEY, D.; BORNSTEIN, M. (eds.). *The infant mind*: origins of the social brain. Nova York, NY: Guilford Press, 2013. p. 3–18.

12. **Compreensão das intenções alheias em crianças e primatas:** Para crianças, especificamente: BEHNE, T.; CARPENTER, M.; CALL, J.; TOMASELLO, M. Unwilling versus unable: infants' understanding of intentional action. *Developmental Psychology*, n. 41, 2005, p. 328–337. Para chimpanzés: CALL, J.; HARE, B.; CARPENTER, M.; TOMASELLO, M. "Unwilling" versus "unable": Chimpanzees' understanding of human intentional action. *Developmental Science*, n. 7, 2004, p. 488–498.

Capítulo 11

1. **Células que leem mentes:** Ver: BLAKESLEE, S. Cells that read minds. *New York Times*. 10 de janeiro de 2006. Disponível em: http://search.proquest.com.proxy.lib.umich.edu/docview/433260430?accountid=14667.

2. **Detecção de neurônios em seres humanos:** Ver: MUKAMEL, R.; EKSTROM, A. D.; KAPLAN, J.; IACOBONI, M.; FRIED, I. Single-neuron responses in humans during execution and observation of actions. *Current Biology*, n. 20, 2010. p. 750–756.

3. **Análise e revisão das pesquisas sobre o sistema de espelhos humano:** VAN OVERWALLE, F. & BAETENS, K. Understanding others' actions and goals by mirror and mentalizing systems: a meta-analysis. *NeuroImage*, n. 48, 2009, p. 564–584.

4. **A falta de imitação automática, e cataratas:** Ver: MCKYTON, A.; BEN-ZION, I.; ZOHARY, T. Lack of automatic imitation in newly sighted individuals. *Psychological Science*, n. 29, 2018, p. 304–310.

5. **Bocejo contagioso:** Em crianças: ANDERSON, J. R. & MENO, P. Psychological influences on yawning in children. *Current Psychology Letters*, n. 11, 2003. Também disponível em: http://cpl.revues.org/document390.html. Em cães: ROMERO, T.; KONNO, A.; HASEGAWA, T. Familiarity bias and physiological responses in contagious yawning by dogs support link to empathy. *PLoS One*, 8(8), 2013. http://dx.doi.org/10.1371/journal.pone.0071365.

6. **Rede da teoria da mente:** Mais bem descrita em: CARRINGTON, S. & BAILEY, A. Are there theory of mind regions in the brain? A review of the neuroimaging literature. *Human Brain Mapping*, n. 30, 2009, p. 2313–2335.

7. **Estímulos cerebrais para teoria da mente em adultos:** Deduzindo a mente pelos olhos por meio de RMF: BARON-COHEN, S.; RING, H.; WHEELWRIGHT, S.; BULLMORE, E.; BRAMMER, M.; SIMMONS, A.; WELLIAMS, S. Social intelligence in the normal and autistic brain: An fMRI study. *European Journal of Neuroscience*, n. 11, 1999, p. 1891–1898. E por meio de PRE, ver: SABBAGH, M.; MOULSON, M.; HARKNESS, K. Neural correlates of mental state decoding in human adults: an event-related potential study. *Journal of Cognitive Neuroscience*, n. 16, 2004, p. 415–426.

182 NOTAS

8. **Estímulos cerebrais em adultos para deduzir crenças:** Por meio de RMF: SOMMER, M.; DÖHNEL, K.; SODIAN, B., MEINHARDT, J.; THOERMER, C.; HAJAK, G. Neural correlates of true and false belief reasoning. *NeuroImage*, n. 35, 2007, p. 1378–1384. SAXE, R. & WEXLER, A. Making sense of another mind: the role of the right temporo-parietal junction. *Neuropsychologia*, n. 43, 2005, p. 1391–1399. Por meio de ERP: LIU, D.; SABBAGH, M.; GEHRING, W.; WELLMAN, H. Decoupling beliefs from reality in the brain: an ERP study of theory of mind. *NeuroReport*, n. 15, 2004, p. 991–995.

9. **Processamentos neurocognitivos em crianças:** Uma descrição recente aparece em: WELLMAN, H. Theory of mind: the state of the art. *European Journal of Developmental Psychology*, n. 15, 2018, p. 728–755. doi:10.1080/17405629.2018.1435413. Outra menos técnica encontra-se em: WELLMAN, H. The development of theory of mind: historical reflections. *Child Development Perspectives*, n. 11, 2017, p. 207–214.

Capítulo 12

1. *Eu, Robô:* Os contos de Isaac Asimov a respeito de robôs foram originalmente publicados em revistas de ficção científica nos anos 1940. Estas foram, então, organizadas em um único volume, em 1950: ASIMOV, I. *I, Robot*. Nova York, NY: Gnome Press, 1950.

2. **Relatório sobre o futuro dos robôs na vida humana:** A Iniciativa Robótica Nacional é um programa da Instituição Científica Nacional para subsidiar pesquisas destinadas a "acelerar o desenvolvimento e o uso dos robôs que trabalham com ou sem as pessoas". Seu documento de abertura: "A Iniciativa Robótica Nacional 2.0: Robôs Ubíquos Colaborativos (NRI-2.0)" (2017).

3. **O vale da estranheza:** Roboticistas cunharam o termo em virtude dos sentimentos de estranhamento com relação a robôs parecidos demais, fisicamente e em seu comportamento, com seres humanos. Ver: MACDORMAN, K. & ISHIGURO, H. The uncanny advantage of using androids in cognitive and social science research. *Interaction Studies*, n. 7, 2006, p. 297–337 . Psicólogos confirmaram esses sentimentos em adultos, como descrito em: GRAY, K. & WEGNER, D. M. Feeling robots and human zombies: mind perception and the uncanny valley. *Cognition*, n. 125, 2012, p. 125–130.

4. **Sentimentos próximos ao vale da estranheza já se desenvolvem na infância:** Ver: BRINK, K.; GRAY, K.; WELLMAN, H. Creepiness creeps in: uncanny valley feelings are acquired in childhood. *Child Development*, n. 90, 2019, p. 1202–1214. doi:10.1111/cdev.12999

5. **Crianças que aprendem com robôs:** Nossa pesquisa: BRINK, K. & WELLMAN, H. Robot teachers for children? Young children trust robots depending on their perceived accuracy and agency. Manuscrito a ser avaliado para publicação.

6. **Pesquisas apontam que crianças mais novas são mais suscetíveis a aprender com robôs do que as mais velhas:** Tarefa de arrumar a mesa: OKITA, S. Y.; NG-TH OW-HING, V.; SARVADEVABHATLA, R. Learning together: ASIMO developing an interactive learning partnership with children. Artigo apresentado no 18º Simpósio Internacional de Comunicação Interativa entre Robôs e Humanos, RO-MAN, 2009. Robovie interage com crianças na escola: KANDA, T.; HIRANO, T.; EATON, D.; ISHIGURO, H. Interactive robots as social partners and peer tutors for children: a field trial. *Human-Computer Interaction*, n. 19, 2004, p. 61–84.

7. **Moralidade e agressões contra robôs:** Robô caroneiro que foi vandalizado nos EUA: VICTOR, D. (3 de agosto de 2015). Hitchhiking robot, safe in several countries, meets its end in Philadelphia. *The New York Times*. Comportamentos abusivos com robôs: NOMURA, T.; KANDA, T.; KIDOKORO, H.; SUEHIRO, Y.; YAMADA, S. Why do children abuse robots? *Interaction Studies*, n. 17, 2017, p. 347–369.

8. **Como tornar seu filho à prova de robôs:** WILLIAMS, A. Will robots take our children's jobs? *The New York Times*, 11 de dezembro de 2017.

9. **Moralidade e ações pró-sociais para com robôs:** Crianças pequenas consolam e protegem um robô: CAREY, B. & MARKOFF, J. Students, meet your new teacher, Mr. Robot. *The New York Times*. 10 de julho de 2010. Disponível em: http://nyti.ms/1H9yiEN. Crianças afirmam que um robô merece

ser tratado justamente e não ser prejudicado: KAHN, P. H.; KANDA, T.; ISHIGURO, H.; FREIER, N. G.; SEVERSON, R. L.; GILL, B. T.; SHEN, S. "Robovie, you'll have to go into the closet now": children's social and moral relationships with a humanoid robot. *Developmental Psychology*, n. 48, 2012, p. 303–314.

Capítulo 13

1. **A Sangue Frio:** CAPOTE, T. *A Sangue Frio*: relato verdadeiro de um homicídio múltiplo e suas consequências. Tradução de Sergio Flaksman. São Paulo: Companhia das Letras, 2003.

2. **Model Penal Code (MPC):** Código Penal dos EUA. Informações disponibilizadas (em inglês) pelo American Law Institute disponíveis em: https://www.ali.org/publications/show/model-penal-code/.

3. **Crianças e balões de pensamentos:** DYER, J. R.; SHATZ, M.; WELLMAN, H. M. Young children's storybooks as a source of mental state information. *Cognitive Development*, n. 15, 2000, p. 17–37. WELLMAN, H. M.; HOLLANDER, M.; SCHULT, C. A. Young children's understanding of thought--bubbles and of thoughts. *Child Development*, n. 67, 1996, p. 768–788.

4. **Crianças preferem explicar o inesperado:** Ver: LEGARE, C.; GELMAN, S.; WELLMAN, H. Inconsistency with prior knowledge triggers children's causal explanatory reasoning. *Child Development*, n. 81, 2010, p. 929–944.

5. **As Pistas de Blue:** Episódios disponíveis no YouTube. Mencionamos e recomendamos o episódio "Blues Birthday Party" (que tem cerca de 12 minutos).

6. **Previsões afetivas:** Para uma breve resenha sobre o tema, ver: WILSON, T. & GILBERT, D. Affective forecasting: knowing what to want. *Current Directions in Psychological Science*, n. 14, 2005, p. 131–134.

7. **Não é só a lembrança que conta:** A pesquisa de Jeff Galak, fonte de todas as suas citações aqui utilizadas, encontra-se em: GALAK, J.; GIVI, J.; WILLIAMS, E. F. Why certain gifts are great to give but not to get: a framework for understanding errors in gift giving. *Current Directions in Psychological Science*, 25, 2016, p. 380–385 (grifos nossos).

8. **Dificuldades desejáveis:** Ver: BJORK, J. Being suspicious of the sense of ease and undeterred by the sense of difficulty: looking back at Schmidt and Bjork (1992). *Perspectives on Psychological Science*, n. 13, 2018, p. 146–148.

9. **Sublinhar o texto enquanto se estuda:** Sublinhar, simplesmente, em uma primeira leitura, não ajuda tanto. Há, no entanto, estratégias mais eficazes para utilizar esse recurso. Ver: MIYATSU, T.; NGUYEN, K.; McDaniel, M. Five popular study strategies: their pitfalls and optimal implementations. *Perspectives on Psychological Science*, n. 13, 2018, p. 390–407.

10. **Impressões levemente borradas e materiais escritos à mão auxiliam no aprendizado:** Ver: ROSNER, T. M.; DAVIS, H.; MILLIKEN, B. Perceptual blurring and recognition memory: A desirable difficulty effect revealed. *Acta Psychologica*, n. 160, 2015, p. 11–12. Ver também: DIEMAND-YAUMAN, C.; OPPENHEIMER, D. M.; VAUGHAN, E. B. Fortune favors the bold (and the italicized): effects of disfluency on educational outcomes. *Cognition*, 118, 2011, p. 114–118.

11. **Mentalidades:** Uma boa introdução para Carole Dweck, suas pesquisas sobre mentalidades e sua história encontra-se em: Dweck, C. The journey to children's mindsets: and beyond. *Child Development Perspectives*, n. 11, 2017, p. 139–144. Para aprofundar o tema, há um livro de sua autoria: DWECK, C. *Mindset*: a nova psicologia do sucesso. Tradução de S. Duarte. São Paulo: Objetiva, 2017.

Capítulo 14

1. **As histórias pelas quais vivemos:** Os relatos de Dan MacAdams sobre as histórias e os roteiros que nos ajudam a elaborar sentidos sobre nós mesmos foram muito bem delineados em: MACADAMS, D. *The stories we live by: personal myths and the making of the self.* Nova York, NY: Guilford Press, 1993.

184 NOTAS

2. **David Copperfield:** *David Copperfield*, de Charles Dickens, foi inicialmente serializado entre maio de 1849 e novembro de 1850. Finalmente, foi publicado como livro em 1850 pela Bradbury & Evans, de Londres. Seu título completo, na verdade, é: *The Personal History, Adventures, Eperience and Observation of David Copperfield the Younger of Blunderstone Rookery.* Londres: Bradbury & Evans, 1850.

3. **Histórias por toda a parte:** Jerome Bruner insistiu, notoriamente, que os seres humanos têm e utilizam incessantemente formas narrativas para compreender seus mundos sociais. Ver: BRUNER, J. *Actual minds, possible worlds.* Cambridge, MA: Harvard University Press, 1986.

4. **Entender, ou entender mal, as emoções:** William James abrangeu as emoções humanas (junto com as percepções, cognições, instintos e consciência) em 1890, no volume 2 de seu livro: *The Principles of Psychology.* Nova York, NY: Holt, 1890.

5. **Expressões emocionais:** Paul Ekman (também citado na temática sobre as mentiras, no Capítulo 2) conduziu uma pesquisa inovadora na década de 1970 sobre a categorização das expressões faciais em tipos de emoção (como medo, raiva, surpresa). Com base nisso, ele alega que o reconhecimento de uma emoção seria algo inato, direto e universal, ao comparar pessoas de culturas completamente diferentes. Pesquisas mais contemporâneas mostram que, em vez disso, o reconhecimento de emoções não é universal e que a leitura da presença e da natureza das causas mentais dessas emoções varia bastante entre as sociedades. Essas informações, além de uma visão geral dos problemas mencionados, encontram-se em: GENDRON, M.; CRIVELLI, C.; BARRETT, L. F. Universality reconsidered: diversity in making meaning of facial expressions, *Current Directions in Psychological Science*, n. 27, 2018, p. 211–219. A despeito disso, o FACS (Sistema de Codificação de Ação Facial), criado por Ekman, permanece uma ferramenta valorosa e amplamente utilizada para identicar e decodificar expressões faciais, de acordo com as sutilezas dos músculos da face.

6. **Terapia cognitivo-comportamental (TCC):** A TCC é uma forma de terapia psicológica que ajuda pacientes com transtornos de humor, depressão e ansiedade emocional, por meio do foco na alteração de seus pensamentos distorcidos. Um de seus primeiros defensores foi Aaron Beck, que criou o amplamente utilizado Inventário de Depressão de Beck (BDI) para diagnosticar e ajudar psicólogos a tratarem a depressão. Uma descrição simples dessa abordagem pode ser encontrada nos primeiros capítulos de: BURNS, D. *Feeling good: the new mood therapy.* Nova York, NY: Plume, 1980.

7. **Mágica:** Uma boa descrição das operações psicológicas em um ato de mágica encontra-se em: KUHN, G.; AMLANI, A.; RENSINK, R. Towards a science of magic. *Trends in Cognitive Sciences*, n. 12, 2008, p. 349–354.

8. **Achamos que sabemos demais, e o fato de sermos uma comunidade de mentes:** Ver: SLOMAN, S. & FERNBACH, P. *The Knowledge Illusion: why we never think alone.* Londres: Penguin, 2017.

9. **Todos nós adotamos uma estrutura fundamental:** Citação de TOWLES, A. *A gentleman in Moscow.* Nova York, NY: Barnes & Noble, 2016. p. 146.